수정의 야인

조지 오웰

「이 도서의 국립중앙도서관 출판예정도서목록(CIP)은 서지정보유통지원시스템 홈페이지(http://seoji. nl.go.kr)와 국가자료공동목록시스템(http://www.nl.go.kr/kolisnet)에서 이용하실 수 있습니다.(CIP 제어번호: CIP2017026813)」

조지 오웰

초판 1쇄   2017년 10월 27일

지 은 이   박홍규
펴 낸 이   이정원
편집책임   선우미정
편   집   이동하
디 자 인   김정호
마 케 팅   나다연 · 이광호
경영지원   김은주 · 박소희
제   작   송세언
관   리   구법모 · 엄철용

펴 낸 곳   도서출판 들녘
등록일자   1987년 12월 12일
등록번호   10-156
주   소   경기도 파주시 회동길 198번지
전   화   편집부 031-955-7385 마케팅 031-955-7378
팩시밀리   031-955-7393
홈페이지   www.ddd21.co.kr
페이스북   www.facebook.com/bluefield198
I S B N   979-11-5925-289-1 (04080)

값은 뒤표지에 있습니다. 파본은 구입하신 곳에서 바꿔드립니다.

푸른들녘은 도서출판 들녘의 청년 브랜드입니다.

박홍규의
호모 ——
크리티쿠스

수정의 야인
조지 오웰

박홍규 지음

푸른들녘

텔레비전을 잘 보지 않는 내가 이따금 시청하는 것이 〈동물농장〉인 만큼, 대한민국에서 이 프로그램을 모르는 사람은 거의 없을 것이다. 어떤 사람은 이것을 '인간 중심의 사회에서 벗어나 인간과 동물의 진정한 소통을 추구하는 동물 전문 프로그램'이라고 말하지만, 사람들 사이의 의사소통도 잘되지 않는 판에 동물과의 소통에 성공했을지는 의문이다. 또 이 프로그램이 '동물 해방'이나 '동물의 권리' 같은 차원으로 발전했다고 보기도 어렵다. 그러나 동물에 대한 관심을 불러일으킨 점만은 인정해야 겠다.

이 책을 펴든 사람이면 누구나 오웰이 『동물농장*Animal Farm*』을 썼다는 것쯤은 알 것이다. 소설의 내용이 우리가 보는 텔레비전 프로그램과 다르다는 것도 알고 있을 테지만, 최근 미국의 유명한 주간지 〈뉴스위크〉가 오웰의 『1984*Nineteen Eighty-Four*』를 톨스토이의 『전쟁과 평화』에 이어 세계 최고의 문학작품 2위로 선정했듯이 그런 류의 여러 목록에 오웰이 세계 최고의 작가로 오르고 있음은 잘 모를 수도 있다.

『1984』라고 하면 혹자는 바로 북한을 생각할지도 모른다. 내가 좋아하는 미국의 평론가 크리스토퍼 히친스는 2005년 북한에 대해 썼던 글의 제목을 '『1984』보다 심해'라고 달았는데, "김일성이 집권한 1945년에 나온 『1984』를 읽고 이를 청사진으로 이용한 것 같지만,* 그 소설 내용보다 상황이 훨씬 심각하다"고 말했다. 히친스는 남한에 대해서는 그런 말을 하지 않았지만, 요즘 헬조선이니 뭐니 하는 우리 사회를 돌아보면 역시 만만치 않다고 생각한다. 천편일률적인 인간, 교육, 군대, 회사, 정치, 경제, 사회 등을 보면 더욱 그렇다.

히친스는 이 세상 누구보다도 오웰을 좋아했다. 학자도, 작가도, 문학 평론가도 아니었지만 그는 20세기에 가장 뛰어난 지성인 3~4명 중의 한 사람이다. 히친스가 오웰을 좋아한 것은 학문이나 문학의 차원에서가 아니다. 사실 오웰의 작품은 문학이나 학문이나 예술의 차원에서 그다지 높이 평가되지 못한다. 나는 이 점을 너무나도 유감으로 생각한다. 독자 여러분에게 그의 작품을 제대로 이해시키고자 잘 알려지지 않은 오웰의 삶과 글을 이 책에서 탐색하는 이유다. 오웰의 삶과 작품은 그가 스페인 시민전쟁에서 만난 무명의 시민 용사를 노래한 다음 시로 집약된다.

그래도 내가 그대 얼굴에서 본 건
어떤 권력으로도 빼앗을 수 없고
어떤 폭탄으로도 부수지 못할
수정 같이 맑은 정신

■　* 이는 히친스의 유머일 것이다.

오웰은 그런 무명용사와 같은 수정의 재야 정신으로 20세기를 가장 명석하게 비판했다. 자신과 아무런 상관이 없는 스페인 시민전쟁에 참전하여 목숨을 잃은 무명용사처럼 오웰은 평생 무명용사로 가난하게 살다가 47세에 죽었다. 그는 어떤 권력도, 부도, 안락도 추구하지 않았다. 최극단의 하층과 가난과 전장을 스스로 선택하여 살다가 죽었다. 그리고 그런 밑바닥 삶에서 나온 '수정의 정신'으로 전체주의적인 공산주의만이 아니라 자본주의까지 비판했고, 공산주의와 자본주의를 넘어서는 새로운 반(反)전체주의 세상을 구상했다. 바로 억압과 통치와 획일적인 허위를 넘어서는 새 세상이다. 나는 그것이 그동안 내가 꿈꾸어온 '자유-자치-자연'의 새 세상이라고 믿는다. 다양한 개성을 지닌 자유로운 개인들이 스스로 자치하며 자연과 함께 살아가는 세상 말이다. 그런 삶을 추구하기 위해 오웰은 정치와 예술을 합일시키는 것을 평생 작가로서의 이상으로 삼았을 뿐만 아니라 민중적 설화를 사용하여 그러한 합일을 특히 완벽하게 형상화했다. 나는 이 책에서 나름으로 세심하게 읽은 오웰의 삶과 문학을 새롭게 분석하려 한다. 오웰의 작품이 세계문학의 고전으로 평가된다는 것은 곧 단순히 정치성을 강조한 문학 이상의 의미를 지니기 때문이다.

나는 오웰을 구소련이나 북한 같은 공산주의, 미국이나 남한 같은 자본주의 사회를 벗어나 새로운 사회를 지향하는 정치사상가로서 새롭게 읽었다. 또한 오웰의 작품을 그가 살았던 영국의 민중문화에 뿌리박은 문학예술로 새롭게 이해했다. 그리고 그 과정에서 우리에게 제대로 알려진 적이 없는 당시 영국의 민중문화를 소개해야겠다고 마음먹었는데, 이는 우리의 민중문화를 재발견하여 새로운 사회를 지향하는 것도 매우 중요하다고 여긴 탓이다. 지금, 우리 사회를 보라. 새로운 삶을 추구한다고 떠드는 자들도 여전히 외국의 현란한 이론이나 자생적인 정파에 따른 이해관계나 권력에 사로잡혀 서로 할퀴고 싸우고 있지 않은가? 정작 이 땅에 새로운 세상을 만드는 데 실패했음에도 말이다. 특히 20대에 사회주의나 노동운동을 소리쳤던 자들이 30대를 지나면서 정당이나 권력, 심지어 자본에 기웃거리며 권력을 탐하는 모습을 우리는 너무나 많이 보았다. 이제 우리는 오웰과 같은 수정의 야인 정신으로 돌아가야 한다. 그래야만 새로운 희망을 가질 수 있다.

무엇보다도 중요한 오웰의 교훈은 삶과 글의 완벽한 일치다. '나의 삶이 나의 메시지'라는 말은 간디가 남긴 것이지만, 간디에게 비판적이었던 오웰도 꼭 그렇게 살았다. 그의 글은 자신의 삶에 대한 완벽한 고백이자 삶 속에서 그대로 튀어나온 생각의 정직한 표현들이다. 자신의 삶과 배치되는 글을 쓰는 대한민국의 지식인들과는 달라도 너무나 다르다. 그런 점에서도 오웰은 마땅히 우리의 스승이어야 한다. 그러나 나는 그를 무조건 숭배하지 않는다. 오리엔탈리즘적 편견을 지닌 '서양인 오웰'에 대한 비판적 인식도 분명히 필요하기 때문이다.

그는 영국의 명문 중고교인 이튼을 졸업하고 인도 총독부의 경찰이 되어 5년간 근무했다. 하지만 괴로워하다가 결국 그만두고, 그 죄의식 때문에 다시 5년 정도 자발적 빈민으로 살았다. 영국에서는 일찍이 그런 사람이 없었다. 조선에서 공무원을 지낸 일본인 중에도 그런 사람은 없다. 이 점만 보아도 오웰은 훌륭하다. 그러나 식민지 지배를 정말 괴로워했다면 간디의 인도 독립운동을 돕는 것이 옳지 않았을까?* 뒤에 그가 스페인 시민전쟁에 참전했듯이 말이다. 물론 오웰 이전에도 식민지 지배를 비판하면서 피식민지인을 위해 싸운 사람들은 많다. 16세기의 라스카사스 신부도 그중 하나인데, 라스카사스는 콜럼버스의 수행 신부였으나 후일 회심하여 원주민을 돕는 일에 여생을 바쳤던 사람이다.

오웰이 5년 동안 자발적인 빈민으로 산 것도 빈민들을 위해서가 아니라 글을 쓰기 위한 것이라고 볼 수도 있다. 물론 가난에 대한 글을 쓰고, 그러기 위해 스스로 빈민으로 산다는 것 역시 말처럼 쉬운 일은 아니지만 말이다. 본래 가난했기에 가난에 대한 글을 쓴 고리키 같은 작가는 있어도 부유하게 살 수 있음에도 가난을 택한 작가는 세계문학사에 유례가 없다. 하지만 그는 가난한 사람들을 위해 스페인에서처럼 총을 들지 않았고, 가난을 물리치기 위해 총을 든 자들을 오히려 비난하는 모순적인 면도 보였다. 노동자들을 실제 이상으로 미화하면서도 평생 노동운동을 하는 사람들에게는 무관심했고 심지어 비난하기조차 했다.

오웰이 자신과 전혀 무관한 스페인의 시민전쟁에서 목숨을 걸고 싸운 것은 참으로 의로운 일이었다. 1950년 1월, 47세로 죽었기에 6·25전쟁은 알지 못했지만, 어쩌면, 그가 좀 더 오래 살았더라면, 스페인 시민전쟁 때처럼 6·25전쟁에도 참전했을지 모른다. 오웰처럼 스페인 시민전쟁에 참전했던 헤밍웨이를 비롯한 수많은 작가들은 훨씬 더 긴 세월을 살았지만 6·25전쟁에 참전하기커녕 베트남전쟁에도 참전하지 않았다. 이 점 역시

■   * 오웰은 간디를 비롯하여 인도의 독립 운동가들을 싫어했고, 영국의 식민지 지배가 다른 나라보다 최고라고 주장했다.

오웰을 비롯한 그들의 한계가 아닐까? 여하튼 노동자에 대한 무조건적인 찬양처럼 스페인 시민전쟁에서 공산당을 무조건 비난한 오웰의 의식에도 문제는 많다.

이처럼 오웰의 삶과 문학은 여러 가지로 논의할 수 있다. 그런 논의를 위해 쓴 이 책은 내가 2003년에 출간한 책의 개정판이다. 오로지 반공주의로 규정된 오웰을 그 책에서 처음으로 반전제주의 작가로 재조명하여 오웰을 재평가하는 데 나름으로 기여했다고 생각하지만, 오웰을 반공작가로 보는 풍조는 지금도 여전하다. 그의 작품이 세계에서 두 번째로 우리말로 번역되었다는 점을 참으로 아이러니하다고 평가하는 이유다. 평생 문학의 선전화에 반대한 오웰이 유독 대한민국에서 만큼은 완전히 반대로 오해받았기 때문이다. 그야말로 세계문학사에 기록될 만한 일이지 않은가? 그렇게 오해받는 오웰을 바로 이해하고자 노력하면서 나는 오웰의 동양관이 매우 잘못된 오리엔탈리즘이었음도 지적했다. 그러나 이 점 역시 그동안 줄곧 무시되었다. 그래서 13년이 지난 지금 이 책을 다시 펴낸다.

글을 쓰면서 나는 그동안 새롭게 나온 국내외의 논저를 다시 읽고 보완했다. 특히 번역판이 없어서 내 자신 임의로 번역했던 것을 새 번역판에 맞추어 조정했다. 13년 전에는 거의 번역되지 않았던 700여 편에 이르는 에세이 등 소설 외의 글을 번역한 책이 그동안 네 권이나 나온 덕분이다. 하지만 나는 그 번역판을 인용하지 않고 내가 처음에 번역했던 대로 두었다. 대신, 2014년 단권으로 펭귄 판으로 나온 에세이를 독자들에게 꼭 읽어보라고 권하면서 그 책의 쪽수를 적어 독자들이 원문을 쉽게 찾아보도록 안내했다. 중학생 정도의 영어 실력이면 『동물농장』을 비롯한 그의 모든 작품을 영어로 읽을 수 있으니 반드시 도전해보기 바란다. 그 밖에 인문 초보자에게 불필요하다고 생각하는 내용은 대폭 줄이고 인용 근거도 생략했다(그것들을 알고 싶은 독자는 13년 전의 책을 참고하면 된다).

공산주의는 물론 자본주의까지 비판하면서, 심지어 동물의 권리까지 인정하면서, 보다 자유롭고 평등한 사회를 향해 수정 같이 맑고 강한 야인의 목소리를 내는 청년들이 지금 우리 사회에 필요하다. 이 책을 만드는 '푸른들녘'에 사는 사람들, 그리고 이 책을 손에 든 청년 여러분이 바로 그들이다.

2017년 10월

박홍규

차 례

저자 일러두기

1. 본문에 인용한 저작의 출처 및 표기는 다음과 같다.

1-1. 오웰 작품 표기
◆ 위건-이한중 옮김, 『위건 부두로 가는 길』, 한겨레출판, 2010
◆ 식민지-장윤환 옮김, 『식민지의 사계』, 청람, 1980
◆ 숨 쉬러-이한중 옮김, 『숨 쉬러 나가다』, 한겨레출판, 2011
◆ 카탈루냐-정효식 옮김, 『카탈로니아 찬가』, 풀무질, 1995 이 책의 제목과 달리 인용시에는 카탈루냐로 함.
◆ 파리-김성태, 김서기 옮김, 『파리런던방랑기』, 서당, 1992
◆ 동물-김희진 옮김, 『동물농장·1984』, 범우사, 1984
◆ CD-*A Clergyman's Daughter*, The Complete Works of George Orwell, vol. 3, London: Secker & Warburg; Penguin Books.
◆ KAF-*Keep the Aspidistra Flying*, The Complete Works of George Orwell, vol. 4, London: Secker & Warburg; Penguin Books.
◆ Essays-*George Orwell*, Essays, Penguin Books, 2014

1-2. 전기 및 연구서 표기
◆ 김병익-윌리엄스, 『오웰과 1984』, 문학과지성사, 1984
◆ 김욱동-김욱동, 『동물농장을 다시 읽다』, 이숲, 2012
◆ 셀던-마이클 셸던, 김기애 옮김, 『조지 오웰 - 감춰진 얼굴』, 성훈출판사, 1992
◆ 크리크-B. Crick, *George Orwell. A Life*, Harmondsworth: Penguin Books, 1980, rev. eds., 1982, 1992
◆ 공덕룡-공덕룡 편역, 『영미수필선』, 단대출판부, 1979
◆ Zwerdling-Alex Zwerdling, *Orwell and the Left*, New Haven: Yale University Press, 1974

2. 서술 및 책의 특징
이 책은 단순한 전기가 아니라 평전으로 쓰인다. 평전이란 단순히 일생을 적은 전기(biography)가 아니라 저자의 일정한 평가를 담은 전기(critical biography)이다(서양에서는 이러한 구분이 반드시 명확하지 않으나 언제부턴가 우리는 그런 구분을 하고 있다). 그러나 필자는 이런 구분을 따르지 않는다. 전기는 모름지기 평전일 수밖에 없다고 생각하는 탓이다. 물론 순수한 의미의 전기―객관적 사실만을 다루는―도 있을 수 있겠지만 필자는 그런 것을 쓸 생각이 없다. 따라서 필자가 쓰는 모든 전기는 평전이다.
또한 평전과 연구서는 구별된다. 가령 '오웰 소설 연구' 또는 '오웰 에세이 연구'라는 식으로 제목을 붙인다면, 혹은 좀 더 분야를 나누어서 '오웰의 전체주의 비판 연구'라는 제목을 붙인다면 각각 그 특징이나 사상을 연구한 결과물이 될 것이다. 그러나 필자는 그런 구분을 하지 않는다. 즉 오웰에 대한 모든 연구를 이 책에서 함께 다룬다. 두루뭉술하게 말하면 '오웰에 대한 모든 것'을 다루는 것이다. 물론 소위 학자들이 취하는 연구서 집필의 형식에 따르지는 않고, 자유롭게 논의하는 방식을 취한다.
오웰에 대한 평가 또는 연구는 지금까지 주로 『동물농장』과 『1984』를 중심으로, 특히 후자를 둘러싸고 전체주의 비판 그것도 소련 및 공산주의 비판이라는 측면에 치중되었다. 그러나 최근 유행하는 탈식민지주의(decolonialism) 또는 페미니즘(feminism)이라는 측면에서 많은 문제가 제기되었다. 가령 『버마의 나날』이 그런 입장에서 다루어졌다. 필자는 이런 최근의 평가까지 이 책에서 소개하고 그것들을 다시 비판적으로 다루고자 노력했다.
또 하나 필자가 이 책을 쓰면서 특히 관심을 기울인 것은 오웰이 산 20세기 전반의 영국 지성계, 특히 1930년대를 전후한 영국 지성사를 이해하지 않고서는 오웰에 대한 이해가 불가능하다고 느껴 그 부분에 대한 설명에 많은 지면을 할애했다는 점이다. 이 점은 유감스럽게도 오웰의 다른 전기에서는 볼 수 없다.
이 책의 특징 중 마지막으로 지적할 것은 오웰의 작품을 민중문화의 입장에서 새롭게 보았다는 점이다. 오웰의 사상은 한마디로 민중사회주의다. 그러나 그것은 그 주체로서 민중을 설정하는 것임과 동시에 문화로서의 민중문화에 대한 끝없는 관심에서 나오는 것이다. 그래서 그의 소설은 영국의 독특한 민요를 비롯한 민중문화에 대한 이해 없이는 제대로 읽을 수 없다.

편집자 일러두기

◆ 주요 인물의 경우 처음 등장할 때에만 인명의 원어와 생몰연대를 병기했다.
◆ 작품을 언급할 때 단행본으로 출간된 타이틀은 『 』로, 논문이나 개별 지작은 「 」로 표기했다.
◆ 신문이나 음악, 미술의 타이틀은 〈 〉로, 잡지 타이틀은 《 》로 구분하여 표기했다.
◆ 본문에 사용한 모든 사진은 〈위키미디어〉와 〈셔터스톡〉이 제공하는 자유저작권 이미지다.

한국의 오웰

오웰이 영어로 쓴 『동물농장』이 세계 최초인 우크라이나어 판에 이어 우리말로 번역되었다는 사실을 아는 사람은 별로 없을 것이다. 원서가 나온 지 3년 만인 1948년에 우리말로 번역되었고, 1948년에 나온 『1984』도 그 후 곧 번역되었다는 사실은 더더욱 모를 것이다. 그만큼 오웰은 우리와 특별한 인연이 있다. 하지만 이 사실을 자랑스럽게 내세우며 좋아해야 할까, 아니면 잘못된 것이라고 평가해야 할까? 걸핏하면 세계 최초니 하고 자랑하는 것은 유치하기 짝이 없는 짓이지만, 뒤에서 보듯이 문학의 정치적 도구화를 무엇보다도 경계한 오웰의 작품이 반공이라는 정치적 선전 도구로 우리와 처음 인연을 맺었다는 점, 즉 오웰 작품의 번역이 미국 정부의 판권료 지불에 의해 미국 해외정보국이 '반공 투쟁'의 일환으로 번역·출판하게 했다는 사실은 악연이라 하지 않을 수 없다. 정식 판권을 받아낸(미국 정부가 돈을 냈지만) 책이라는 점에서는 획기적이지만 말이다.

　가장 최근에는 민음사에서 『동물농장』과 『1984』를 『카탈루냐 찬가 *Homage to Catalonia*』와 함께 출간하여 세계문학전집 리스트에 수록했다. 소위 롱 롱 스테디셀러라는 확고한 자리를 굳힌 것이다. 외국 소설 치고 오웰만큼 우리나라에 많이 소개된 경우가 또 있을까? 절판된 것을 빼고 현재 팔리고 있는 것만 따져보아도 똑같은 작품의 번역이 수십 가지나 된다. 조금 과장해서 말하자면 한국에서 영문과 교수를 비롯하여 영어 소설 번역을 마음먹은 사람이면 누구나 오웰을 번역했다고 해도 좋을 정도다.

나는 『동물농장』, 『1984』, 『카탈루냐 찬가』를 북한의 공산독재와 남한의 군사독재에 동시에 반대하는 것으로 이해한다. 세 소설의 독재자는 1950년대에서 지금까지 북한의 김일성-김정일과 남한의 이승만-박정희-전두환-노태우를 의미한다. 아울러 소련과 미국을 비롯한 강대국은 물론 약소국의 모든 독재자, 아니, 모든 권력 자체를 뜻한다. 정치권력만이 아니라, 경제, 사회, 문화, 교육 등 모든 분야의 권력이다. 지난 40여 년 동안 나는 이 같은 생각 아래 그 세 권의 책을 끝없이 읽었다. 나아가 일제 강점기의 무단 통치, 그리고 그전의 모든 왕조의 독재에 반대하는 의미로 그의 책을 읽었다.

나는 오웰을 모든 권력에 대항하는 '재야'의 상징이라고 본다. 하지만 이때의 재야는 '벼슬을 하지 않고 민간에 있음'이라는 국어사전 식의 재야가 아니라** 오웰처럼 권력 자체를 철저히 부정하는 재야를 말한다. 일

---

* 영어 소설로 영어 공부를 하겠다고 마음먹은 사람이면 누구나 오웰 작품(특히 『동물농장』)을 먼저 선택할 만큼 그의 소설은 읽기 쉽다. 그러나 이런 이유 때문에 수많은 동일 번역본이 나온 것은 아니리라. 그렇다면 무슨 이유에서 그렇게 많은 번역본이 나왔을까? 최초의 번역은 미국 정부의 개입으로 반공이라는 정치적 이유로 번역되었다고 해도, 그 뒤 그렇게나 많은 번역이 이어진 이유는 무엇일까?

** 특정 권력을 비판하기만 하는 재야도 무의미하긴 마찬가지다. 그런 재야도 곧잘 다른 권력에 빌붙기 때문이다. 우리나라에는 옛날 선비처럼 자신에게 좋은 임금이면 봉사하고, 나쁜 임금이면 물러난다는 전통이 지금까지 유지되고 있다. 모든 것이 권력 놀이이자 권력 투쟁이다.

조지 오웰 드로잉(©Bernd Pohlenz, Wikimedia Commons)

시적으로 들에 머무는 재야가 아니라 영원한 야인 그 자체, 태어나서 죽기까지 들판에 사는 야인이다. 죽을 때까지 붓 한 자루로 모든 권위에 맞서는 야인 정신이야말로 찬양할 만한 것 아닐까? 그러면서도 고귀함을 잃지 않는 인간적 품성, 수정 같이 맑고 강한 품성이야말로 참된 야인 정신이 아닐까? 그것이 바로 오웰이 입버릇처럼 말한 'decency', 곧 인간적 품위일 것이다.

오웰은 그래서 내게 언제나 감동을 준다. 이 정도의 감동을 준 사람을 더 꼽으라면 스페인의 세르반테스, 러시아의 톨스토이, 인도의 간디, 중국의 루쉰 그리고 오웰의 선배인 영국의 스위프트와 모리스를 들 것이다. 뒤에서 보듯이 오웰은 톨스토이나 간디, 스위프트나 모리스에 대해 비판적이었으나 그럼에도 불구하고 오웰은 누구보다도 그들과 잘 통한다고 생각한다. 나는 그들 모두가 반(反)권력의 입장에서 인간적 품위를 지키려고 노력한 작가들이라서 좋아한다. 하지만 우리나라 사람들에게 오웰이 많이 읽힌 배경은 좀 다르다. 여러 종류의 번역서나 해설을 보아도 알 수 있듯이 우리에게 오웰은 반공문학으로, 반공 관제문학의 하나로 줄곧 이용되었다. 1948년 첫 번역부터 변하지 않는 한국의 오웰 전통이다. 물론 오웰은 공산주의를 비판했다. 그러나 이에 못지않게, 아니 그 이상으로 자본주의를 비판했다. 20세기를 지배한 자본주의와 공산주의 모두를 전체주의, 즉 인간의 자유와 평등을 침해하는 정치체제로 비판한 것이다. 따라서 그의 작품은 지난 수십 년간 비슷한 모습을 보여준 남한

바로 파벌과 당쟁이다. 그것을 권력이 아니라 반권력의 입장에서 비판하는 지식인의 전통이 우리에게는 없었다. 그래서 지금도 우리에게는 지식인이나 언론인의 전통이 없다.

의 체제를 비판하는 것으로도 읽힐 수 있다.

오웰의 작품은 그리 많지 않다. 다른 작가들에 비해 대단히 적은 편이다. 우리나라에 번역된 대부분도 공산주의를 비판했다고 선전되는 『동물농장』과 『1984』에 집중되어 있는데, 그 두 소설의 번역본은 수십 가지인 반면 오웰의 나머지 작품들은 얼마 전까지도 번역되지 않았다. 특히 그의 많은 에세이는 거의 소개되지 않았다. 물론 그 에세이들이 영국을 비롯한 자본주의 사회를 철저히 비판한 것이기에 소개되지 않았을 수도 있다. 이런 상황을 개탄하는 마음에서 그의 에세이가 얼마나 중요한지 알려주는 지표를 하나 소개하겠다. 오웰을 다룬 우리나라 문헌 어디에서도 지적되지 않는 사실인데, 바로 작은 영어사전에서는 볼 수 없지만 조금 큰 영어사전을 보면 'Orwellian'이나 'Orwellism'이란 단어가 나온다는 점이다. 고유명사에 그런 형용사가 붙는 경우는 Gladstonian이나 Thatcherian과 같이 정치가에게 붙는 경우가 더러 있고, 문학가의 경우엔 'Shakespearean', 'Shakespearism' 또는 'Dickensian' 외에는 그다지 흔하지 않다.

중요한 것은 'Orwellian'이나 'Orwellism'이 단순히 '오웰적인 것'을 넘어서서 오웰이 영국의 국민성이라고 표현한 것을 뜻하는 말로도 사용된다는 점이다. 바로 '영국적인 것', '영국적인 것 자체'이다. 이런 표현을 보면서 우리는 '영국인들은 오웰을 국민작가로 여기나 보다'라고 짐작하게 된다. '그 정도는 되어야 국민작가라는 말이 어울리는 거 아니야?'라고 생각하면서. 그런데 오웰은 영국에서 국민작가로 불리지 않는다. 영국인들은 오웰을 셰익스피어처럼 인도와 바꿀 만한 작가라고 자랑하지 않는다. 도리어 오웰을 부끄러워한다. 오웰이 끝없이 영국을 비판하고 영국의 치부를 들추어내었기 때문이다. 그가 비판한 영국, 영국적인 것이 바로 'Orwellian', 'Orwellism'인데, 가령 그의 첫 장편소설인 『버마의 나날Burmese Days』은 대영제국에 대한 가장 철저한 비판이고, 그의 수많은 에세이는 영국 교육의 대명사이자 오웰의 모교인 이튼을 비롯한 영국의 모든 자랑거리를 철저히 비판한 것이다.

그러나 오웰의 전기를 쓴 정치학자 크리크(Bernard Crick, 1929~2008)는 영국의 '정치적 저술가(political writer)'로 『리바이어던Leviathan』의 홉스(Thomas Hobbes, 1588~1679)와 『걸리버 여행기Gulliver's Travels』의 스위프트(Jonathan Swift, 1667~1745), 그리고 오웰을 꼽았다. 여기서 '정치적 저술가'란 학자나 문인만이 아니라, 정치학자는 물론 정치가까지 포함하는데, 그런 광범한 범위의 정치적인 인물로 오웰을 꼽는 것은 오웰을 소설가 정도로 아는 우리에게는 의외가 아닐 수 없다(아동문학가 정도로 여겨지는 스위프트에 대해서는 더욱 그렇게 생각할지 모르지만).

영국 민주주의에 대해 조금이라도 아는 사람이라면 영국의 대표적인 정치적 저술가로 『유토피아Utopia』의 모어(Thomas More, 1478~1535), 『두 통치론Two Treaties of Civil Government』의 로크(John Locke, 1632~1704), 또는 『자유론On Liberty』의 밀(John Stuart Mill, 1806~1873) 등을 떠올릴 것이다. 그러나 그들은 홉스나 스위프트 그리고 오웰보다는 시야가 좁다고 평가받는 사람들이다. 우리에게는 그다지 알려지지 않았으나 영국에서는 역사적으로 높은 평가를 받는 버크(Edmund Burke, 1729~1797)나 모리스(William Morris, 1834~1896)도 마찬가지다. 버크는 보수적이라는 평가를 받고, 모리스에게는 진보적이고 독창적이기는 하나 너무나도 문학적이라는 유보가 붙는다. 나는 크리크와 달리 모리스를 홉스, 스위프트, 오웰과 함께 놓고, 특히 오웰의 선배로 보지만 말이다. 오웰은 『전체주의의 기원』(1951)을 쓴 아렌트(Hannah Arendt, 1906~1975)의 선배이기도 하다. 사실 그 책은 『1984』의 이론서라고 할 만하다. 그러나 유감스럽게도 아렌트는 그 책 어디에서도 오웰에 대해 언급하지 않았다.

이 책의 특징

오웰은 자본주의(그 극단인 제국주의에 대해서는 물론이고)는 물론 공산주의도 반대한다. 이 두 가지 모두를 전체주의라고 비판했다. 오웰은 자신의 정치관을 민주적 사회주의(democratic Socialism)라고 불렀으나(Essays, 5) 나는 이것을 진정한 의미의 자유주의로 본다. '진정한 의미의 자유주의'라는 표현에는 약간의 설명이 필요하다. 이를 영국의 전통에 따라 다원주의(Pluralism)로 부르는 사람들도 있지만, 나는 이것이 도리어 아나키즘에 가까운 '좌익적-자치 자유주의적 사회주의(Left Wing Libertarian Socialism)'로 봄이 옳다고 생각한다. 오웰은 공산주의는 물론 자본주의도 부정하고, 그 모두를 넘어서는 새로운 사회를 추구했기 때문이다.

물론 오웰은 그런 사회 구상을 체계적으로 연구하지 않았다. 그것은 그의 몫이 아니었다. 하지만 기본적으로 그런 사상을 표명했다. 또한 그

■　＊　오웰이 민주는 소문자로, 사회주의는 대문자로 쓰는 점에 주의해야 한다.

렇게 살았다. 이것이 바로 오웰이 작가로서보다도 매력적인 개성을 가진 인간으로서 더 많이 알려진 이유다. 나는 그 본질을 수정처럼 맑고 강한 재야 정신, 곧 인간의 자유와 자치, 그리고 자연을 존중하는 정신이라고 본다. 그 정신에 따라서 그는 언어의 순수함과 명쾌함을 어떤 작가보다도 분명하게 보여줬다.

영미권에서는 크리크의 오웰 전기를 비롯하여 여러 오웰 전기가 나왔다. 그러나『동물농장』이 초등학교에서 우화로 읽히고『위건 부두로 가는 길The Raod to Wigan Pier』등이 중등학교 역사 교재로 사용되는 영국*에서 쓰인 그의 평전이 오웰을 거의 읽지 않는 우리 독자에게 맞을 리 없다. 게다가 오웰이 대변하는 영국적인 것을 이미 태어나면서부터 피부로 알고 있는 영국 독자와 달리 우리 독자들은 그것을 전혀 알 수 없으므로 오웰로 상징되는 영국적인 것을 하나하나 밝혀야 한다.

이와 관련된 예로 다음과 같은 오해를 들 수 있다. 우리나라에서는 오웰이 이튼을 졸업해 케임브리지 대학에 갈 수도 있었으나 출신 성분에 맞는 직업으로 식민지 경찰이 되었다고 설명된다. 사실은 다르다. 오웰은 이튼에서 성적이 너무 나빠서 케임브리지에 가지 못했을 뿐이고, 그보다 더 흔한 선택인 식민지 경찰이 되는 길을 선택한 것이다. 중산층이라는 그의 출신 성분은 결코 장애 요소가 아니었고, 중산층이었기에 식민지 경찰이 되어야 했던 것도 아니다. 도리어 이튼 졸업 후 식민지 관리가

■　*　이런 영국에 비하면 우리의 초중등 교육은 얼마나 국가주의적인 것인가! 이처럼 사회를 비판적으로 볼 수 있는 눈을 조금도 키워주지 못함에도 불구하고 앞으로는 친일과 독재를 찬양하는 국사교육을 시킨다니 얼마나 황당한 노릇인가?

되는 것은 너무나도 흔한 일반적 코스였다. "이튼 운동장은 회의 테이블이 아니라 인도 국경으로 통한다"는 말이 있을 정도였다. 따라서 오웰이 인도 경찰이 된 것은 전혀 특이한 일이 아니다. 게다가 그의 조상은 대대로 인도에서 식민지 지배를 위해 살았다. 그러니 그는 인도 경찰이 되고 싶어 그렇게 한 것이다. 우리 입장에서 보면 일본인 청년이 조선 총독부 산하의 경찰이 되는 것과 조금도 다르지 않다. 총독부 경찰이 하는 짓은 영국이 지배하는 인도에서나 일본이 지배하는 조선에서나 마찬가지였다. 단 하나 다른 점이 있다면, 인도에서는 오웰처럼 양심에 가책을 받고 5년 만에 그만두고 반권력의 길을 간 청년이 있었지만, 일제하에서는 없었다는 것뿐이다. 나는 이러한 사실을 사실대로 밝히고자 노력했다.

이 책은 오웰을 작가로서만이 아니라, 사상가로서, 아니 그 어떤 영역에도 사로잡히지 않는 자유인으로 본다. 무엇보다도 나는 오웰의 아나키즘에 공감하는 입장에서 이 책을 썼다. 그동안 오웰의 아나키즘에 주목한 사람들이 없었던 것은 아니지만 그들은 아나키즘 내부에 머물렀고, 그런 입장에서 오웰의 평전을 쓴 사람은 없다. 아니, 꼭 아나키즘이라는 입장일 필요도 없다. 분명한 것은 권력에 복종해서는 안 된다는 점이니까. 21세기에도 그를 다시 읽어야 할 필요가 있는 것은 바로 이 점 때문이다.

따라서 오웰은 지금도 우리에게 유효하다. 지금 우리 한반도의 공산주의는 물론 자본주의 비판에도 오웰은 쓸모가 많다. 특히 자본주의 사회의 계급적 허영심에 가득 찬 가정, 교육, 정치, 경제, 사회, 문화, 그리고 제국주의가 지배하는 국제질서와 그 식민지적 피지배 상황에 놓여 있는 우리에게 오웰은 여전히 유효하다. 수정같이 맑고 강한 야인의 목소리가 지금 우리 사회에 더욱 필요하기 때문이다.

왜 이 책을 쓰는가?

앞에서도 말했듯이 오웰이 『동물농장』과 『1984』를 미국 정부와는 전혀 무관하게 썼음에도 불구하고 그 번역에는 미국 정부가 깊이 관여했다. 이에 대해서는 다음과 같은 증언이 있다.

> 1951년 미국 국무장관 딘 에치슨은 『1984』의 번역 판권을 미국 정부가 지불함을 인가했다. 『동물농장』의 1948년 한국어 번역을 시작으로 미국 해외정보국은 오웰의 책을 30개국 이상의 언어로 번역 배포하기 위한 자금을 원조했다.*

딘 에치슨은 1951년 4월 「국무부의 반공투쟁 서적에 대한 관여」라는 내부 보고서에서 오웰의 『동물농장』과 『1984』는 공산주의에 대한 심리적 공격이라는 점에서 국무부에 대단히 가치 있는 것이라고 평가하고, 그 번역에 대한 자금 원조는 정당하다고 주장했다. 또한 당시 미국에서 『1984』를 출판한 출판사는 FBI 부장인 후버에게 책표지에 쓸 선전 문구

■　*　John Rodden, *The Politics of Literary Reputation: The Making and Claming of 'St. George' Orwell*, Oxford: Oxford University Press, 1989, p. 202.

26

를 의뢰했다.[*] 이러한 사실을 오웰이 알았는지 알 수는 없다. 오웰은 1950년 1월 21일, 한국전쟁이 터지기 5개월 전에 죽었다. 따라서 한국어 번역에 대해서는 알 수도 있었을 터이나 위 1951년 미국 국무부 보고서도 내부용이었기에 한국어 번역 지원이 은밀하게 행해졌다면 그 사실은 몰랐을 수 있다.

오웰이 생전에 번역판에 서문을 쓴 우크라이나어 판은 한국어 판과 달리 우크라이나 난민들에 의해 자발적으로 이루어졌고, 그들이 오웰에게 번역을 허락해달라고 부탁하자 판권료 없이 무료로 허락했고, 서문까지 써달라는 요청도 수락했다고 한다. 그러나 한국어 판은 한국인 누구도 자발적으로 나서서 나온 책이 아니라 미국 정부의 강요에 의해 나왔다. 이처럼 불행한 계기에 따른 결과였지만 어쨌든 한국 독자들은 1948년부터 지금까지 오웰을 읽고 있다. 안타까운 점은, 우리나라에서는 오웰 소설 몇 종류가 여러 번 번역되어 다른 외국문학가의 경우에는 거의 볼 수 없는 호황을 누리고 있음에도 정작 영문학에서는 그를 중요한 작가로 다루지 않는다는 사실이다. 심지어 아예 제외되는 경우도 적지 않다.

영국에서는 사정이 다르다. 가령 우리나라에도 많은 번역서로 소개된 윌리엄스(Raymond Williams, 1921~1988)는 『문화와 사회, 1780~1950』에서 20세기 작가로 여섯 명을 다루면서 그중 하나로 오웰을 검토했다. 영미권에서 나온 다른 영문학 책에서도 오웰은 중요하게 다루어진다. 우리나라에

■ * FBI뿐 아니라 CIA도 냉전 시기에 미국 문화를 세계에 과시하기 위해 '문화자유회의(Congress foe Cultural Freedom)'를 조직하여 추상표현주의라는 미술을 비롯하여 《엔카운트 Encounter》 등의 잡지도 지원했는데, 이러한 것도 한국의 미술과 문학 등에 지대한 영향을 끼쳤다.

서 학문적인 경우만이 아니라 대중적으로도 인기가 없다는 현상과 비교되지 않는가? 가령 『세계의 문학기행』이니 『영국 문학기행』 하는 대중적인 책에도 오웰은 등장하지 않는다. 각각 영국 문인을 21명, 38명을 다루었지만, 오웰은 찾아볼 수 없다.

나는 오웰이 왜 이렇게 무시되는지 그 이유를 잘 모른다. 학자나 연구자들도 그 이유를 설명하지 않는다. 오웰이 그 정도로 시시한 작가일까? 『동물농장』이나 『1984』가 그렇게 많이 번역되었어도 그것들을 아이들이나 읽는 우화 혹은 SF문학 정도로만 취급해서 그런 것일까? 물론 1984년에는 사정이 좀 달랐다. 그해 세계적으로 오웰에 대한 책을 많이 펴냈는데, 우리나라도 그에 못지않았다. 김병익이 편역한 윌리엄스 등의 『오웰과 1984』, 하우(Irving Howe, 1920~1993) 편저의 『전체주의 연구-조지 오웰 작 「1984」의 이해와 평가』가 나왔다. 김병익은 1984년에 『1984』가 베스트셀러였다고 했지만, 그것으로 끝이었다. 1984년 이전에도 이후에도 오웰에 대한 연구서는 나오지 않았다. 소설은 끝없이 쏟아져 나왔으나 연구서는 커녕 영문학 개설서에도 오웰은 거의 등장하지 않았다. 내가 아는 한 그 후 우리나라에 나온 오웰에 관한 책은 쉘던이 쓴 1992년의 오웰 평전뿐이다. 최근 평전 류가 많이 나오지만, 1992년에는 반드시 그렇지도 않았다. 그런 시점에서 오웰의 평전이 나온 것은 나처럼 오웰을 좋아하는 사람들에게는 반가운 일이었으나 그다지 많이 읽힌 것 같지 않다. 그 밖에 영어로 쓰인 몇몇 전기가 있으나 역시 문제가 많다. 특히 이런 전기들은 우리 독자를 의식해서 쓰인 것이 아니다. 그래서 나는 2003년 우리 독자를 위해 새로운 오웰 평전을 썼고, 그 뒤 2012년 고세훈의 『조지 오웰』이

나왔다. 읽기에 반드시 쉬운 책은 아니고 오웰에 대한 비판보다는 옹호의 입장이 두드러지기는 하지만 나의 책과 함께 우리나라 사람이 쓴 단두 권 중의 하나이므로 읽어볼 가치가 있다.

오웰은 중요하다

앞에서 나는 영어에서 오웰은 'Orwellian', 'Orwellism'으로 불릴 정도로 유명하다고 말했다. 그런 식의 용어로 쓰이는 것은 셰익스피어(William Shakespeare, 1564~1616)나 디킨스(Charles John Huffam Dickens, 1812~1870) 정도 뿐이라고도 했다. 그런데 오웰이 유명한 것은 앞의 두 사람과 다른 경우이다.

셰익스피어 하면 우리는 그가 창조한 전형적인 인물을 먼저 떠올린다. 햄릿, 맥베스, 오셀로, 리어왕, 로미오와 줄리엣, 리처드 3세처럼. 호방한 팔시타프나 독재자 리처드 3세까지는 모를 수도 있지만, 이들 역시 영미권 사람들은 대부분 아는 인물이다. 또한 디킨스라고 하면 올리버 트위스트나 스크루지를 떠올린다. 특히 스크루지는 어린 시절부터 크리스마스와 함께 기억되곤 했다. 그런데 오웰을 말하면서 우리는 특정 인물을 쉽게 떠올리지 못한다. 『1984』나 『동물농장』이라고 하면 오웰이 쓴 소설 제목이자 전체주의를 상징하는 것으로 생각할 뿐, 나폴레옹이나 스노볼을 하나의 전형적 표상으로 기억하는 사람은 많지 않다.

그러나 적어도 영어 표현에서 오웰이 『1984』에서 만든 'Big Brother'는 작은 영한사전에도 오웰의 창조 그대로 '독재국가의 독재자'로 설명되어 있다. 우리말로 '큰 형님' 하면 조폭의 두목 정도 인상을 주지만 영어 문장을 읽으면서 그렇게 해석하면 곤란할 것이다. 그렇다고 해서 우리말로 '대형(大兄)'이라고 번역하는 것도 어색하기 짝이 없다. 또 'Big Brother'가 새로 만든 전체주의 언어로 'Newspeak'가 있다. 이 말도 작은 영한사전에 나오는데, 이를 우리나라에서 '신어'라고 번역하는 것도 어색하다. 따라서 이 책에서는 'Big Brother'를 '빅브라더', 'Newspeak'를 '뉴스피커'와 같이 발음 그대로 표기하려고 한다.

우리나라의 일상 대화나 문장에서 그 두 가지 말을 사용하는 경우를 보기는 어렵다. 그러나 영어권에서는 이미 영어사전에 등재된 단어가 되어 있음에 주의할 필요가 있다. 경우에 따라서는 오웰이 만든 다른 말들도 사용된다. 가령 『1984』에 나오는 정부 부서 중에 '애정부(Ministry of Love)'가 있는데, 이는 캐나다 어느 대학의 새로 지은―거대하지만 추악한― 시멘트 건물의 별명으로 쓰인다.

오웰 삶의 구분

오웰은 47년이라는 짧은 생애를 살았다. 나는 오웰의 삶을 크게 셋으로 나눈다. 처음은 1903년 태어나 교육을 받고 1927년, 즉 24세까지 식민지 경찰로서 제국주의에 반항하는 시기다(제1부). 두 번째는 식민지에서 돌아와 영국의 밑바닥 생활과 노동 현실을 목격하고, 1937년 스페인 시민 전쟁에 참여하는 시기, 즉 25세로부터 34세까지의 11년이다. 나는 이 시기를 '사회주의 작가'의 시기로 본다(제2부). 그리고 마지막 시기는 1937년 스페인에서 돌아와 1950년 죽기까지 여러 정치적 에세이와 함께 『동물농장』과 『1984』를 썼던 기간, 즉 34세부터 47세로 죽기까지 13년이다. 나는 이 시기를 '반권력 야인'의 시기로 본다(제3부). 이러한 3분법은 지금까지 나온 오웰의 기존 전기의 시대 구분과는 반드시 맞지 않는 것으로 나의 독자적인 견해다. 이하 그 세 부분을 다시 나눈 이 책의 아홉 개 장을 간단히 살피면 다음과 같다.

제1부 제1장에서는 먼저 오웰의 전반적 이미지를 설명한다. 이어 제2장에서는 그의 성장과 교육을 다룬다. 오웰은 1903년 6월 인도에서 태어나, 다음 해 영국에 와 1911년부터 6년간 센트 시프리안 학교, 1917년부터 4년간 이튼 학교에 다녔다. 그 후 다시 인도에 가서 1922년부터 6년간, 당시 인도에 속한 버마(현재의 미얀마) 경찰서에 근무하면서 식민지를 경험했다. 건강이 나빠지고 글을 쓰고 싶어서, 특히 제국주의에 봉사할 수 없다고 생각해 그는 그 직장을 그만두는데, 당시의 경험은 소설 『버마의 나날』에 묘사된다(이 책의 제1부 제3장). 반제국주의 작가로서의 탄생이다.

이어 1927년부터 오웰은 10년간의 밑바닥 생활을 경험했다. 먼저 파리에서 1년 반 동안 살면서 소설 등을 썼으나 출판되지 않았고, 런던에서 접시 닦기, 가정교사, 사립학교 교원, 서점 점원, 잡화상인 등을 지냈다. 그 경험은 1932년 출판된 르포 『파리와 런던의 밑바닥 생활』과 1934년의 소설 『목사의 딸 A Clergyman's Daughter』에 묘사된다(이 책의 제2부 제1장). 사회주의 작가로서의 탄생이다.

1935년 말부터 유럽에서 파시즘이 격화되면서 오웰은 반파시즘 사회주의 작가로 다시 태어난다. 이는 당시의 소설 『엽란을 날려라』와 에세이

『위건 부두로 가는 길』에서 표명된다. 같은 해 여름에 그는 결혼한다(이 책의 제2부 제2장).

갓 결혼한 신랑이었지만 그는 1936년 말 스페인 시민전쟁에 참전해 1937년 6월 부상을 입고 돌아와 르포 『카탈루냐 찬가』를 썼고(이 책의 제 2부 제3장), 1938년에는 독립노동당에 가입한다. 결핵으로 인해 모로코에 서 요양하면서 에세이 『숨 쉬러 올라오기』를 쓴다(이 책의 제3부 제1장).

1939년 다시 영국에 돌아온 그는 제2차 세계대전 직전 독립노동당이 비상식적이라고 판단하여 탈당했고, 에세이집 『고래 뱃속에서』와 『사자 와 일각수』를 집필했으며, 1942년부터 2년간 BBC 방송에서 일한다(이 책 의 제3부 제2장).

1945년 8월, 제2차 세계대전이 끝나자 낸 『동물농장』이 이듬해 미국에 서 베스트셀러가 되어 처음으로 생활비 걱정에서 해방되었으나, 아내가 죽는다(이 책의 제3부 제3장).

그 후 1946년부터 거주한 주라 섬에서 『1984』를 썼지만, 1946년부터 결 핵이 악화되어 1950년 1월에 세상을 떠난다. 오웰은 죽기 직전에 재혼했 다(이 책의 제3부 제4장).

조지 오웰을 기념하는 우표

제1부

인간 오웰

오웰은 누구인가?

수정처럼 맑은 눈을 가진 사람

오웰은 46년 반을 살다가 결핵으로 죽었다. 1903년 6월 25일에 태어나 한반도에 6·25 전쟁이 터지기 직전인 1950년 1월에 세상을 떠났다. 죽기 직전 병상에서 쓴 노트 마지막에는 "나이 오십이 되면 누구나 자신에게 맞는 얼굴을 지닌다"라고 쓰여 있는데, 비록 오십이 되기 전에 죽었지만 그의 얼굴에는 그의 삶과 생각이 고스란히 드러난다.

오웰은 사진 찍기를 싫어했다. 흑백 사진 몇 장만 겨우 남아 있을 뿐이다. 하지만 그마저도 같은 시대를 산 헤밍웨이처럼 갖은 폼을 다 잡으면서 찍은 것이 아니라 대단히 어색한 증명사진 류가 대부분이다. 멋진 소설가의 모습은 도저히 찾아볼 수 없다. 어쩌면 자신이 못 생겼다는 사실을 일찌감치 인정했던 탓인지도 모른다. 그가 쓴 소설의 주인공도 대부분 외모가 떨어진다. 심지어 『버마의 나날』에 등장하는 주인공 플로리는 얼굴에 반점이 있다. 오웰을 만나본 많은 사람들도 하나같이 "오웰은 추남이었다"라고 말했다고 전해진다. 그러나 모두들 그의 눈만은 수정같이 맑은 푸른색이었다고 회상했다. 그가 남긴 컬러 사진이 없어서 그 푸른 눈을 확인할 길은 없지만 말이다. 나는 오웰과 친했던 영국의 아나키스트

시인이자 미술 비평가였던 리드(Herbert Read, 1893~1968)가 「스페인 아나키스트를 위한 노래」에서 다음과 같이 언급한 데서 오웰의 눈을 다시 본다.

> 강한 인간과 그의 수정 눈
> 자유롭게 태어난 사람

오웰은 순수했기에, 자유로웠기에 강했다. 불순해서, 자유롭지 못해 강한 척한 것이 아니라, 한없이 순수하고 자유로웠기에 강했다. 때 묻지 않은 순수와 자유로 그는 평생을 살았다. 글도 그렇게 순수하고 자유로웠다. 그러나 너무 순수하고 자유로웠던 탓에 문제도 있었다. 오웰의 만년에 그와 친했던 캐나다 아나키스트 우드코크(George Woodcock, 1912~1995)는 오웰에 대한 느낌을 한마디로 돈키호테라고 회상한다. 긴 얼굴이나 비쩍 마르고 구부정한 모습 때문만이 아니라 그의 삶이나 생각이 돈키호테를 그대로 보여주기 때문이라는 것이다. 그중 하나로 우드코크는 돈키호테처럼 오웰도 지난날을 좋아했다는 점을 든다. 즉, 그는 과거 사회를 현재보다 인간적으로, 그리고 다양하고 생생하게 살아갈 수 있는 사회로 여겼다. 인기 없는 소수자를 옹호한 점도 서로 닮았다. 오웰은 또한 자신이 옳다고 생각하는 것, 정의라고 생각하는 것, 인간적 품위라고 생각하는 것에 배치되는 게 보이면 가차 없이 싸움을 걸었다고 한다. 이 점도 돈키호테와 비슷하지 않은가? 기사도 정신이 풍부한 전사여서 심지어 자신이 과거에 비판한 것이 부당하면 그것을 공개적으로 철회할 만큼 페어플레이를 과시했다는 점도 돈키호테를 닮았다.

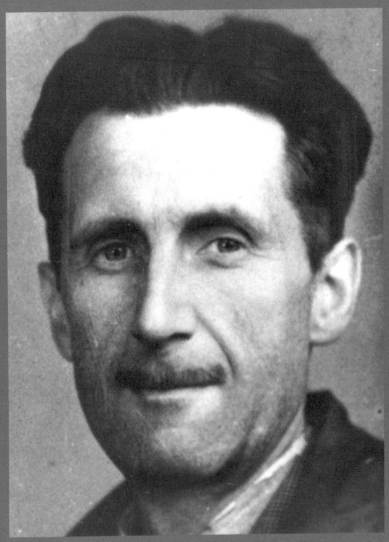

조지 오웰(George Orwell, 1903~1950)

그는 언제나 홀로였다. 다른 사람과 연결되는 경우가 있다 해도 어디까지나 일시적이고 불안정한 것이었다. 그의 고독은 타인은 물론 그 자신에게조차 유쾌하지 못했지만, 오직 진실만을 추구했던 인간에게는 필연적으로 수반되는 고독이었다. 이는 그가 평생 옷차림이나 행색에 무관심했다는 점에서도 드러난다. 그는 노동계급처럼 입었고 그들처럼 살았다. 평생 양복을 제대로 차려 입거나 베레모나 중절모를 쓰지 않았다. 옷은 낡았고 구두는 빛나지 않았다. 그의 선배인 모리스처럼 행색부터 그는 부르주아이기를 거부했고 부르주아적 삶의 허영을 철두철미 멸시했다. 특히 사회주의를 입에 올리는 자들이 부르주아처럼 사는 것을 경멸하고 비난했다. 심지어 채식주의자들의 깔끔함마저 위선으로 여겼다.

오웰에게는 돈키호테와 산초 판사가 공존한다

오웰은 분명 돈키호테였다. 그러나 그는 돈키호테와 대조적인 캐릭터인 산초 판사를 함께 옹호했다. 오웰은 독자들에게 자신을 돈키호테로 보는지 산초 판사로 보는지 묻고서 자신의 인생관을 양쪽 모두에서 찾았는데, 1941년에 쓴 「도널드 맥길의 예술*The Art of Donald McGill*」(Essays, 193-203)에 나오는 다음 말에서 이를 확인할 수 있다.

거의 확실하게 당신은 그 양쪽일 것이다. 당신은 영웅이자 성자가 되고 싶다고 생각하기도 하나, 또 한쪽의 당신은 무사 안일하게 이 세상을 살 수 있기만 하는 것도 다행이라고 생각하는 작고 뚱뚱한 남자와 같다. 산초 판사는 당신의 비공식적인 자아로서, 정신에 대해 항의하는 밥통의 소리이다. 그가 좋아하는 것은 안전, 푹신한 침대, 허송세월, 맥주, '관능적인' 여성을 향한다. (…) 당신이 그 영향을 쉽게 받는가 어떤가는 별 문제이다. 그러나 산초 판사는 당신 속에 없다고 말하는 것은 돈키호테도 당신 속에 없다고 말하는 것과 꼭 같이 완전한 거짓말이다. 그러나 세상에서 말해지거나 쓰이고 있는 것은 대부분 그 어느 쪽도 거짓말이나, 보통은 앞쪽 거짓말-즉 산초 판사가 없다고 하는 거짓말이다.(Essays, 201)

오웰 자신은 영웅도 성자도 아니었다. 우드코크의 표현처럼 그는 "상징이 되기에는 너무나도 고독했고, 성자가 되기에는 너무나도 격심하게 분노에 불탔"다. 그렇다고 해서 자신이 말한 것처럼 산초 판사였다고 볼 수도 없다. 외모만으로 본다면 평생을 영국인 치고도 엄청 키가 크고 비쩍마른 몸매로 산 그가 키가 작고 뚱뚱한 판사와 어울릴 리 없다. 그러나 그에게는 분명 산초 판사로서의 측면이 있다. 그는 사물과 그 감촉에 대한 관심, 특히 현실 생활의 냄새에 대한 관심이 많았다. 따라서 돈키호테와 산초 판사의 특성을 동시에 가진 모순적인 인간이라고 봐야 할 것이다. 우리 대부분이 그렇듯 그 역시 모순에 가득 찬 보통 인간이었다.

야인 오웰

오웰을 돈키호테로 보든 산초 판사로 보든 크게 상관은 없다. 그가 촌놈이라는 사실은 분명하니까! 오웰은 1940년, 미국에서 간행된 『20세기 작가들『Twentieth Century Authors』에서 자신이 가장 좋아하는 일이 밭농사, 특히 닭 키우기와 야채 가꾸기이고, 영국의 음식과 맥주, 프랑스의 붉은 포도주, 스페인의 흰 포도주, 인도의 차, 강한 잎담배, 석탄 난로, 안락의자를 좋아한다고 밝혔다. 반대로 싫어하는 것은 대도시, 소음, 자동차, 라디오, 통조림, 중앙집중식 난방, 현대풍 가구라고 말했다. 오웰이 맥주나 포도주, 또는 차나 잎담배 등을 즐겼다고 해서 그런 기호(嗜好)를 사치스러운 것으로 오해하면 안 된다. 오웰이 즐긴 이 모든 것은 그야말로 당시 영국에서는 싸구려였고 빈민들이나 즐기는 것이었으니까.[*]

오웰이 지금 한국에 살았다면 어땠을까? 아마 그는 대도시에서 살지 않았을 것이다. 시골에 살면서 생활의 편리를 위한다는 이유로 자동차를 굴리지도 않았을 테고, 라디오는커녕 텔레비전도 인터넷도 보지 않았을 것이다. 중앙난방이 되는 아파트에서도 살지 않았을 테고, 그 안을 천편일률적인 붙박이 가구로 치장하지도 않았을 것이다. 오웰은 또한 말년 몇 해를 제외하고는 평생 가난하고 고독하게 살았다. 아마도 오웰 시대의 예술인 누구보다도 가난하게 살았을 것이다. 당대 예술가 중에서는 예외적인 삶이었다.

오웰은 분명 촌놈이었다. 민요나 민중가요를 즐긴 반면 클래식 음악은

■　*　오웰은 1946년에 쓴 「책 값 대 담뱃값Books v. Cigarettes」(Essays, 341-345)이라는 글에서 자신이 피우는 담뱃값과 술값은 당시 영국인 남성 성인의 그것에 비해 반 정도이고 책값도 액수로는 그 정도인데 영국인의 평균 도서 구입비는 거의 제로라고 했다.(Essays, 343) 그리고 이는 영국인 평균 담뱃값이 인도 농민의 평생 생계비 평균보다 많은 것에 비해 자랑스러운 일이 아니라고 개탄하며 마지막에 다음과 같이 말한다. "그리고 만약 우리의 책 소비가 지금까지와 마찬가지로 계속 떨어진다면, 그것은 책을 사든지 빌리든지 간에 책값이 너무 비싼 탓이 아니라, 독서가 개싸움 구경을 가거나 술집에 가는 것보다 더 재미있는 시간 보내기가 아니라는 것을 최소한 인정해야 할 것입니다."(Essays, 344)

전혀 듣지 않았다. 클래식을 예술 중에서 가장 자연스럽지 못하고 추상적인 것이라고 생각했기 때문이다. 그림은 좋아했지만, 현대적인 추상화는 싫어했다. 현대화가 중에서 그가 유일하게 관심을 표명한 사람은 살바도르 달리(Salvador Felipe Jacinto Dali, 1904~1989)였는데, 이 경우에도 그의 그림을 좋아한 게 아니라 그의 자서전에 나타난 인간의 비정상적인 심리에 관심을 가진 데 불과* 했다. 문학의 경우에도 유미주의적인 것에는 관심을 두지 않았다. 뒤에서 우리는 초기 작품인 『목사의 딸』에서 조이스(James Augustine Joyce, 1882~1941)의 흉내를 낸다든가 『숨 쉬러 올라오기*Coming Up for Air*』에서 프루스트(Marcel Proust, 1871~1922)의 흉내를 내는 경우를 보겠지만, 그것은 어디까지나 부분적이고 예외적인 경우다. 후기에 접어들어서는 프루스트나 조이스를 비정치적이라는 이유에서 거부했기 때문이다. 마찬가지로 그는 우리가 20세기 문학의 태두라고 생각하는 엘리엇(Thomas Stearns Eliot, 1888~1965)이나 버지니아 울프(Virginia Woolf, 1882~1941)도 싫어했다.

오웰의 인생관

오웰이 삶을 대하는 태도는 매우 특이하다. 평생 성공하고자 노력하기는커녕 도리어 성공하지 않는 것을 인생의 목표로 삼았을 정도였다. 뿐만

■   * 그러나 이런 관심도 혐오로 끝났다. 그가 1944년에 쓴 에세이 「성직자의 특권: 살바도르 달리에 관한 몇 가지 단상*Benefit of Clergy: Some Notes on Salvador Dali*」(Essays, 248-257)에서 이를 확인할 수 있다.

아니라 그는 자신의 삶과 작품에 대해서도 늘 불만이 많았다.

> 당시에는 실패만이 유일한 미덕처럼 보였다. 조금이라도 자기 발전을 생각
> 한다면, 심지어 한 해 몇 백 파운드를 버는 정도의 '성공'이라도 바란다면
> 비열한 짓 같았다.(위건, 201)

이러한 인생관은 오웰이 어린 시절 치열한 계급적 경쟁을 경험하면서 형성된 것으로 보인다. 제국주의의 앞잡이인 식민지 경찰을 지내면서 더욱 확고하게 뿌리박았고, 어렵게 작가 생활을 하는 동안 그의 인생 자체를 지배했다. 오웰은 학교에 다닐 때 속물이 되는 공부를 혐오했다. 19세에 학교를 마치고 집에 돌아온 뒤에는 그곳에 있는 식민지 경찰시험 준비 학원을 다녀 식민지 경찰이 되었지만 다시금 그 속물적 생활을 혐오했다. 그래서 24세에 경찰을 그만두고 작가가 되고자 했으나 여의치 않자 교사를 비롯한 여러 직업을 전전하며 작품을 썼다. 하지만 그는 끝내 자신을 성공했다고 생각하지 않았다.

실패는 그에게 인간성에 대한 깊은 통찰의 길을 열어주었다. 오웰은 인간을 이중적인 존재로 여겼다. 그래서 완벽한 도덕을 요구하는 사람들에게 언제나 항의했다. "인간은 대체로 착하려고 하지만, 너무 착하려고 하지도 않고, 언제나 착하지만은 않다"라고 하면서.

오웰의 인생관에서 우리가 눈여겨보아야 할 부분은 1936년 전후, 즉 33세 되던 해이다. 당시 그는 스페인 시민전쟁에 참전하면서 전체주의, 아니 모든 권력 지배에 반대하고 '민주적 사회주의'를 지지하는 글을 쓰게

된다.(Essays, 5) 우리 식으로 말하자면 순수문학이 아니라 참여문학 작가의 길을 선택한 것으로 보이는데, 여기 주목해야 할 점이 있다. 오웰은 우리 식으로 순수냐 참여냐 하는 양자택일의 기로에 서는 대신 순수와 참여를 함께 이룰 수 있음을 '적극적인 참여의 태도'에서 구했기 때문이다. 1946년에 쓴 「나는 왜 쓰는가?*Why I Write?*」라는 글에서 그는 다음과 같이 말한다.

> 1936년부터 내가 쓴 작품은 모두 직접적으로나 간접적으로 전체주의에 '맞서고' 내가 아는 민주적 사회주의를 '지지하는' 것들이다. 지금 같은 시대에 그런 주제를 피해 글을 쓸 수 있다는 것은 나에게 난센스라고 생각된다. 어느 쪽에 설 것인가, 어떤 방향을 선택할 것인가만이 문제이다. 그리고 자신의 정치적인 기움에 대해 자각하면 자각할수록 사람은 자신의 미적이고 지적인 일관성을 희생하지 않고 정치적으로 행동할 가능성이 커지게 될 것이다.(Essays, 5)

주목할 것은 오웰이 작가로서 "정치적 목적과 미적이고 지적인 목적을 양립시킬 수 있다고 보았다"라고 하는 사실이다. 어쩌면 이 점이야말로 오웰의 가장 참신한 사상이라고 보아도 좋을 터다. 위 글에 이어 오웰은 다음과 같이 주장한다.

> 지난 10년간 내가 가장 하고 싶었던 것은 정치적인 저술을 하나의 예술로 만드는 것이었다. 나의 출발점은 언제나 어떤 당파적인 감정, 즉 부정을

감지하는 것이다. 내가 앉아서 책을 쓰기 시작할 때, 나는 자신을 향하여 "지금부터 예술작품을 쓴다"라고는 말하지 않는다. 내가 쓰는 것은 무엇인가 폭로하지 않으면 안 될 거짓이 있고, 주의를 환기시키고 싶다는 사실이 있기 때문이고, 내가 무엇보다 먼저 생각하는 것은 그것을 타인에게 들려주고자 하는 것이다. 그러나 만일 그 일이 동시에 미적 경험이 아니었다면 나에게는 한 권의 책을 쓴다는 일은 불가능했을 것이고, 긴 잡지 기사 하나도 쓰지 못했으리라.(Essays, 5)

이어 오웰은 그런 정치적 목적과 예술적 목적을 하나의 전체로 융합한 최초의 책이 『동물농장』이라고 말한다. 위의 글을 썼을 때에는 아직 『1984』를 쓰기 전이었는데, 그는 "모든 책은 실패작"이라고 하면서 자신이 글을 쓰는 동기는 "공공의식의 발현"이라 이야기한다. 또한 자신만의 "개성을 지우려는 노력을 끝없이 계속하지 않는다면 읽을 만한 글을 쓸 수 없다"라고 주장했다.(Essays, 6) 우리가 흔히 개성적 글을 강조하고 공공성을 중시하지 않는 태도와 매우 대조적이지 않은가? 마지막으로 오웰은 다음과 같이 글을 맺는다.

나는 어느 것이 가장 강력한 모티브인지 분명히 말할 수는 없다. 그러나 따라야 할 것이 무엇인지는 안다. 그리고 나의 작업을 돌이켜보면 내가 생명 없는 글을 쓰고, 화려한 구절이나 의미 없는 문장이나 장식적인 수식이나 헛소리에 현혹되었을 때에는 '정치적 목적'이 결여되었을 때였다.(Essays, 7)

오웰의 정치관

오웰은 "1936년이 나의 삶에서 하나의 전환점이 되었다"라고 말하곤 했지만, 사실 전환점은 이미 그전에 있었다. 1927년 경찰직을 그만둔 시점이다. 식민지 경찰에 대한 회의는 그전부터 생겼을 것이나, 결정적인 전환은 역시 1927년이다. 그러나 오웰 자신이 말하듯이 1927년의 변화는 1936년의 변화만큼 크지 않았다. 여하튼 1927년 이후 파리와 런던의 밑바닥 생활을 경험하면서 오웰은 스스로 아나키스트를 자처한다. 이어 1936년 말 스페인 시민전쟁에 참여하면서도 그는 여전히 아나키즘에 기울어 있었는데, 이는 각 시기에 쓴 『파리와 런던의 밑바닥 생활*Down and Out in Paris and London*』과 『카탈루냐 찬가』에 나타난다.

그 후 영국에 돌아온 오웰은 노동당 좌파를 지지했으나, 1945년 총선에서 노동당이 승리하여 집권한 뒤 그것에 실망해 다시 아나키즘에 기운다. 그러나 그전에는 전쟁에 반대하는 아나키즘을 맹렬히 공격하기도 했다. 따라서 그의 정치관을 아나키즘으로 한정짓는 데엔 문제가 있다. 그러나 나는 오웰이 노동당 좌파를 지지한 근본은 역시 아나키즘적인 것이라고 생각한다. 그가 전시 중에 아나키즘을 공격한 것도 아나키즘 자체에 대한 반대가 아니라 전쟁과 관련된 문제라고 보기 때문이다.

그가 소련식 사회주의와 함께 영미식 자본주의를 반대하고 나름의 사회주의를 주장한 것은 이미 몇 차례 강조했지만, 그 자신 자신의 사회주의에 대해 명백하게 언급한 바는 거의 찾아보기 힘들다. 1946년에 쓴 「사회주의란 무엇인가*What is Socialism*」라는 글에서 그는 윤리적 사회주의를 언급했는데, 이는 그가 사회주의를 예수를 비롯한 초대 기독교인과 스파르

오웰이 1927년에 살았던 런던 포르토벨로 가의 방

타쿠스를 위시한 로마 노예들, 영국 시민전쟁의 천년운동, 루소, 모리스, 19세기 기독교 개혁주의자들에게서 그 기원을 찾았다'는 점에서도 확인할 수 있다.

오웰은 1943년에 쓴 「사회주의자는 행복할 수 있을까?*Could Be Socialist Happy?*」라는 글에서 사회주의에 대해서 상세하게 말할 필요는 없고 다만 넓은 관점으로 보면 된다고 말한다. 그런 오웰의 사회주의는 'decency'란 말로 집약된다. 앞에서 내가 '인간적 품위'로 번역한 이 말을 정확하게 이해하기란 쉽지 않다. 하지만 나는 이 표현을 '본질적인 품위, 무엇보다도 솔직함과 관대함'으로 이해한다. 어떤 도그마나 이데올로기에 의한 정치적 교조주의나 계획적 사회개혁 또는 종교적 절대주의 등에 반대되는 것이기도 하다. 따라서 언론 출판의 자유를 비롯한 개인의 표현권, 특히 소수자의 표현권이 무엇보다도 중시된다.

즉, 인간적 품위란 자유와 관용을 뜻한다. 그러나 수동적으로 누리거나 향수하는 것이 아니라 적극적으로 주장되고 행사되어야 하는 것이다. "자유의 비밀은 용기에 있습니다"라는 말처럼 대담하게 발언하고, 반대 의견에 대해서는 관용하는 의무를 뜻한다. 이는 작가로서의 오웰에게는 무엇보다도 명확하고 간결하게 쓰는 것, 즉 공동사회성, 상식, 용기, 보통의 문제를 의미했다.

이처럼 오웰의 사회주의는 경제적인 것이 아니라 윤리적인 것이었다.

■　* 기독교에 대한 오웰의 태도는 뒤에서 보듯이 모순된 것이지만, 현실 기독교를 지배하는 자들의 정치적 타락과 달리 기독교 민중의 반권력주의에 대해서는 호의적이었다. 특히 그는 모리스처럼 교회건축을 좋아했고 아나키즘적 기독교 해석을 따랐다.

따라서 그는 자유는 평등에 의해 부정된다는 마르크스주의를 철저히 거부했다. 특히 타인, 그중에서도 소수자의 자유를 존중해야 한다고 주장하면서 그 자신 평생 동안 그것을 실천했다. 사회주의는 권력 탈취나 법률에 의해서가 아니라, 민중에게 공정하고 공개된 토론을 보장할 때 가능해진다고 보았기 때문이다. 나아가 오웰은 '이데올로기의 필연성' 따위를 주장하는 마르크스주의와 같은 추상적 이론을 싫어했다. 그런 이론이 노동자의 실제 생활과는 대체로 무관하다고 보았던 탓이다. 하지만 인간적 품위는 정치적 입장에만 그치는 것이 아니다. 이는 문명 비판적인 측면에서 기계를 혐오하고 자신이 좋아하는 것을 스스로 만드는 생활 태도와도 관련된다. 이 점에서 오웰은 모리스를 닮았다. 또한 인간적 품위란 기계 이전의 자연 세계에 대한 친화력을 뜻하기도 한다. 말하자면 이론적인 것이 아니라 감성적인 것이다.

그러한 사회주의는 보통 사람의 인간적 품위를 지키는 노동계급 문화를 그대로 유지하는 것이지 마르크스주의의 변증법이니 뭐니 하는 지극히 난해한 철학에 기초하거나 경제적 지식에 근거한 것이 아니었다. 따라서 오웰은 마르크스주의를 선전하는 지식인이야말로 도리어 사회주의를 가로막는 적으로서 제거되어야만 하는 존재라고 보았다. 특히 그는 사회주의를 이데올로기로서 선전하는 순간 사회주의의 본질인 보통 사람들의 도덕은 도리어 퇴락한다고 생각했다. 그러한 도덕이 반권력을 중심으

■ * 물론 오웰이 사회주의 이론에 대해 무지했다고 볼 수는 없고 그가 사회주의 이론의 모든 것에 대해 부정적이었던 것도 아니었다. 많은 증언이 있고 지식인이라면 당연히 그러했듯이 그가 사회주의에 대해 많이 공부했을 것임은 틀림없는 사실이고, 유물사관을 비롯하여 그가 공감한 사회주의 이론도 다수 있었다.

로 한 기독교에 의해 인민들에게 오랫동안 뿌리박혔다고 보았기에 권력이 없을 때에만 비로소 인간적 품위가 가능하다고 주장한 것이다.

그러나 오웰은 정치관에서 때로 혼란을 보이기도 한다. 특히 국가에 대한 관념이 대단히 불분명했던 탓에 갖은 비판이 따르는데, 가령 한편으로는 방대한 국유산업과 사회적 삶에 대한 국가 통제를 주장하면서도 다른 한편으로는 분권화된 사회와 노동자에 의한 산업 통제를 주장하는 식이다. 사실 작가인 오웰에게 대단히 체계적인 사회주의 이론가로서의 모습을 요구하는 것은 무리이다. 보다 중요한 점은 그가 사회주의를 윤리와 동일시했다는 점이다. 오웰은 영국 자본주의 사회의 계급을 노골적으로 비판하고 그것을 극복하기 위해 산업의 광범한 국유화를 주장함과 동시에 비중앙집권적인 정치사회 구조와 노동자에 의한 산업의 자주적 관리를 주장했다. 대체적으로는 후자의 입장에 서 있었다.

이러한 시각은 특히 『동물농장』이나 『1984』에서 전체주의를 반대하는 모습으로 드러난다. 물론 이를 근거로 '오웰은 대체로 아나키즘적'이라고 할 수 있을지 모르나, 그 자신 만년에 간디를 논한 글에서 "국가의 법률 대신 여론이라는 것에 의존하는 아나키즘 속에 전체주의의 요소가 있다"라고 지적한 것을 보면 이렇다 저렇다 단적으로 말하는 데엔 문제가 있어 보인다.

오웰은 이해하기 까다로운 인물이다

오웰은 복잡하다. 그 복잡성 때문에 다양한 부류의 신자가 생겼을 정도다. 그중에는 우익도 있고 좌익도 있다. 노동자도 있고 지식인도 있다. 그러나 오웰은 그 어느 편도 아니었다. 우익은 물론 좌익도 아니었고, 그 어느 쪽에 물든 노동자도 싫어했다. 어느 한쪽으로 물들지 않은 노동자만 신뢰했다.

오웰이 극단적으로 싫어한 것은 지식인이다. 그 자신 고등학교 출신이었으니 사실 독학자에 가까운 편이어서 그랬을까? 그는 처음부터 지식인에게 적대적이었다. 그렇지만 로렌스처럼 남녀의 본능적 감정을 극단화하고 도덕적 판단을 배제하면서 이성을 부정하고 본능만을 주장하지는 않았다. 도리어 그런 로렌스를 비난했고, 동시에 지식인의 편견이나 붕당화 위험을 늘 경고했다. 특히 스탈린 숭배나 평화주의 숭배를 지식인 특유의 현실도피주의라고 보았다.

오웰은 사실 그 모든 인간 유형을 싫어했던 사람이다. 그런데도 많은 사람을 감동시켜 그들이 오웰의 팬이 되거나 오웰을 자기편이라고 주장하게 만든 근거는 대체 무엇일까? 다름 아닌, 오웰 자신이 복잡했기 때문이다.

오웰은 19세기 '개인주의적 진보'를 보여준 마지막 사람이다. 그러한 태도를 보인 선배로 해즐릿(William Hazlitt, 1778~1830), 코벳(William Cobbet, 1763~1835), 디킨스 등을 들 수 있는데, 그들과 마찬가지로 오웰도 고정된 '진보'가 아니라 매우 유동적인 진보를 표방했다. 여기서 '진보'란 사실 어떤 당파와도 무관한 '자유'와 '융통'을 말한다. 가령 그는 1930년대 초에는 아나키스트, 1930년대 후반부터 죽기까지는 사회주의자를 자처했지만, 언제나 그 정통에 어긋나는 생각들을 태연하게 발언하곤 했다. 특히 일반론에서 개별론으로 옮겨지면 모순된 발언을 자주 했다.

영국 제국주의에 대해 비판하면서도 영국 제국주의는 후속 제국주의보다는 낫다는 식으로, 또한 제국주의자 개인의 경우 장점도 갖는다는 식으로 말이다. 가령 그는 「러디어드 키플링*Rudyard Kipling*」에서 제국주의 소설가 키플링(Joseph Rudyard Kipling, 1865~1936)을 비판하면서도 인간적으로는 옹호했다.(Essays, 203) 그런 모순이 극단적으로 나타난 것이 히틀러에 대한 평가인데(Essays, 188), 이 문제는 각각의 시대적 배경과 함께 뒤에서 설명하겠다.

애국심과 민족주의, 그리고 영국적인 것

이러한 복잡한 생각들을 '모순'이라 단정해야 할까, 아니면 자유로운 사고의 발현이라고 보아야 할까? 이 점에 대해서는 뒤에서 다시 살펴볼 터이나 잠깐 애국심에 대한 그의 주장을 하나의 모델로 검토해보겠다.

그는 1930~40년대 좌익 지식인 중에서 거의 유일하게 자기 나라를 자랑스럽게 사랑한다고 주장했던 사람이다. 나라가 지배계급의 것만이 아니고 민중이 노동을 하여 먹고사는 삶의 터전이라 확신했기 때문이다. 또한 그는 당시 반전주의에 젖은 지식인들을 격렬하게 비판했다. 여기서 우리가 주목할 부분은 오웰이 애국심과 민족주의를 예리하게 구분했다는 점이다. 민족주의가 반드시 나쁜 의미는 아니지만, 민족주의가 하나의 민족으로 구성되는 국가에 대한 믿음으로 존재하는 한, 그 결과 타국보다 자국이 우월하다고 주장되는 한, 그것은 위험한 것이다.

오웰은 민족주의에 사로잡힌 배타적인 사람이 아니었다. 미국 문학과 프랑스 문학, 그리고 러시아 문학을 즐겨 읽었을 만큼 1930~40년대 유럽과 식민지 문제에 대해 당시의 어떤 문인보다도, 아니 어떤 정치가보다도 해박했다.(크리크, 22)

오웰은 '영국적인 것'에 관한 한 가장 뛰어난 분석가였다. 그러나 처칠 등 일군의 사람들처럼 진부한 영국 국민성론을 들먹이는 대신 영국인의 습관만이 아니라 국민으로서 무엇을 해야 하는가를 명백히 밝혔다. 우선 국민성에 대해서 도덕적이고 사회학적인 관점에서 조사했는데, 그것은 애국적임과 동시에 급진적이었다. 국민의 타락과 이기심, 그리고 자연의 황폐를 우려하면서도 오웰은 언제나 보통 사람의 상식이 통하는 세상, 그들이 누려 마땅한 즐거움에 대한 희망을 버리지 않았다.

오웰의 스승 또는 선배

오웰은 『20세기 작가들』에서 자신에게 영향을 끼친 작가는 셰익스피어, 스위프트, 필딩(Henry Fielding, 1707~1754), 디킨스, 리드(Charles Reade, 1814~1884),* 버틀러(Samuel Butler, 1612~1680), 졸라(Zola, Émile, 1840~1902), 플로베르(Gustave, Flaubert, 1821~1880), 조이스, 엘리엇, 로렌스이고, 가장 큰 영향을 미친 작가는 서머싯 몸(Somerset Maugham, 1874~1965)이라고 말했다.

■ * 찰스 리드는 우리에게 잘 알려지지 않은 19세기 소설가로 당시의 사회적 불의에 분개해 이를 폭로하는 소설을 썼다. 14편의 소설은 16세기 네덜란드의 대학자 에라스무스의 전기에 입각해서 그의 부모를 둘러싸고 파란 많은 일생을 다룬 『수도원과 노변(爐邊)*The Cloister and the Hearth*』(1861) 외 사회 문제를 주제로 한 14편의 리얼리즘 소설을 남겼다.

스위프트와 오웰을 잇는 중간자 윌리엄 코벳

의아한 것은 오웰이 『달과 6펜스』나 『인간의 굴레』를 쓴 작가 몸에게 영향을 받았다고 밝힌 점이다. 몸은 '소설은 재미를 위한 것'이라는 문학관을 지닌 만큼 오웰과 달리 정치적인 작가가 아니었는데 말이다. 이유는 몸의 건조한 문장에 있다. 오웰이 몸을 좋아한 것은 그가 군더더기나 장식 없이 간결하게 글을 쓰는 작가였기 때문이다.

그러나 나는 위 작가들 중에서 오웰에게 가장 큰 영향을 끼친 작가는 스위프트라고 생각한다. 뒤에 나오겠지만 오웰이 어린 시절 최초로 선물받아 읽은 책이 스위프트의 『걸리버 여행기』인데, 소박하고 장식이 없는 문장으로 모든 권위에 대해 통렬한 비판을 가한 스위프트야말로 오웰의 최초 스승이었다. 위 목록에 들어 있지 않으나 나는 19세기 작가 코벳* 역시 오웰의 위대한 스승이라고 본다. 스위프트와 오웰을 잇는 중간자 역할을 한 코벳은 간결한 문체로 모든 권위에 대항한 영국 문필가인데, 오웰은 '20세기의 코벳'으로도 불린다.

그 밖에도 많은 작가들이 오웰에게 영향을 미쳤다. 그중 한 사람이 체스터턴(Gilbert Keith Chesterton, 1874~1936)이다. 나는 오웰의 에세이를 읽으면 읽을수록 체스터턴의 에세이를 읽는 듯한 느낌을 받는다. 사실 오웰도 어린 시절부터 그의 글을 좋아했다. 오웰이 어린 시절에 좋아한 작가 중 위의 목록에서 빠진 사람은 허버트 조지 웰스(Herbert George Wells, 1866~1946)이다.

■　＊　코벳은 '산업 프롤레타리아의 최초의 위대한 보호자'로 불린다.

에피그라프

나는 이 책의 맨 앞에 오웰을 상징하는 다음 시를 인용했고, 앞으로도 몇 번 더 인용할 예정이다.

그래도 내가 그대 얼굴에서 본 건

어떤 권력으로도 빼앗을 수 없고

어떤 폭탄으로도 부수지 못할

수정 같이 맑은 정신

책의 첫머리인 타이틀 페이지(title page)에 싣는 이런 인용을 에피그라프(epigraph)라고 하는데, 오웰은 대부분의 작품에 에피그라프를 사용했다. 대개 작품의 내용을 단적으로 보여주므로 그것들을 모아 살펴보면 작품을 이해하는 데 도움이 된다. 가령 『파리와 런던의 밑바닥 생활』에서는 "아, 가난이란 말할 수 없는 재앙이로구나"라는 초서(Geoffrey Chaucer, 1342?~1400)의 말을 인용한다. 이어 『버마의 나날』에서는 "우수의 큰 나뭇가지 그늘에 뒤덮인/ 접근하기 어려운 바로 이 사막"이라는 셰익스피어 희곡 『네 멋대로』의 시구(詩句)를 인용한다. 그리고 『카탈루냐 찬가』에는 「잠언」에 나오는 다음 시구가 인용된다.

■ * 흔히 제사(題辭)로 번역되나, 한자를 모르는 세대에게 한글만으로 그 뜻을 전하기는 어려우니 이 책에서는 그대로 에피그라프라 부르겠다. 또한 제사란 국어사전에 "책머리 또는 빗돌 위에 쓰는 말"로 풀이되지만, 영어사전에서는 에피그라프를 "중요한 생각이나 느낌을 표현하기 위해 책이나 장(章)의 처음에 두는 함축적인 짧은 인용문. 모토"라고 소개한다.

미련한 자에게 그 어리석음에 맞게 답하지 마라, 네가 그와 같은 자가 되지 않도록.

미련한 자에게 그 어리석음에 맞게 답하라, 그가 스스로 지혜롭게 여기지 않도록.

이어 『목사의 딸』에서는 「고금성가집」에 나오는 "지루한 되풀이/ 시시한 일거리"라는 시구, 『엽란을 날려라Keep the Aspidistra Flying』에서는 「고린도서」의 1절을 변형하여 "나는 인간과 천사의 목소리로 말하나 돈은 없습니다"라는 말을 인용한다. 한편 『숨 쉬러 올라오기』에서는 "그는 죽는다, 그러나 가라앉지는 않는다"라는 유행가 가락을 인용했다.

가정과 학교의 속물성

왜 영국인가?

영국을 바라보는 우리의 태도는 미국에 대한 것과 다르다. 정치경제는 물론 출판을 비롯한 문화 영역에 이르기까지 우리는 줄곧 미국의 영향 아래 살아왔다. 물론 요즘은 미국에 대한 시선이 예전과 많이 달라졌지만 말이다. 이에 비해 영국은 여전히 '동경과 친숙함'의 대상으로 여겨진다. '신사와 귀족과 왕실'이 아직 존재하는데도 '전통과 안정의 나라', '이성과 상식의 나라', '복지제도의 나라', '사회정의가 지켜지는 나라', '선진국', '낭만과 열정의 나라', '문명의 나라', '영어권 원조의 나라', '우리나라에 최초의 현대시 뿌리를 심어준 바이런의 나라'라고 생각한다. 그러나 나는 오웰의 어린 시절을 검토하는 이 장에서 영국이 그런 환상의 나라가 아니라는 사실을 보여줄 작정이다. 더불어 영국이나 영문학이 우리에게 주는 긍정적인 차원뿐만이 아니라 부정적인 차원도 함께 검토하려 한다.

나는 먼저 긍정적인 차원으로 영국의 자연 환경을 꼽고 싶다. 그러나 이는 영국의 자연이 아름답다던가 하는 이야기가 아니다. 어느 곳에 살든 인간이 태어난 자연은 원래 아름답다. 특히 산업화 이전의 자연은 아름답다. 오웰도 언제나 어린 시절의 자연을 그리워했고, 그곳으로 돌아가는 꿈을 꾸었다. 이는 단순히 고향을 그리는 마음에서 비롯된 이른바 동경은 아니었다. 오웰에게 자연은 인간이 살아야 할 이상적인 공간이었다. 영국 작가나 시인들에게 그러한 자연의 추구는 공통적으로 나타났지만, 오웰에게는 특히 그런 요소가 강했다.

영국의 자연과 코벳

영국의 자연을 한마디로 표현하면 '들'이다. 우리에게는 '산과 계곡'일지 모르지만, 영국에는 '산과 계곡'이 없다. 오직 '들판'뿐이다. 심지어 전쟁터를 영어로 '싸우는 들판(battlefield)'이라고 표현할 정도다. 여기서 그 싸움에 대한 지루한 이야기를 할 필요는 없을 것이다. 아름다운 들이 황폐화하기 시작한 산업 혁명에 의한 산업화나, 그 일부인 농업 혁명의 인클로저(enclosure)˙를 상세히 설명할 필요도 없을 것이다. 하지만 그 결과 대지주가 등장했고, 그 밖의 대부분 농민들은 머슴이나 도시 노동자로 전락˙˙했다는 것을 우리는 알고 있다.

코벳은 이 같은 농촌의 붕괴를 가장 신랄하게 비판한 사람이다. 오웰이 '제2의 코벳'이라 불리는 만큼˙˙˙ 우리는 이 사람을 주목해야 하는데, 코

---

* 인클로저는 '종획운동'으로 번역되기도 하나 이렇게 표현하면 선뜻 이해하기 어려우니 그냥 인클로저라고 하자. 굳이 번역하자면 '울타리치기', 더 정확하게는 '공유지를 사유지로 만들기 위해 울타리 치기'이다.

** 1831년의 인구조사에 의하면 지주와 경영자 및 자작농이 17%, 고용노동자가 83%였고, 당시 농업인구는 28%였다.

*** 55쪽 참조(페이지 확정되면 쪽수 넣기)

N° 2

The Life of WILLIAM·COBBETT . ... _written by himself._

London, Published Septr 29 1809. by H. Humphrey, 27 St James's Street.

2.^d Plate .

_— as I shot up into a hobble-dehoy, I took to driving the Plow for the
benefit of mankind, which was always my prime object; — hearing that the
Church-Wardens were after me, I determined to become a Hero, and secretly
quitting my agricultural pursuits, and Sukey Stubbs,_ — _Voluntered as a Private-
-Soldier, into the 51.st Regiment, commanded by that tried Patriot and
Martyre Lord Edwd Fitzgerald; and embarked for the Plantations. —_

Vide, my own Memoires
in the Political Register for 1809.

코벳의 자서전에 실린 제임스 길레이의 풍자화(1809). 병사로 차출되어 캐나다로 떠나는 모습이다.

벳은 자작농의 아들로 태어나 11세에 런던으로 가출하여 노동을 하다가 병사로 캐나다를 다녀온 뒤 1800년에 돌아와 런던에서 정치 잡지를 간행했다. 정치 선동의 죄로 투옥되었다가 잠시 미국으로 피신했으나 1802년부터 죽을 때까지 30여 년간 언론인으로 살았다.

코벳은 대학은커녕 어떤 교육도 받지 못했다. 독학으로 글을 깨쳤고, 그런 경험을 바탕으로 1818년에 노동자를 위한 문법책을 만들었다. 그는 11세에 가출하여 런던에 나왔을 때 스위프트의 『통 이야기』를 발견하고 그 소박하면서도 통렬한 내용에 충격을 받아 이를 평생의 지침으로 삼게 된다. 이러한 계기도 오웰의 경우와 흡사하다. 그런데도 코벳은 오웰 이상으로 무시되었을 뿐만 아니라 아예 잊힌 작가라고 해도 과언이 아니다.

코벳이 태어나 자란 런던의 남쪽은 오웰이 어린 시절을 보낸 곳이다. 농업 혁명에 의해 급속히 진행된 농촌의 황폐화는 남부에서 특히 심했는데, 그 지역에는 실업 농민을 흡수할 만한 광공업 도시가 없었다. 더군다나 당시는 나폴레옹과의 전쟁으로 사회가 크게 동요할 때였기에 농민들은 도시나 해외 식민지로 이주해야 했다.

코벳은 이미 60세를 넘긴 노인이었으나, 말을 타고 그 지역을 열심히 다니며 관찰했다. 물론 그 역시 아름다운 자연에 경탄하기도 했으나, 주요 관심은 어디까지나 그 속에 사는 인간에게 집중되었다. 코벳은 당시 해외 이주를 주장한 맬서스의 『인구론』을 격렬하게 비판했는데, 이 책은 우리나라를 비롯하여 세계적으로 고전의 반열에 올라 있다. 그러나 당시 인구 증가의 주된 원인은 출생이 증가해서가 아니라 의학의 진보에 따른 사망률이 저하했기 때문이라는 것은 이미 충분히 밝혀진 사실이다. 즉,

맬서스의 이론은 빈민의 출생을 억제하고자 한 구실에 불과했다.

오웰이 사랑한 자연

오웰은 영국을 미워하면서도 사랑했다. 미움이란 지배체제에 대한 것이고, 사랑이란 자연과 민중에 대한 것이었다. 그는 영국의 다른 문인들에 비해 자연 묘사를 많이 남기지 않았지만 어린 시절에 누렸던 자연, 즉 제1차 세계대전이 발발하기 전의 자연을 항상 그리워했다. 코벳이 절망적으로 묘사한 19세기 영국의 자연은 오웰의 어린 시절인 20세기 초엽보다 아름다웠을 것이다. 우리는 19세기 자연에 대한 가장 감동적인 묘사를 해즐릿의 「여행길On Going a Journey」은 다음과 같이 시작된다. "세상에서 가장 즐거운 일 중의 하나는 길 떠나는 일이다. 그러나 나는 혼자 떠나기를 좋아한다." 그리고 쿠퍼(William Cowper, 1731~1800)의 다음 시를 인용한다. "들은 그의 서재, 자연은 그의 책이었다."(공덕룡, 61)

> 차라리 머리 위에는 푸른 하늘, 발밑에는 초록색 잔디, 눈앞에는 구비치는 길, 저녁 식사까지 세 시간쯤 길을 걷다가, 그 후에는 사색을 하고 싶다. 이 쓸쓸한 들판에서 토끼 한 마리, 새 한 마리가 튀어 나와 장난치지 않을 때는 없다. 나는 웃고 달리고 뛰고 기뻐서 노래한다.(공덕룡, 62)

그러나 이 시는 자연 그 자체를 찬양하는 것이 아니다. 해즐릿은 그저럼 걷고 뛰고 노래할 수 있는 자연을 찬양한 것이다. 해즐릿의 「여행길」
은 후에 스티븐슨(Robert Louis Stevenson, 1850~1894)이 「도보여행*Walking Tours*」
을 쓰는 동기가 된다.

> 시간이 흐름에 따라, 여행자의 기분은 한 끝에서 다른 끝으로 옮겨간다.
> 풍경과 더욱 융화되며, 크게 발을 옮김에 따라 대기에 취하게 되고, 마침내
> 걸음을 재촉하면 즐거운 꿈속에서 보듯, 주위 풍경을 바라본다. 첫 단계의
> 기분은 보다 밝지만, 다음 단계에서는 보다 평화스럽다. 하루의 여정을 마
> 칠 무렵이면 글장난도 뜸해지고, 웃음소리도 낮아지고, 순수한 동물적 기
> 쁨, 즉 육체적 편안, 숨을 들어 마시는 기쁨, 가량이 근육의 긴장감이 주위
> 에 아무도 없음으로 해서 흡족한 기분으로 목적지에 도착하게 된다.(공덕
> 롱, 185-186)

오웰이 평생 추구했던 것은 바로 그 '순수한 동물적 기쁨'이었고, 그것
을 상실한 영국을 슬퍼했던 것이다. 20세기 말, 내가 걸어본 영국의 자연
에도 그런 '순수한 동물적 기쁨'은 없었다. 물론 우리나라의 상황보다는
나았다. 우리나라에서는 그 당시 이미 시골길을 마음 편히 걷는 것조차
불가능했으니까.

대영제국 식민지의 가계

오웰은 대영제국의 아들이었다. 당시 영국에서 태어난 모든 아이가 제국

의 아들이었으나, 오웰의 경우는 대대손손 대영제국 식민지 침략자의 핏줄이었다는 점에서 특히 그렇다. 명실 공히 대영제국 침략자의 아들이었다고 할까?

우선 그는 1903년 6월 25일, 영국의 식민지였던 인도의 벵골 주 모티하리에 있는 인도 총독부(Government of India)* 아편국에 근무하는 공무원 리처드 윔즐리 블레어(Richard Walmesley Blair, 1857~1939)와 아이다 메이벨 블레어(Ida Mabel Blair, 1875~1943)의 장남으로 태어났다. 리처드 윔즐리 블레어는 1875년부터 아편국에 근무해서 1912년 그곳을 퇴직하기까지 37년간 대영제국을 위한 아편무역에 종사했다. 그 아편무역**은 현대 역사에서 가장 오래 지속된 가장 체계적인 국제범죄였다. 흔히 영국의 식민정책은 비록 제국주의 침략을 위한 것이었지만 꽤나 자애로웠다는 식으로 예찬하지만, 어떤 식민정책도 자애로울 수 없다. 영국의 식민정책 역시 가장 악독한 인류에 대한 범죄였을 따름이다.

그러나 대영제국에 봉사한 것은 오웰 아버지만이 아니었다. 오웰의 고조할아버지는 식민지 자메이카의 대지주이자 수많은 노예를 거느린 사람이었고, 오웰의 외할아버지도 버마에서 티크 무역과 선박을 제조한 제국의 부유한 상인으로서 서른 명의 원주민 하인을 거느리고 왕처럼 살았다고 한다. 다들 화려한 식민지의 침략자였다.

■ * 인도의 영국 정부를 흔히 인도 정부라고 번역하나(가령 김병익11), 이는 우리 식 개념으로는 맞지 않으므로 이 책에서는 총독부라고 번역한다.
** 영국이 인도에서 아편을 생산해 오랫동안 중국에 팔았다는 사실은 아편전쟁이란 역사적 사건으로 우리게 잘 알려진 바 있다. 아편을 팔아 번 매년의 이익금 650만 파운드는 인도 예산의 6분의 1에 해당되었다. 중국에 대한 아편 무역은 1860년 이후 정부의 독점사업으로 합법화되었다.

오웰 역시 그 가계에 어울리게 식민지에서 근무할 '인재'를 키우는 학교에 다녔고, 졸업 후 19세에 버마의 경찰이 되어 24세까지 5년간 근무했다. 뒤에서 보듯 그는 식민지의 참상을 보고 제국에 회의하게 되나, 그렇다고 제국주의자임을 포기한 것은 아니었다. 적어도 24세까지는 제국의 아들이었다.

오웰의 가족은 어떤 사람들일까?

오웰의 고조할아버지는 귀족과 결혼하여 그 역시 귀족으로 살았으나 오웰의 아버지는 시골 교구 목사였던 할아버지로부터 재산을 거의 물려받지 못했다. 또한 옥스브리지(Oxbridge)* 출신도, 사립학교 출신도 아니어서 엘리트 코스인 문관이 아닌, 기술직 하급 공무원이 되어 37년을 식민지에서 근무했다.

오웰은 자서전적인 글을 많이 쓴 작가이지만, 자신의 아버지에 대해서는 단 두 번만 언급했다. 『동물농장』 서문에서 인도 총독부의 공무원이었다고 밝힌 것과 어느 에세이에서 8살이 되기까지 거의 보지 못했던 무뚝뚝한 노인이라고 적은 것이 전부다. 오웰의 아버지는 19세기 영국의 전형적인 남자, 그것도 보수적인 식민지 관료였다. 오웰은 그런 아버지를 나이 들면서부터 싫어했다. 특히 아버지의 근무지가 아편국이었다는 사실을 오웰은 매우 부끄러워했다. 하지만 적어도 그 자신 20대 초반 식민

■ * 잉글랜드의 옥스퍼드 대학교와 케임브리지 대학교를 함께 부르는 명칭이다.

지 경찰이 되기까지는 그러한 아버지를 부끄러워하기는커녕 도리어 자랑스러워했다.

오웰의 아버지 리처드는 1896년 39세에 21세의 아이다 메이벨 리무진과 결혼한다. 당시는 귀족의 자제란 어느 정도의 재산과 지위를 갖지 못하면 결혼하기 힘들었던 시대였으므로 만혼이었다. 결혼 2년 후 장녀 마조리(Majorie Francis Blair)가 태어났고, 그 5년 뒤 오웰이 태어났다. 오웰의 본명은 에릭 아더 블레어(Eric Arthur Blair)였다. 1904년,* 즉 오웰이 한 살 되던 해 어머니는 두 아이를 데리고 영국에 돌아와 옥스퍼드셔의 헨리 온 템즈에 정착했고, 4년 뒤 누이동생 에이브릴(Avril Nora Blair)이 태어난다. 그 후 1912년, 퇴직한 아버지가 인도에서 돌아오는데, 아홉 살이 될 때까지 오웰은 아버지를 거의 보지 못하고 어머니와 두 누이 속에서 자란 것이다. 고독 속에서 상상의 인물과 대화하는 오웰의 버릇은 그런 환경에서 비롯되었다.

오웰은 식민지의 말단 기술 공무원 집안에서 자란 만큼 그다지 윤택한 생활을 누리지 못했다. 그런데 오웰이 어린 시절을 외롭게 보냈다고 회상한 것과 달리 그 당시의 친구들은 오웰이 행복하게 지냈다고 증언했는데, 그 자신 역시 어린 시절의 평화로운 시골 정경을 즐겨 회상하기도 했다.

중요한 것은 오웰이 어린 시절부터 계급을 의식했다는 점이다. 이를 두고 오웰이 과장했다거나 또는 오웰의 감수성이 너무나 예민했다고 볼 필

■　* 1907년이라고 보는 견해도 있으나(가령 윌리엄스, 김병익11), 지금은 1904년이 정설이다. 크리크48 등 참조.

요는 없다. 누구나 어린 시절부터 나름대로 빈부의 차이를 어렴풋이 의식하게 되고, 자신의 처지에 맞게 행동하도록 교육을 받잖은가? 특히 계급 차이가 분명한 영국 중류사회에서는 그런 의식이 더욱 분명하게 나타났다.

어린 시절의 회상

사람들은 대개 자신의 어린 시절을 즐겁게 회상한다. 그러나 노동자를 위한 글을 쓴다는 이들 가운데엔 자신도 노동자 집안에서 어렵게 자랐다면서 성장 과정을 조금 과장하는 경우도 있다. 역경을 헤치고 열심히 살아 지금은 과거보다 나아졌다고 강조하기도 하는데, 죽기 2년 전 오웰은 당시 유행했던 그런 풍토를 다음과 같이 비판했다.

> 이는 나에게 일종의 지적인 사기이고, 그 배후에 있는 동기는 늙어감에 대한 속물적인 공포라고 생각된다. 우리는 인간이란 무한하게 발전을 계속할 수 없고, 특히 작가는 그의 어린 시절 경험을 부정하면 상속받은 유산을 포기하는 것이 됨을 인정해야 한다. (…) '유행에 따르는' 무모한 노력보다 어린 시절에 얻은 관점을 고집함으로써 더 좋은 책을 쓸 수 있다. 중요한 것은 당신의 나이에 따르는 것이고, 그것에는 당신의 사회적 출신에 대한 정직도 포함된다.

이러한 비판은 오웰 자신에 대한 비판으로도 들린다. 그 역시 자신의 어린 시절을 과장되게 불행한 것으로 회상한 적이 있기 때문이다. 불행한 어린 시절의 '숨겨진 상처' 때문에 자신의 문학과 사상이 형성되었는데 특히『1984』가 그렇다는 것이다. 그러나 이는 경계해야 할 과도한 프로이트주의로 보인다(물론 프로이트를 무시하라는 뜻은 아니다). 누구나 그렇듯이 오웰에게도 어린 시절 성에 대한 기억이 있다. 오웰은 6세 무렵 아이들과 소꿉장난을 하며 서로의 성기에 대해 호기심을 가졌고, 그 후 8~9세 무렵 초등학교 친구들로부터 인간의 출생이 남녀의 성기와 관련된다고 하는 이야기를 듣고 이를 무척이나 혐오했다고 회상한다.

13세 전후 사춘기에 누구나 그렇듯이 오웰도 그 무렵에 성행위에 대해 자주 생각했다. 성경과 고전에서 성행위 이야기를 자주 목격한 탓이다(오늘날의 아이들은 대개 영화나 동영상, 인터넷 등을 통해 알게 되지만). 그러다가 15세에 이를 무렵 오웰도 자위를 시작하면서 성에 빠져든다. 그러나 성에 대해 무지하기는 여전히 마찬가지였고, 자신의 행위를 경멸하며 죄의식까지 갖게 된다. 성에 대한 무지와 억압은 20세기 초엽 오웰이 살았던 영국에서나 20세기 후반 우리가 살았던 한국이나 마찬가지다. 모두 전형적인 청소년기의 모습들이다. 따라서 나는 성에 대한 기억이 오웰만 특별하게 경험한 '숨겨진 상처'였다고 생각하지 않는다.

아이들의 계급의식

오웰은 만년에, 자기가 6세였을 때 소꿉장난 여자 친구가 '가진 것을 모두 보여주었다'고 회상하면서 그들에게 "더 이상 너희들과 놀지 않을 테야. 엄마가 너희는 평민이라고 했어"라고 내뱉은 일을 뼈저리게 회상했다.

오웰이 어머니로부터 그전에 함께 놀았던 노동자 자녀들과 노는 것을 금지 당한 일을 말하는데, 오웰은 여섯 살 이전에 이미 계급의 차를 의식했다고 하면서 그때까지 그의 영웅은 노동계급이었다고 말했다.(위건, 169) 『위건 부두로 가는 길』 제2부에서 그 일을 회상한 오웰은 그것이 발음, 특히 노동자 자녀는 H 발음을 하지 못했기 때문이라고 말했다.(위건, 173)

영국에서는 1870년 교육법에 의해 비로소 전국에 초등교육이 실시된다. 부르주아 부모는 자녀들을 학비가 있는 사립학교에 보냈고, 노동자 부모는 학비가 없는 공립학교에 보냈다. 사립학교에 자녀를 보냈던 부르주아 부모들은 자기 아이가 노동자 자녀와 어울려 나쁜 발음을 배우는 것이 경제적 손실이라고 간주했다. 그 정도로 당시 영국에는 사회적 허영심이 만연했다. 귀족제가 혁명으로 무너진 프랑스와 달리 영국에서는 귀족제가 유지되었고, 참정권이 1830년에는 중류계급에, 이어 1867년과 1884년에는 노동자계급에 확대되는 '혁명 아닌 개혁'이 이루어졌는데, 그런 가운데 중류계급은 물론 노동자계급조차 평민임을 부끄러워하며 귀족을 모방하려 했던 계급적 허영심 또는 속물주의(snobbism)가 널리 확대된 것이다.

구차한 체면을 유지하며 살아가야 하는 가정은 모두가 흑인인 동네에 사는 '딱한 백인' 가정과 상당히 비슷한 처지다. 상황이 그러면 그 가정은 자기 신분에 더 매달리는 수밖에 없다. 가진 게 그것뿐이기 때문이다. 그리고 그럴수록 잘난 체하기 때문에, 지배층임을 과시하는 듯한 악센트와 거동 때문에 미움을 산다.(위건, 168)

퇴락한 귀족 집안에서 태어났으나 가난한 중류 생활자에 불과했던 오
웰도 그 같은 계급적 허영심 속에서 성장했다. 특히 아무 것도 모르는
아이들은 성인보다도 더 그런 허영심에 젖게 마련인데, 오웰은 자신이 그
렇게 성장했음을 솔직히 인정하고 그것을 벗어나 계급의 평등과 사회주
의를 실현하고자 평생을 노력했다. 오웰의 삶에서 이 같은 어린 시절에
대한 회오를 보는 것은 다른 어떤 사람의 삶에서도 볼 수 없는 즐거움이
다. 남의 괴로움을 즐겁게 본다는 것은 문제지만, 자신의 어린 시절을 미
화하는 데만 급급했던 대부분의 사람과 달리 오웰은 분명 아동기의 자
신까지 비판했으니까!

오웰이 회상한 어린 시절 놀이 중에 밥상에 오른 과일 디저트로 숫자
세기 연습을 하면서 동시에 장래 직업을 점치는 것이 있었는데, 이 놀이
방법은 계급에 따라 달랐다고 한다. 상류계급 아이들은 육해군(그때까지
공군은 없었음)의 장교, 교회 성직자, 의사, 법률가라는 다섯 가지 직업으
로, 하류계급 아이들은 노동자, 하급 군인, 부자, 빈민, 걸인, 도둑 등 여
덟 가지 직업으로 놀았다고 한다. 부자와 빈민이 함께 포함되어 있는 것
이 이상하게 보일지 모르지만, 이는 조선시대에 농(農), 공(工), 상(商)이
함께 천시된 것과 같다. 계급제가 단순히 돈만으로 결정되는 것이 아님
을 보여주는 일화다. 그러나 이러한 놀이가 당시 사회의 계급제도를 완전
하게 반영한 것은 아니다. 가령 상류계층 아이들의 놀이에서 의사란 다
섯이란 수를 맞추기 위한 것으로서, 당시 사회에서는 다른 네 가지에 비
해 낮게 취급되었다고 한다. 또한 교회 성직자란 오웰의 조부처럼 영국
국교인 성공회의 성직자를 말하는 것으로, 하류 계급이 믿었던 비국교

여러 종파나 가톨릭의 성직자는 제외되었다.

상류계급의 직업에 당연히 포함되어야 할 문관 공무원이 제외되었다는 점이 이상하지만, 이는 영국의 관료제가 프랑스나 독일과 달리 19세기 말에야 비로소 확립되었다는 점을 반영한다. 따라서 아이들 놀이에서는 제외되었으나 오웰이 태어난 20세기 초에는 이미 일반 공무원이 상류 계급에 속하는 직업으로 여겨졌다. 하지만 오웰의 아버지는 식민지 총독부의 말단 공무원이었고, 이는 귀족 출신으로서 가질 수 있는 최소한의 직업˙이었음을 말해준다. 즉, 오웰의 집안은 귀족 출신이라는 점에서 상류에 속했으나 사실은 하류 생활에 머물렀다는 뜻이다. 오웰은 그런 삶을 "상류생활을 모방하려고 했지만 실제로는 그렇게 할 수 없는 상태에서 계급적 허영심에만 젖었다"라고 회상한다. 그러나 오웰의 가족은 그런 회상 자체에 의문을 제기하면서 자신들은 중류 정도였다고 말했다. 오웰이 문학적 상상력으로 어린 시절을 극화했다고 비판하면서. 사실 당시 대부분의 사람들은 자신들이 중류 계층에 속한다고 의식하고 살았다. 지금 한국인 대부분이 그렇듯이 말이다.

■　＊　상류계급에 속하는 직업은 '전문직'이 아니라(의사가 사실상 제외되듯이) 공무수행에 그 본질이 있었다. 그리고 영국에서는 이처럼 공무를 수행하는 사람을 '신사'라 불렀다. 앞에서 "계급제가 단순히 돈만으로 결정되는 것이 아니"라고 말했지만, 자본주의가 더욱 성숙된 19세기에 오면 사실 돈이 가장 중요했다. 오웰이 10세 전후였던 1913~14년에 숙련 육체노동자와 회사원의 연 수입은 약 1백 파운드, 경영자는 약 2백 파운드, 전문직은 약 330파운드였다. 이에 비해 오웰 아버지의 퇴직 직전 연 수입은 약 650파운드였고, 퇴직 후 연금은 약 438파운드였다.

학교에서 억압을 경험하다

오웰이 속한 계급은 명목상 상류이지만 실질상 하류, 또는 상류의 밑바닥이자 하류의 으뜸, 또는 중류에 속하지만 그 상층부 정도였다. 실질적으로는 피지배계급이지만 의식적으로는 항상 지배계급에 속하는 것으로 스스로를 여기는 기묘한 중간층이었다. 그러나 오웰 자신은 "상류 중산층 가운데 하급에 속한다고 할 수 있는 집안에서 태어났다"라고 말했다.(위건, 164)

영국의 사회계급을 어떻게 볼 것이냐 하는 것은 대단히 까다로운 문제다. 시대나 지역에 따라서 다르고, 보는 이에 따라서도 다르기 때문인데, 아주 단순하게 이야기하면 왕과 귀족으로 구성되는 소수의 상류가 있고, 그 밑에 상당수를 차지하는 중간의 중류가 있으며, 밑바닥에 대부분의 노동자들이 있었다. 이런 구분은 아이들의 교육에서도 명확하게 나타난다. 상류는 원칙적으로 가정교사를 통한 개인 교육에 의존했다. 가령 우리에게 널리 알려진 철학자 러셀(Bertrand Russel, 1872~1970)은 명문 귀족 출신이어서 케임브리지 대학에 갈 때까지 가정교사로부터 교육을 받았다. 그렇지 못한 가정에서는 옥스브리지에 자녀를 보내거나 출세를 위해 예비학교에 넣어야 했는데, 즉 자녀를 지배계급인 전문직이나 장교로 출세시키기 위해 '좋은 학교'인 명문 사립학교(public school)'에 넣고자 교육에

■　 * 여기서 'public'이란 가정에서 가정교사를 데려 교육시키는 귀족의 사적인(private) 교육이 아니라, 공적인 시설인 학교에서 일반인을 교육시킨다는 의미에서 사용한 것이다. 우리가 말하는 공립학교와 전혀 다른 의미다. 정확하게 번역하자면 '공공학교' 또는 '공개학교'라고 해야 하며, 이는 가정교사를 통한 가정에서의 교육에 대응된다. 최근 영국에서는 그런 사립학교를 '자립학교(dependent school)'라고 부르는데, 이를 '독립학교'라고 번역하면 안 된다. 독립학교란 국가의 재정 지원을 받지 않고 자립한 학교라는 뜻이기 때문이다. 또한 school을 그대로

열중했던 것이다. 그곳은 일반교양과 고전어 교육, 특히 인격 형성을 중시하는 기숙사 학교였다. 이튼으로 상징되는 영국의 사립학교는 우리나라에 대단한 명문으로 알려져 있다. 중세 이래 전통적인 기숙사 학교로 지주계급의 자제가 다니는 귀족주의적 스파르타 학풍을 자랑하여 일명 '젠틀맨의 제조 공장'이라 불렸다.

18세기 산업 혁명 이후 부르주아는 프랑스의 경우 국립학교에서 자녀를 교육시켰으나 영국 부르주아는 사립학교에 자녀를 보내 자신들과 달리 자녀를 신사로 출세시키려고 애썼다. 특히 19세기 후반 영국의 식민지가 급격히 확대되면서 중류계급의 자제들까지 사립학교에 대거 입학하여 사립학교는 크게 발전했다. 이른바 '중류계급의 젠틀맨화'였다. 특히 1853년 인도 문관 채용 시험제도가 도입되면서 시작된 젠틀맨 교육과 식민지 관리 양성이 통합을 모색한 일련의 관리 임용제도 개혁은 사립학교 발전의 기폭제가 되었는데, 사립학교가 중세가 아니라 빅토리아조의 산물이라는 말이 나온 배경이다. 그 시기는 기숙사에서 유행병이 맹위를 떨치고 학생의 성적 방종이 횡행하며 체벌을 비롯한 억압이 강했던 시기이기도 하다. 그래서 오웰을 비롯한 많은 작가들이 사립학교의 억압을 증오했다. 가령 시인 셸리(Percy Bysshe Shelley, 1792~1822)는 이튼 시절을 '지옥'이라고 불렀다. 사립학교는 19세기 전반까지 학생의 폭동과 만행으로 유명했으나 19세기 후반에는 부르주아의 성장과 함께 입학 경쟁이 치열해

학교라고 하는 것도 문제다. 재학 연령이 13~14세부터 18세까지이므로 우리의 중고교에 해당되기 때문이다. 따라서 public school을 사립중고교라고 번역할 수 있으나, 영국에서는 중학교와 고등학교라는 구분이 없으니, 이 책에서는 이하 사립중등학교라고 번역한다.

져 토지를 소유한 귀족의 자녀조차 이곳에 입학하기 위해 8세 무렵부터 5년제 사립 예비학교(preparatory school)를 다녀야 할 정도였다.

그전에 살펴볼 곳으로 초등학교가 있다. 오웰도 5세부터 8세까지 지역의 성공회 수녀원이 경영하는 초등학교에 다녔다. 오웰은 이 학교에 대해 회상한 바가 전혀 없으나, 학교 측이 오웰을 일류 예비학교 세인트 시프리언즈(St. Cyprian's)에 장학생으로 추천한 것을 보면 성적이 우수했던 것으로 짐작된다. 8세부터 13세까지 오웰은 서섹스 주 이스트본에 있는 예비학교에 다녔다.

그 학교를 일류였다고 말하는 이유는 많은 졸업생을 명문 사립중등학교에 입학시켰기 때문인데, 기숙사 비용을 포함해 1년에 180파운드나 들었을 만큼 학비가 비쌌다. 오웰 아버지가 받는 연금의 반에 해당되었을 정도다. 오웰은 장학생으로서 학비를 반 면제 받았다고 한다.

수업은 사립중등학교 입학시험에 필요한 라틴어와 그리스어가 중심이었고, 시험 과목이 아닌 수학이나 자연과학 등은 전혀 가르치지 않았다. 라틴어와 그리스어는 사립중등학교를 마치고 옥스퍼드에 입학해 공무원 시험을 치르는 데 필수과목이었기 때문이다. 오웰은 만년인 1947년에 「정말, 정말 좋았지Such, Such Were the Joys」라는 에세이를 쓰면서 그곳에서 받은 수업이 제목과 달리 '일종의 신용사기(confidence trick)'를 향한 과감한 준비'였다고 밝혔다.(Essays, 421) '신용사기'란 시험관에게 학생이 스스로 아는 것보다 더욱 많이 아는 듯한 인상을 주기 위한 기술이라는 뜻이다. 12~13세의 아동에게 그런 기술을 익히는 시험 본위 수업은 완전히 무용한 것이었다. 오웰은 그중에서도 특히 인명과 지명 등을 무조건 외우게 하는 역사 수업이 엉망이었다고 비판했다. 현재 우리나라 초중고교의 교육과 너무나도 흡사한 모습이다.

오웰의 위 글은 기숙사 침대에서 소변을 보아 모욕과 매질을 당하는 이야기로 시작한다. 네 살 때 끝낸 버릇이 다시 생긴 것인데, 이는 강제로 집을 떠나 낯선 곳에 온 8세 아이에게는 정상적인 반응이었다고 44세의 오웰은 말했다.(Essays, 416) 소변 사건으로 5분 이상 구타를 당했고, 기어이 매가 부러졌다고 하는데, 당시 소년들은 상급생의 괴롭힘과 함께 구타를 당연한 것으로 여겼고, 오웰 자신도 하급생들에게 아프지 않다고 허세를 부려 더욱 심하게 구타당했다고 한다.(Essays, 416-420) 하지만 학교의 교장과 교사는 이를 부정했고, 동급생들도 그다지 심한 것으로 회상하지 않았다. 당시 교사들은 적어도 식민지 관료나 병사가 되기 위한 교육만큼은 철저히 시켰다고 자부했던 사람들이다.

아이들의 허영심

오웰이 위 글에서 특별히 지적한 것은 구타나 학교 측의 전제적 지배보다도 학교 전역에 퍼진 계급적 허영심이다. 학생 대부분은 교외에 거대한 별장을 가진, 놀고먹는 부자들의 자제였다. 오웰처럼 가난한 집안 출신으로 장학금 그룹에 속한 학생들은 소수에 불과했다. 물론 귀족이나 재벌급 자제도 있었으나 역시 소수였다. 부자의 자제들은 오전부터 비스킷이나 우유를 받고, 주 1~2회 승마 레슨도 받았다고 하는데, 그들은 학교 측에 의해 구타를 당하지 않았을 만큼 교장과 교사들로부터 끔찍한 편

애를 받았다.(Essays, 420-422)

그러나 오웰이 지적한 심각한 허영심은 따로 있다. 학생들 모두가 발음이나 태도, 복장 등의 근소한 차이를 통해 계급을 확인하는 버릇을 가졌다는 점이다.

열네댓 살 때의 나는 혐오스러운 어린 속물이었지만 같은 계급의 또래 소년들에 비하면 약과였다. 속물근성이 사라질 줄을 모르며 너무나 세련되고 미묘하게 길러지다시피 하는 곳 치고 영국의 사립학교만한 곳이 없을 것이다.(위건 185)

오웰은 『엽란을 날려라』에서 "아이에 대한 가장 잔혹한 매질은 아마도 그 아이보다도 부자인 아이들이 있는 학교에 입학시키는 것이리라. 빈곤을 의식하는 아이는 어른들이 도저히 상상할 수 없을 정도로 허영심의 고뇌를 맛본다"(KAF, 44)라고 말했다.

오웰은 따돌림의 대상이었다. 오웰 자신 스스로 '지식인'이라 부른 몇몇 아이들은 무식한 '폭도'의 공격을 받아야 했다. 그것은 1914년 제1차 세계대전이 시작되면서 학교에도 군국주의의 바람이 불고 전통적인 '인격'교육이 강화되면서 더욱 격심해졌고, 오웰은 더욱 고립되었다.

전쟁이 터지고 2년간 졸업생 열아홉 명이 전사하거나 행방불명되었는데, 일요일 밤 예배시간에는 그들의 이름이 길게 낭독되었다. 전사자는 용감한 자로 찬양되었고, 학교의 정신을 체현한 영웅으로 기도의 대상이 되곤 했다. 사립중등학교에서처럼 예비학교에서도 군사교련이 시작되었고, 어린 학생들마저 실탄 사격이나 야외 훈련을 받아야 했다. 오웰이 다닌 예비학교만이 아니라 당시의 모든 예비학교가 제국주의에 봉사할 공무원, 이주자, 그리고 병사를 키우는 데에 교육 목적을 두었던 탓이다. 그러나 뒤에 오웰은 제1차 세계대전이 자신에게 아무런 영향을 주지 않았다고 회상한다. 당시 그는 애국적인 시를 썼고, 그것들이 지방 신문에 실렸다는 사실조차 기억하지 않았다. 국가주의적이고 배타주의적인 그 내용에 부끄러움을 느낀 탓이었으리라.

당시 기숙사 학교는 학생들에게 크리스마스, 부활제, 그리고 학년말 여름 방학 같은 장기 휴가를 주었다. 덕분에 오웰도 부모에게 돌아왔으나 그때 부모에게 학교생활의 고충을 얘기했다는 기록은 없다. 그 무렵 오웰의 아버지는 인도에서 돌아와 골프 클럽의 사무장으로 일하고 있었는데, 그의 아버지는 그에게 "하지 말라"라는 말만 하는 잔소리꾼 노인에 불과했다. 따라서 오웰은 "내가 아버지를 싫어했다는 것만은 잘 알고 있다"라고 회상했다.(Essays, 444)

아버지와의 거리감을 강하게 느꼈던 탓인지 오웰은 독서에 열중했다. 그의 어린 시절 독서에 대해서는 여덟 살 생일 선물로 받은 『걸리버 여행기』를 읽고 평생 매년 다시 읽었다는 회상이 처음일 것이다. 오웰이 예비학교를 다니면서 가장 친하게 지냈던 작가 코놀리(Cyril Connolly, 1903~1974)와의 독서 경험은 독서에 대한 그의 열정을 더욱 부추겼다. 그들은 소년 주간지와 셜록 홈스 소설부터 칼라일(Thomas Carlyle, 1795~1881), 셰익스피어에 이르는 모든 고전을 섭렵했고, 특히 웰스(Herbert George Wells, 1866~1946)를 좋아했다. 그러나 당시의 엄격한 교육은 폭넓은 독서를 허용하지 않았다. 오웰은 6년간의 예비학교 생활을 이렇게 회상했다.

나는 부자도 아니고, 약하고, 추하며, 인기가 없고 만성 가래기침을 하며, 악취까지 풍겼다.… 자신이 성공할 수 '없다'는 확신이 깊이 뿌리내렸고, 그 후 성인이 될 때까지 나의 행동에 영향을 미쳤다.(Essays, 444~445)

예비학교를 회상한 오웰의 위 글은 학교 측의 명예훼손 소송 제기를 우려하여 오웰의 생전에는 출판되지 못하다가 그가 죽은 2년 뒤인 1952년 미국 잡지에 발표되었다. 발표 당시 학교 이름도 가명으로 고쳐졌지만 말이다. 그 후 영국에서 이 글이 출판된 것은 1968년이다. 이 글을 쓴 연대는 정확하지 않지만, 흥미로운 것은 오웰이 전체주의 국가의 원형으로 예비학교를 상정했다는 점이다.

오웰은 어떤 책을 읽으며 자랐을까?

오웰은 5~6세경에 이미 작가가 되겠다고 결심했다.(Essays, 1) 그러나 작가가 되겠다고 결심한 보다 직접적인 계기는 11세 무렵 알게 된 친구들, 특히 버디컴(Buddicom) 집안의 아이들과의 만남이었다. 오웰은 20세까지 그들과 친하게 지냈는데, 그중에서도 특히 2세 연상의 제이신사 버디컴 (Jacintha Buddicom, 1901~1993)*과 그녀의 남동생인 프라스퍼 버디컴(Prosper

■ * 제이신사는 『에릭과 우리들: 조지 오웰 회상Eric and Us: A Remembrance of George Orwell』이라는 회상록을 남겼다.

Buddicom, 1904~1968)과 친하게 지냈다.

아이들은 함께 자전거를 타고 영화도 보았으며, 낚시와 사냥 그리고 운동을 했고, 카드놀이를 비롯하여 폭탄을 만드는 등 짓궂은 장난도 많이 했다. 오웰이 어린 시절의 친구들과 즐겁게 지냈다는 사실은 널리 알려졌지만, 제이신사와 함께했던 독서 활동이 훗날 문학 형성에 중요한 역할을 했다는 점은 최근 데이비슨에 의해 밝혀진 사실이다. 오웰이 웰스의 『현대 유토피아*A Modern Utopia*』(1905)를 읽고 감동하자 그녀의 아버지가 오웰에게 그 책을 선물했다고 한다. 당시 오웰은 그녀에게 자신도 그런 책을 쓰고 싶다고 말했는데, 그 결실이 바로 『1984』이다. 또한 그들이 함께 읽은 포터(Beatrix Potter, 1866~1943)의 『새끼 돼지 블랑드*Pigling Bland*』에 나오는 사람처럼 걷는 돼지는 뒤에 『동물농장』에 등장한다. 물론 그 밖에도 그들은 많은 책을 함께 읽었다. 그중에는 셰익스피어, 새커리(William Makepeace Thackeray, 1811~1863), 디킨스, 키플링, 체스터턴(Gilbert Keith, Chesterton, 1874~1936), 그리고 미국 작가 포(Edgar Allan Poe, 1809~1849)도 있다.

약간 특이한 점은, 우리에게 널리 알려진 19세기 영국 소설가로서 『테스*Tess*』를 쓴 하디(Thomas Hardy, 1840~1928)가 제외되었다는 사실이다. 오웰은 하디에 대해 평생 흥미를 갖지 않은 듯하다. 반면 어린 시절에는 읽지 않았으나 이튼에 들어간 뒤엔 쇼(George Bernard Shaw, 1856~1950)를 열심히 읽고 나서 사회주의 세례를 받게 된다. 그 시절 오웰은 제이신사에게 바치는 사랑의 시도 여러 편 썼다. 1918년에 쓴 「이교도*The Pagan*」는 다음과 같다.

여기 당신이, 그리고 나 여기,

우리의 신들에게 감사한다.

땅 위에, 하늘 아래

벌거벗은 영혼은 살아 숨 쉬며 자유롭게 꿈틀거린다.

오웰의 자유로운 정신을 느끼게 하는 이 시의 '벌거벗은 영혼'이란 표현은 당시로서는 매우 전위적인 것이어서 제이신사는 '갑옷 입지 않은 영혼들'로 바꾸어달라고 부탁했다. 시어로서 적절하지 않은 표현이었지만 오웰은 그녀의 청을 받아들인다. 제이신사는 당시 자신들에게 사랑의 감정은 없었다고 회상했지만, 오웰의 경우엔 반드시 그렇지 않았나 보다. 또 하나의 대담한 소네트가 남아 있는 것을 보면 그렇다.

마음으론 이미 결혼했으나, 우린 너무 어려

이 시대의 관습에 따라 결혼하기는

부모들 울타리에 가두어진 채

저녁끼니를 벌고자 노래할 뿐

세월이 지나 중세의 숲이 푸르를 때

갓난애들은 약혼을 했고 그 식은 간단했지

사랑과 한탄에 찬 로미오를 기억하라

저 불행한 연인들을-로미오는 열 넷이었지

이튼의 국왕 장학생이 되다

오웰은 1916년 2월 웰링턴 중등학교(Wellington College) 장학생 시험에 합격해 1917년 한 학기를 다녔다. 그러나 나폴레옹 전쟁에 승리한 영웅의 이름처럼 군국주의적 성격이 강한 그 학교를 싫어해서 1917년 5월 이튼 중등학교(Eton College)로 옮긴다. 이튼 중등학교는 1441년 왕이 귀족 이외에 국가에 봉사할 사람이 더 많이 필요해지자 하층민 자녀 중에서 우수한 아이들을 뽑아 귀족에 준하는 계층으로 교육시킬 목적으로 세운 학교다. 오웰은 장학금을 목적으로 이튼에 입학했지만, 학교에서는 배운 게 아무 것도 없었으며 자아형성에도 그다지 영향을 받지 못했다고 회상했다.

오웰은 국왕 장학생 칠십 명 중 한 명으로 이튼에서도 엘리트였다. 이튼에는 그 밖에도 1천 명 가량의 일반 학생들이 공부했는데, 일반 학생들은 태어나자마자 부모가 학교에 등록해서 입학하는 학생들이었다. 이들의 학비는 1년에 1백 파운드였지만, 오웰 같은 장학생은 25파운드만 냈다. 장학생에겐 중세 창립 이래 1주 1회씩 라틴어로 창립자인 국왕을 위해 기도하는 의무가 있었다. 이튼에서는 같은 해 입학한 학생들이 함께 생활했다. 오웰과 함께 입학했던 학생 중 하나는 오웰을 회상하며 그가 '회의적 합리주의의 대표자'라고 말하기도 했다.

동급생들과 달리 오웰은 쇼나 웰스, 미국의 잭 런던(Jack London, 1876~1916) 같은 당시로서는 진보적이었던 작가들의 작품을 많이 읽었는데, 뒤에 오웰은 청교도적이고 금전 위주의 사회가 갖는 허위를 공격한 쇼에게 일찍부터 공감했다고 털어놓았다. 자연의 원초적인 힘을 강조하

이튼 중등학교 시절의 오웰. 동그라미 친 학생이 오웰이다.

고 가난에 대한 증오를 설파한 런던에 대해서도 마찬가지였다. 쇼나 런던에 대한 공감이 오웰을 평생 지배한 것과 달리 웰스에 대한 공감은 성인이 되면서 서서히 사라졌다. 쇼는 오웰의 애독 작가로서 그가 이튼 도서관에 기증한 유일한 책(1972년에 발견됨)의 작가이기도 하다. 바로 『잘못된 결혼, 소네트에 나오는 우울한 여인, 페니의 첫 연극, 부모와 아이들에 대한 논문과 함께*Misaliance, The Dark Lady of the Sonnet, and Fanny's First Play, with a Treatise on Parents and Children*』라는 책인데, 첫머리 글인 「부모와 아이들*Parents and Children*」은 학교를 감옥보다 더 지독한 곳이라고 말한다. 아마 오웰은 그 글에 공감하여 책을 도서관에 기증했던 것 같다.

또한 오웰을 항상 권위에 반항한 공격적인 태도와 함께 뛰어나게 논리적인 학생이라고 회상한 사람도 있다. 당시 오웰은 영국 경험론 철학을 읽지 않았고, 그 뒤에도 러셀만 읽었으나, 당시 친구들은 오웰이 경험론의 논법을 구사했다고 회상했다. 객관적인 진리란 선험적으로 존재하는 것이라고 증명할 수 없다는 전제에 입각한 것이었는데, 진리란 반대 의견이 있음으로써 그것에 접근할 수 있고, 반대 의견이 가장 적은 명제가 진리라고 할 수 있다는 것이다. 따라서 어떤 주장의 다른 측면인 모든 반대 의견의 가능성을 먼저 알고, 그것과 대화해야 한다는 것이다. 마찬가지로 모든 권위는 의심되어야 하고, 동시에 자신의 의견에 대해 성립할 수 있는 반대 의견을 자신의 입장에서 생각해야 한다는 논법은 그 후 오웰 사상의 기본적인 논리를 형성했다.

오웰은 학교 수업을 중요하게 여기지 않았다. 1년차에 그는 대부분의 학생들처럼 고전을 전공했으나 성적은 좋지 않았다. 고전을 전공하면 옥스브리지의 장학생이 되거나 국가공무원이 되는 데 유리했지만 오웰의 성적으로는 불가능한 일이었다. 당연히 교사와의 관계도 좋지 않았다.

1917년에 오웰의 아버지는 육군에 들어가 최연장 중위로 근무한다. 어머니는 런던의 연금부에서 근무했고, 누이동생 마조리는 호주군 여성부대에 들어갔다. 오웰은 1940년에 쓴 「우익이든 좌익이든 내 조국」이라는 에세이에서 학교 도서관에 걸린 전선 지도에 약간의 변화가 있었던 것이 사망한 병사들의 시체로 산을 이루었기 때문이라는 실상을 아무도 몰랐다고 회상했다. 당시 종군한 이튼 출신 5,687명 가운데 전사자는 1,160명이고 부상자는 1,467명이었는데, 이는 일반 통계에 비해 대단히 높은 것으로서 장교로 임관한 이튼 출신들이 병사들의 선두에 서서 먼저 죽었기 때문이다. 그즈음 학교에서는 전쟁을 위한 장교 훈련 부대(OTC)의 군사 훈련이 필수과목이었다.

전쟁이 끝나자 정치적 분위기는 돌연 평화주의로 변한다. 오웰은 『위건 부두로 가는 길』 제2부에서 당시 자신에게 깊은 인상을 준 '혁명적인' 두 사건을 회상했다. 하나는 1919년 전후 최초의 평화 축하 행사가 OTC 담당 장교의 사임을 요구하는 폭동으로 변한 것이고, 다른 하나는 일반교양 시간에 "현존하는 인물 중 10명의 위인을 꼽아라"라고 하는 질문에 16명 중 15명의 학생이 "레닌"이라고 답한 것이다. 비싼 수업료를 내는 사립학교에서, 러시아 혁명의 공포가 채 가시지 않은 1920년의 일로서는 매우 놀라운 것이다. 그러나 다른 학생들의 회상에 따르면 두 사건 모두 그다지 '혁명적'인 것은 아니었다고 한다. 여하튼 당시의 오웰이 다른 학생들과 달리 러시아 혁명을 비롯한 사회 혁명에 큰 관심을 가졌던 것은 틀림없다. 하지만 사회주의에 대한 나름의 인식을 정립한 상태는 아직 아니었다.

섹스와 스포츠

성장하는 오웰에게도 섹스는 문제였다. 어린 시절, 노동자 자녀들과 어울리면서 죄의식 없는 성 체험을 했으나, 예비학교 시절이나 이튼에서는 전혀 그런 경험을 할 수 없었다. 1918년 15세의 나이에 그는 부모 집의 이웃에 사는 소녀에게 바치는 사랑의 시를 쓴다. 그러나 두 사람 사이에 섹스는커녕 사랑도 없었다.

영국의 사립학교는 동성애의 산지(産地)로 유명하다. 오웰과 같은 중류계급의 상류층 출신 예술가나 과학자들은 동성애를 사회 관습에 대한 반항으로 여겼는데, 영국은 동성애를 도덕적, 종교적, 인격적 결함이라 보았고, 1956년까지 범죄로 취급했다. 오웰은 동성애, 특히 좌익 지식인들의 그것에 대해 지극히 보수적인 입장을 평생 견지했다. 물론 그들의 정치적 입장을 공격했을 뿐 동성애 자체를 비판한 것은 아니었지만, 그렇다고 해서 동성애에 관용적인 태도를 취한 것도 아니다.

당시 영국 학교는 학생들의 섹스 충동을 억제하려고 스포츠를 장려했다. 매일 오후 몇 시간을 스포츠에 할애했을 정도다. 물론 스포츠는 페어플레이, 용기, 팀과 주장에 대한 충성 등과 같이 신사에 어울리는 덕목을 키우는 것으로도 장려되었다. 오웰은 이튼 초기 시절엔 스포츠, 특히 단체경기를 좋아하지 않았으나, 1919년부터 축구부에 들어가 활동했다.

보기 드문 장신(長身)이었던 그는 보통 영국인보다 머리 하나 정도가 더 컸는데, 처음엔 별로 두각을 보이지 않았으나 1920년에는 최고의 선수로서 유능함을 인정받았다.

오웰은 1921년 12월 이튼을 졸업한다. 하지만 그는 이 일을 전혀 자랑스러워하지 않았다. 이튼에 대해 글을 쓴 적도 거의 없을 만큼 그는 이튼 시절을 불행했다고 기억한다. 게다가 167명 가운데 138등으로 졸업한 성적으로는 옥스퍼드에서 장학금을 받을 수 없었기에 오웰은 대학 진학을 포기하고, 아버지가 걸은 길을 가기로 마음먹는다. 평생 단 한 번도 존경하지 않은 아버지의 길을 선택한 것이다. 당시까지 그가 받은 교육은 제국주의자로 사는 것을 전혀 부끄럽지 않은 것으로 가르쳤기 때문이다. 그러나 이후 식민지의 참혹한 현실을 목격하면서 그는 진실을 깨닫게 되고, 5년 만에 제국주의자로 사는 것을 포기한다. 물론 18세의 그는 여전히 제국주의의 아들이었다.*

오웰이 버마로 가기 4년 전, 인도에서 저 유명한 암리차르 학살 사건(Amritsar massacre)**이 터진다. 인도의 역사에서 가장 유명한 학살 사건으로 그 터무니없는 과정과 처참한 현장은 영화 〈간디〉에서 너무나도 리얼하

■　* 이튼을 졸업한 오웰은 케임브리지 대학에 진학할 수 있었으나, 출신 성분에 맞는 직업을 얻기 위해 진학을 포기했다고 하거나, 대학 진학을 거부하거나, '대학 생활과 더 이상의 속물사회 생활을 포기했다'(동물6)는 설명이 있으나, 이는 잘못된 것이다. 그는 대학생이 되는 것을 자기 신분에 맞지 않다고 생각한 적도 없고, 사실 그의 신분이 전혀 그렇지 않았으며, 대학을 속물적인 것으로 생각한 적도 없다. 능력이 없어 못 갔을 뿐이다. 속물적이라고 하면 식민지 경찰이 되는 것이야말로 가장 속물적인 것이었다.
** 잔혹한 제국주의 군인의 전형이라고 할 다이어(Dyer) 장군의 사격 명령에 의해 병사들이 총을 쏘아댄 지 10분 만에 운동장에 모였던 비무장 인도인(여성과 아이를 포함) 4백여 명이 죽고, 1천 2백여 명이 부상을 당했다. 당시 이 사건은 식민당국조차 경악한 잔인무도한 것이어서 영국에서 크게 보도되었다.

게 묘사되었는데, 오웰 역시 그 사건을 알았음에 틀림없다. 만일 당시 오웰이 제국주의에 반발했다면 그런 잔인무도한 학살을 일삼는 제국 경찰에 지원했을 리가 없다. 하지만 오웰은 제국주의의 첨병이었던 가족과 함께 그 사건에 대해 아무런 가책을 느끼지 못했다. 도리어 철저한 제국주의자로서 그 사건을 찬양을 했을지도 모른다.

그러나 보다 중요한 것은 그가 몰락한 상류 중산층이었다는 점이다. 그들은 "이론상으로는 사냥하고 승마하는 법을 알았지만, 실제로는 말도 없고 사냥할 땅 한 뼘도 없었다. 이런 사정을 알아야 하급 상류 중산층이 인도에(더 최근엔 케냐나 나이지리아 등) 매력을 느낀 이유를 이해할 수 있다."(위건, 166)

군인이나 공직자로 그곳에 간 사람들은 돈벌이를 하러 간 게 아니었다. 돈은 군인이나 공직자가 버는 것이 아니었다. 그들이 거기까지 간 것은 가령 인도에 가면 말도 싸고 사냥도 공짜로 하고 얼굴 까만 하인들도 얼마든지 둘 수 있어 특권층 노릇을 하기가 아주 쉽기 때문이었다.(위건, 167)

식민지의 속물성

식민지 경찰이 되다

오웰이 학교를 다니는 동안 그의 부모는 몇 차례 이사했으나, 오웰이 1921년 12월 이튼을 졸업할 무렵부터는 동해안의 서포크에 있는 휴양지 사우스월드에 정착해 제2차 세계대전까지 그곳에 살았다. 그곳은 오웰 집안처럼 인도에서 돌아온 공무원 가족이 은퇴한 후 함께 모여 사는 곳이어서 인도 총독부 시험에 대비하는 학교가 있었다. 오웰도 그곳에서 6개월간 공부했다.

당시 총독부 시험은 경쟁이 매우 치열했다. 그 수준은 지금 영국의 고등학교 졸업시험의 보통 레벨에 가까운 것이나, 우리나라의 수능시험과 달리 1주일에 걸쳐 치르는 주관식 시험이었다. 가령 역사 문제로 "만일 넬슨이 트라팔가 해전에서 패배했다면?"과 같은 문제들이 출제되었다. 오웰은 마지막 시험까지 남은 27명 가운데 7등이었으나, 마지막 승마 시험 성적이 나빠 합격자 23명 중에서 21등을 했고, 1932년 10월에 인도 총독부 경찰 간부 후보로 채용되었다. 19세의 그가 받은 첫 월급은 4백 파운드로서 평생 총독부 관리를 지낸 아버지의 연금액과 같았다. 게다가 2~3년 사이에 월급이 배로 올라 중류 상층의 신사로서 평생을 살기에 부족함이 없었다.

　오웰은 근무 희망지로 아버지가 근무한 인도 북부나 자신이 태어난 인도 벵골 주를 선택할 수도 있었지만, 버마 주*를 선택해 1922년 10월, 배편으로 이집트를 거쳐 주도(州都)인 랭군(현재의 양곤)에 갔다. 당시 인도에 부임한 영국인들처럼 오웰도 헬멧을 샀다. 우리가 흔히 역사책에서 보는, 인도나 아프리카의 백인들이 쓰는 그것인데, 오웰은 1944년에 쓴 「나 좋은 대로As I Please」라는 에세이에서 헬멧 착용을 비판한다. 즉, "두개골이 두꺼운 원주민과 달리 뇌졸중이나 일사병으로부터 머리를 보호하기 위해" 헬멧을 쓴다고 했지만, 이로써 은연중에 원주민과 백인이 다르다는 것을 강조하며 제국주의 지배를 합리화하는 미신에 불과하다고 말이다. 물론 그 글도 식민지 경찰을 경험한 지 20여 년이 지난 뒤에 쓴 것이지만 말이다.

　오웰은 배가 랭군에 이르기 전, 실론(현재의 스리랑카)의 수도인 콜롬보 항에서 백인의 짐을 서로 차지하려고 싸우는 원주민을 백인 경찰이 발로 차 갑판에 처박는 비참한 광경을 목격한다. 더욱 비참한 것은 승객 누구도 이의를 제기하지 않았다는 점이다. 아시아 식민지에서 목격한 그 최초의 사건은 오웰에게 원주민은 인간이 아닌 별종의 동물로 취급받는다는 인식을 심어주었다. 그러나 그러한 인식도 당시의 것이 아니라, 역시 20여 년이 지난 뒤에 쓴 글에서 회상한 것이다.

　당시 미얀마의 인구는 1,300만 명 정도였다. 오웰을 포함한 약 90명의

■　　*　지금의 미얀마로서 당시 인도의 1개 주였다. 이하 미얀마로 표기한다.

만달레이 경찰학교 시절의 오웰(뒷줄 왼쪽에서 세 번째)

영국인 경찰 간부의 지휘 아래 있던 현지인 경찰 1만 3,000명이 그들을 다스렸다. 정식 간부가 되기 전에 오웰은 만달레이의 경찰학교에 입학해 10개월간 연수를 받았다. 그곳은 랭군에서 기차로 16시간 걸리는 북쪽 지역이었는데, 오웰은 훗날 『버마의 나날』에서 만달레이를 '불쾌한 도시'로 회상했다. "그곳은 먼지투성이고 날씨는 지독히 더우며 그곳의 다섯 가지 특산물은 탑, 부랑자들, 돼지, 승려, 그리고 매춘부들이다"라고 말이다.

경찰학교의 수업 내용은 법률, 미얀마어, 힌두스탄어였는데, 오웰은 미얀마어를 너무나도 쉽게 익혀 완벽하게 구사했다. 그러나 오웰은 그곳에서도 고독했다. 함께 입학한 두 명의 후보들은 오웰이 『버마의 나날』에서 묘사했듯이 백인들이 모이는 클럽에서 당구를 치거나 춤을 추고 놀았지만, 오웰은 자신의 방에 틀어박혀 지냈고, 이따금 매춘굴을 찾았다. 그 경험은 당시 그가 쓴 글에 드러난다.

오웰이 처음부터 자신의 직업을 회의한 것은 아니다. 하지만 첫 임지에서 만난 미국 선교사에게 경멸당한 후 동요하게 되는데, 그는 그때의 경험을 『위건 부두로 가는 길』에서 회상한다. 즉, 오웰 밑의 원주민 수사관이 용의자에게 겁을 주는 것을 본 선교사가 "나라면 그런 일 하는 게 싫겠소"라고 한 것에 대해 "중서부 출신의 천치에게 업신여김을 당했"다고 생각하여 엄청난 수치심을 느꼈다는 것이다. 또 "사법이라는 것 자체에 대해 말할 수 없는 혐오감을 느끼기 시작했다. 누가 뭐라고 해도 우리의 형벌은(인도에서는 영국에 비해 훨씬 더 인간적이라 해도 그렇다) 끔찍한 것이다"(위건, 198)라고 말했다.

오웰은 미얀마에서 여섯 곳을 옮겨 다녔다. 그가 1931년에 쓴 단편 「교수형*A Hanging*」과 1936년에 쓴 단편 「코끼리를 쏘다*Shooting an Elephant*」는 다섯 번째 임지인 물메인을 배경으로 한 것이며, 1935년에 쓴 장편 『버마의 나날』은 마지막 임지인 카타를 배경으로 삼은 작품이다. 오웰은 1950년 죽기 몇 달 전까지도 미얀마 경험을 토대로 「흡연실 이야기*A Smoking-Room Story*」라는 소설을 쓰고자 했을 만큼 미얀마에서의 식민지 경험은 그의 문학세계에 매우 중요하다.

미얀마 식민지의 역사

미얀마는 1885년부터 1948년까지 63년간 영국의 통치를 받았다. 우리보다 두 배에 조금 못 미치는 기간인데, 그전에 세 차례 벌어졌던 영국과의 전쟁(1824~1826, 1852, 1885)은 식민의 역사가 우리보다 더욱 치열했음을 보여준다. 1885년에 영국은 미얀마를 인도의 한 주로 편입하고 반란을 막기 위해 3만 명의 정규군과 또 다른 3만 명의 군경을 미얀마 전역에 배치했고, 그 결과 미얀마에서 원주민 지도층과 영국 지배자의 관계는 1900년 전까지는 조용했다.

영국은 식민지 침략 이후 선교사를 파견하기 위해 국사(國師)의 지위를 폐지하고 불교를 폄하했다. 영국식 교육을 도입하여 불교학교의 영향력을 거의 없애버렸고, 정치적 활동도 모두 금지했다. 그런데 미얀마인

■　*　오웰이 출판한 최초의 작품은 1933년의 『파리와 런던의 밑바닥 생활』이나, 그것은 소설이 아니다. 최초의 소설은 장편 『버마의 나날』이고, 단편과 에세이의 중간인 것이 「교수형」이다.

1825년의 쉐다곤 파고다. 제1차 영국-미얀마 전쟁으로 미얀마는 영국에 점령당한다.

제3차 영국-미얀마 전쟁 후 만달레이에 들어온 영국 군대.
이 전쟁으로 미얀마의 마지막 왕 티보 민(King Thibaw Min)이 폐위된다.

들은 양곤과 만달레이에서 활동하면서 1906년 불교청년회(YMBA; Young Men's Buddhist Association)를 조직했고, 이 단체는 적극적으로 불교학교를 설립했다. 그 당시 인도에서는 독립운동이 적극적이었는데, 인도 총독부가 독립운동가들을 미얀마로 추방하면서 미얀마 청년들과 접촉이 이루어진다. 그 뒤 영국 정부는 인도에 일정 범위의 자치를 인정했으나 미얀마는 제외한다. 이에 미얀마 불교청년회 대표는 몇 차례나 미얀마 자치를 요구했지만 영국 정부는 이를 계속 거부했다. 설상가상으로 1916년 영국인이 불교사원 경내에 신발을 신고 들어가는 사건이 터지자 불교청년회는 경내 착화를 금지하는 법률을 요구한다. 하지만 영국 총독부는 이것도 거부했고, 마침내 1919년 이와 유사한 사건이 또 터지면서 승려들이 격렬하게 저항하자 총독부는 마지못해 착화 금지를 선언한다.

그 후 제1차 세계대전을 겪으면서 불교 승려들과 불교청년회를 중심으로 한 민족주의 운동이 거세어졌는데, 비록 인도에서처럼 대규모 저항이 있었던 것은 아니지만 미얀마 역사에서 1920년대는 가장 혹심한 억압의 시대로 기록된다. 오웰이 경찰로 근무했던 1922년부터 1927년까지가 특히 그 절정기였다. 왜냐하면 1919년 인도 통치법에 의해 이중통치의 원칙이 도입되면서 인도 원주민에게도 상급 공무원이 될 수 있는 기회를 주고, 선거로 의회를 구성하게 했지만, 이는 인도에만 적용되었을 뿐 미얀마엔 적용되지 않은 차별적인 법이었기 때문이다. 이러한 차별에 대한 불만은 곧 영국 상품의 불매운동으로 이어진다.

1920년 랭군 대학 학생들은 학문의 자유와 대학 정관의 개정을 요구하면서 수업을 거부했고, 이에 전국의 학생들이 급속히 가세한다. 그 결과 영국이 통제하는 교육 시스템을 거부하는 민족학교운동(National School Movement)이 일어났는데, 이 운동은 1923년에 좌절되지만 결국 미얀마의 혁명적 민족주의를 낳는 계기로 작용한다. 그러고 나서 마침내 영국 총독부는 1923년 미얀마에 새로운 통치법을 적용했다.

이어 1924년에는 납세 거부 운동이 시작된다. 당연히 제국 경찰은 무력을 휘둘렀다. 거부 운동에 참가한 많은 사람이 구속되었고, 재산을 몰수당했으며, 심지어 마을 전체가 불에 타기도 했다. 저명한 승려들은 종교적 자유와 해탈을 얻기 위해서는 식민지라는 노예 상태에서 벗어나 독립해야 한다고 주장했다. 그 와중에 우 옥뜨마(U Ottma, 1879~1939) 스님이 옥사한다.

1929년이 되자 독립 의식은 세계 대공황 이후 젊은 지식인층 사이에 더욱 널리 퍼진다. 1930년에는 타야와디 지방에서 승려가 지도하는 농민들이 무장 봉기를 일으켜 미얀마 전역에 퍼졌지만, 1931년 영국 경찰은 이를 참혹하게 진압하여 미얀마인 3천여 명을 살해하고, 8천여 명을 구속했다. 그중 민족지도자 사야 센(Saya Sen, 1876~1931)을 포함한 128명이 사형을 당한다. 1931년 5월에 터진 감옥 폭동에서는 34명이 살해당했는데, 이런 상황에서 오웰을 포함한 영국 경찰은 2~3명의 현지인 호위를

■ * 1937년, 미얀마는 인도로부터 독립해 영국 연방내의 자치령이 되었다. 1942년, 아웅산이 미얀마 독립 의용군을 인솔해 일본군과 함께 싸워 영국군을 몰아냈고(미얀마 전쟁의 시작), 1943년에 일본의 지지로 바 마우를 원수로 하는 미얀마국이 건국되었다. 그 후, 임팔 작전의 실패 등 일본의 패색이 농후해지자, 아웅산이 지휘하는 미얀마 국민군은 1945년 3월, 일본 및 그 지도하에 있는 미얀마국 정부에 대해서 쿠데타를 일으켜, 영국측과 내통하였다. 연합군이 미얀마를 탈환하면서 미얀마국 정부는 일본으로 망명했다. 일본군에 승리했지만, 영국은 독립을 허락하지 않고 다시 영국령이 되었다. 이어 1947년 2월 12일, 팡롱 조약에 따라 자치 공화국으로 승격되었다.

받아야 했다. 오웰은 당시 그가 난생 처음으로 많은 사람들로부터 미움을 받았다고 뒤에 「코끼리를 쏘다」에서 회상했다.

영국 경찰에 특히 위협적이었던 것은 다코이트(dacoït)*라 불린 무장 강도단이었다. 그들은 다스라는 단검이나 수제 총으로 무장하고 야간에 재산을 강탈하거나 살인과 강간을 자행했다. 「교수형」에 나오는 사형수는 그들 중 한 사람일 것이다.

「교수형」과 「코끼리를 쏘다」

죄수들은 누구나 "자신이 정당한 처벌을 받는 것이 아니라 외국인 정복자들에게 희생당하는 것"이며, 그들의 학대가 "방자하고 무의미한 잔학 행위"일 뿐이라고 생각했다.(위건, 199-200) 이 소설에서 특히 유명한 것은 웅덩이 장면이다. 교수대로 끌려가 곧 죽을 사형수가 가는 길에 웅덩이를 피해 걷는 것을 목격한 순간을 묘사한 대목이다.

> 기묘한 일이다. 나는 그 순간까지 건강하고 의식 있는 인간을 파괴하는 것이 무엇을 의미하는지 정말 몰랐다. 웅덩이를 피해 사형수가 한 발자국 옆으로 가는 것을 본 순간, 나는 절정의 상태에 있는 생명을 끊는 것의 부당함, 말로 표현할 수 없는 부정을 알았다. 그 남자는 죽음에 걸려 있는 것이 아니었다. 우리와 똑같이 살아 있었던 것이다.(Essays, 16)

* 19세기 초 인도 지방의 강도·암살단원을 이른다.

오웰은 『위건 부두로 가는 길』에서도 미얀마에서의 처형을 회고한다.

나는 감옥에 갈 때마다 내가 있어야 할 자리는 철창 건너편이라는 느낌을 떨칠 수 없었다. (…) 그때 나는 아무리 큰 잘못을 저지른 범인도 교수형을 언도하는 판사보다는 도덕적으로 우월하다는 생각을 했다. (…) 그리하여 마침내 나는 모든 정부는 악이며, 처벌은 언제나 범죄 자체보다도 해로우며, 사람들은 믿고 가만히 내버려둬야만 점잖게 행동한다는 무정부이론을 세우게 되었다. 물론 감상적인 허튼 소리에 불과한 생각이었다. (…) 그러나 처벌이 부도덕하다는 느낌은 그것을 집행해야 하는 사람이라면 누구나 품는 감정이다. 그런데 미얀마에서 우리는 이중의 억압을 범하고 있었다. 우리는 사람들을 목매달고 감방에 처넣는 등의 일을 할뿐만 아니라, 원치 않는 외국 침략자 역할도 했던 것이다.(위건, 198-199)

「코끼리를 쏘다」에서는 제국주의라는 상황이 더욱 명확하게 묘사된다. 그 첫 부분은 다음과 같다.

하류 미얀마의 물메인에서 나는 많은 사람들로부터 미움을 받았다. 그 정도로 내가 중요했던 것은 평생 그때뿐이었다. 나는 그 마을 경찰서의 간부였다. 그곳의 아무 목적이 없는 반유럽인 감정은 너무나도 격렬했다. 폭동을 일으킬 만한 자들은 아무도 없었으나, 유럽인 여성이 혼자 시장을 지나려면 필경 누군가가 그녀의 옷에 후추 주스를 토할 것이리라. 나는 경찰 간부로 명백한 표적이었고, 안전하다고 느낄 때면 언제나 걸려들었다. 민첩한 한 미얀마인이 축구 경기장에서 나를 쓰러뜨려 넘기면 미얀마인 심판은 다른 쪽을 처다보았고, 그러면 군중들은 소름끼치게 웃고 떠들어댔다. 이런 일은 여러 번 되풀이되었다. (…) 이런 일이 모두 나를 당혹케 하고 비위에 거슬렸다. 그때 나는 이미 결심했다. 제국주의는 악이고 하루 빨리 이 직업을 그만두어야 한다고. 이론적으로—물론 비밀로— 나는 전적으로 미얀마 사람 편이었고, 그 억압자인 영국인에 반대했다. 내가 하는 일을 말로 표현할 수 없을 정도로 증오했다. 그런 직업이면 제국주의의 추악함을 가까이서 보게 된다. 악취가 풍기는 감방 안에 웅크리고 있는 죄수들, 창백하고 겁에 질린 장기수들의 얼굴, 대나무 몽둥이로 흠씬 얻어맞은 남자들의 시퍼렇게 멍든 엉덩이… 이런 것들이 모두 견딜 수 없는 죄의식으로 나를 괴롭혔다.(Essays, 18-19)

오웰은 자신이 아직 어리고, 잘못된 교육을 받았다고 말했다. '그래도 영국이 다른 신흥 제국주의 국가보다는 낫다'고 생각하면서. 그리고 이 세상 가장 큰 기쁨은 '불교 중놈들의 창자를 총검으로 꿰뚫는 일'이라고 생각했다.(Essays, 19) '불교 중놈들'에 대한 오웰의 증오는 미얀마를 떠나고 난 뒤에도, 심지어 그가 사회주의자임을 자처하고 난 뒤에도 계속되었다. 따라서 우리는 오웰이 '미얀마인 편'이었다고 주장하는 것이 대단히 부분적이거나 위선적인 것임을 알 수 있다.

그는 뒤에 『위건 부두로 가는 길』에서 그가 미얀마에서 영국으로 돌아온 이유를 단순히 제국주의에 반대해서가 아니라, "인간에 대한 인간의 모든 형태의 지배에서 벗어나야 한다고 느꼈"기 때문이라고 주장하

고, "모든 파업제자는 언제나 옳으며 모든 압제자는 언제나 그르다는 단
순한 이론"의 결론에 이르렀다고 했다.(Essays, 200-201) 적어도 식민지 민
중과 여성에 대한 한 그런 태도는 완전하지 못하다. 그에게는 위에서 본
'중놈'에 대한 편견과 함께 실제로 식민지에서 민중에게 가혹하게 대했다
고 볼 수 있는 많은 증거가 있다. 또한 그는 식민지 여성을 항상 성적 노
리개로 삼았다.

 식민지 민중에 대한 태도는 코끼리를 쏘는 이야기에서도 명확하게 드
러난다. 당시 물메인의 티크 목재 공장에서는 코끼리가 통나무를 운반하
는 데 사용되었는데, 그중 한 마리 코끼리가 달아나 시장을 부수자 오웰
은 총을 가지고 출동한다. 하지만 그가 출동했을 때 코끼리는 이미 조용
해져 논에서 평화롭게 풀을 뜯고 있었다. 굳이 코끼리를 쏠 필요가 없는
상황이었다. 그러나 군중은 그것을 용납하지 않았다.

> 그래서 갑자기 나는 결국 그 코끼리를 쏘아야 한다고 깨달았다. 사람들이
> 내게 그것을 기대하는 이상 나는 그렇게 하지 않으면 안 되었다. 2천 명의
> 의지가 나를 그렇게 몰아세우는 것을 느꼈다. 그 순간, 총을 손에 쥐고 그
> 곳에 선 순간, 비로소 나는 백인이 동양을 지배하는 것의 덧없음, 어리석
> 음을 알았다. 나는 여기서 총을 쥔 백인으로 무기를 갖지 않은 원주민 앞
> 에 섰다. 마치 연극의 주연인 것처럼. 그러나 실제로 나는 배후의 황색 얼
> 굴, 얼굴, 얼굴의 뜻대로 이리저리 움직이는 어리석은 꼭두각시 인형에 불
> 과했다. 그때 나는 깨달았다. 백인이 폭군으로 변할 때, 백인은 스스로의
> 자유를 파괴한다는 것을.(Essays, 22)

여기서 중요한 사실은 오웰이 식민지 제도란 피지배자는 물론 지배자조차 노예로 만든다고 하는 사실, 자신도 그렇게 변했다는 사실을 깨달았다는 점이다. 결국 오웰은 '바보같이 보이지 않으려고' 코끼리를 쏘아 죽이고, 그 소유주인 회사의 압력에 의해 카타로 쫓겨난다.

이 글에서 우리는 오웰이 식민지 민중을 멸시하고 있다는 느낌을 지울 수 없다. 적어도 식민지 경찰로서 자랑스럽지 못했음을 자책하고 있는 것처럼 보인다. 사실 그는 식민지 해방을 위한 어떤 노력도 하지 않았다. 그저 '바보 같았다'는 수치심 때문에 그곳에서 도망쳤을 뿐이다.

『버마의 나날』

카타에서 오웰은 모기에 의해 전염되는 열병에 걸린 것 같지만, 정확한 회상이나 기록은 없다. 다만 치료를 받으면서 인도인 의사와 가까워진 듯하다. 그 의사는 『버마의 나날』에 나오는 감옥 의사 버라스와미(Varaswami)의 모델이다. 주인공 플로리(Flory)는 오웰 자신이다.

오웰은 그 소설에서 주인공인 영국인 플로리와 인도인 버라스와미의 대화를 통해 제국주의 제도의 모순을 보여준다. 그 대화는 묘하게도 인도인이 대영제국에 호의를 보이고, 영국인은 대영제국을 비판하는 식으로 이루어지는데, 여기서 제국주의의 선전에 속은 인도인은 영국인을 '발전의 선구자'로서 망해가는 식민지에 '영국의 확고한 정의와 영국 지배하의 평화'를 가져다준다고 치하한다.

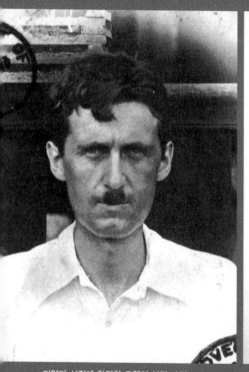

BURMESE
DAYS

A NOVEL BY

GEORGE ORWELL

AUTHOR OF
"DOWN AND OUT IN
PARIS AND LONDON"

"This desert inaccessible
"Under the shade of melancholy boughs."
—AS YOU LIKE IT.

PUBLISHERS
HARPER & BROTHERS
NEW 1934 YORK

미얀마 시절에 촬영한 오웰의 여권 사진   『버마의 나날』 표지 영국 신사가 얼마나 고상한지를 생각해보세요. 그들은 서로 간에 명예로운 충성심을 지니고 있죠. 사립학교의 정신 말입니다. 어떤 영국인들은 건방지다고 나도 시인한다만, 태도가 좋지 않은 영국인들까지도 우리 동양인들이 갖지 못한 위대하고 훌륭한 자질을 지니고 있어요. 그들의 외관이 거친데도 불구하고 그들은 황금으로 된 심장을 지니고 있어요.(식민지, 39)

이에 영국인은 다음과 같이 반론을 펼친다.

자질을 타고 났다고요? 그건 이 나라에 있는 영국인끼리의 가짜 우정관계랍니다. 우리는 서로를 독약처럼 싫어하면서도 친구 사이로 가장해서 함께 술을 마시고 음식을 먹는 전통이 있을 뿐이죠. 우린 그걸 단결이라고 불러요. 그것은 정치적 필요성 때문이오. 우리들 사이를 원만하게 만들어주고 있는 것은 물론 술이죠. 술이 없다면 우리는 일주일도 못가서 미쳐버리고 서로 죽일 겁니다.(식민지, 39-40)

무슨 거짓말이냐고요? 우리가 불쌍한 흑인형제들을 강탈하러 온 것이 아니라 그들의 생활을 향상시키러 왔다는 거짓말이죠. 난 그것이 아주 그럴싸한 거짓말이라고 생각해요. 하지만 그것이 우리를 부패시키고 있어요. 당신이 상상할 수 없는 방법으로 우리를 부패시키고 있는 거예요. 우리가 거짓말쟁이고 비겁한 사람이란 느낌이 우릴 괴롭히고 밤낮없이 우리들 자신을 합리화시키도록 강요하고 있답니다. 우리가 원주민들에게 야수처럼 행동하는 근저에는 그러한 느낌이 깃들어 있는 거예요.(식민지, 40)

어떻게 당신은 우리가 훔칠 목적이 아닌 다른 목적을 위해 이 나라에 와 있다고 말할 수 있소? 사업가들이 호주머니를 채우는 동안 관리들은 미얀마 사람들을 억압하고 있어요. 내 회사를 예로 들어봅시다. 만일 이 나라가 영국인들의 수중에 들어 있지 않다면 내 회사가 원목 계약을 획득할 수 있을 것으로 생각하시오? 다른 목재회사나 석유회사, 광산이나 농장이나 무역업자들도 마찬가지죠.(식민지, 41)

그러나 인도인은 다시금 영국을 옹호한다.

하지만 미얀마 사람들이 자기들 힘만으로 무역을 할 수 있을까요? 그들이 기계류나 선박, 철로나 도로를 만들 수 있어요? 그들은 당신네가 없으면 속수무책이에요. 영국인들이 이곳에 없었더라면 미얀마의 삼림이 어떻게 되었을까요? 그들은 그들의 삼림을 즉시 일본 사람들에게 팔았을 겁니다. 그리고 일본 사람들은 그 삼림을 송두리째 집어삼키고 또 삼림을 황폐화시켰을 거예요.(식민지, 41-42)

이에 대해 영국인은 다시 부정한다.

우린 원주민들의 갖가지 산업을 억압하기까지 하고 있죠. 오늘날 인도인들이 만든 무명천이 있나요? 1840년대 무렵만 해도 인도인들은 원양선을 만들었고, 그 원양선을 인도인들이 운항했죠. 그러나 지금 당신네들은 배라고는 어선조차도 못 만들어요. 18세기에 인도인들은 대포를 만들었어요. 그 대포는 어떤 의미에서 유럽의 수준보다 높은 것들이었죠.(식민지, 42)

그러자 인도인은 동양인의 성격이 무감각하며 미신에 사로잡혔다고 주장한다.

> 적어도 당신네들은 우리에게 법과 질서를 가져다주었어요. 확고부동한 영국의 정의와 영국의 평화 말입니다. 물론 우리는 인도에서 평화를 유지하고 있죠. 우리 자신의 이익 때문이죠. 그리고 이 법과 질서라는 것이 만들어내는 것이 도대체 뭡니까? 은행이 많아지고 감옥이 많아지는 겁니다! 그것이 바로 법과 질서가 의미하는 거예요.(식민지, 43)

소설의 무대가 되는 차우타다 마을은 '마르코 폴로의 시대로부터 1910년에 이르기까지 별로 크게 변화한 것이 없'(식민지, 41)으나 철도 종착역이자 거대한 감옥이 세워진 대영제국 최말단의 거점이다. 마을의 중심은 유럽인 클럽인데, '대영제국' 식민지 어디와도 같이 클럽은 "그들의 정신적인 본거지였으며 영국 세력의 진짜 주소인 것입니다. 또 그것은 원주민 관리들과 백만장자들이 헛되이 사모하는 열반"(식민지, 17)이었다.

그러나 부지사이자 클럽 명예 간사인 맥그리거(MacGregor)는 지사의 지시에 따라 현지인의 가입을 인정하려 했기 때문에 논쟁이 벌어진다. 목재상사 지점장인 영국인 엘리스(Ellis)는 플로리가 버라스와미와 교제하는 것을 두고 "검둥이의 친구"라며 비웃는다. 버라스와미는 감옥 의사로서 현지인 치고는 입회 자격을 얻을 가능성이 가장 높은데도 말이다. 엘리스는 클럽에 미얀마인이나 인도인을 가입시키는 데 반대하며 다음과 같이 말한다.

이같이 사소한 것을 계속 양보하다가 대영제국을 망칠 거야. 우리가 그들에게 너무 부드럽게 대해 왔기 때문에 이 나라가 소요로 형편없이 되어버린 거야. 오직 한 가지 가능한 정책은 그들을 비천한 존재로 대해주는 거야. 지금은 결정적인 순간이야. 우린 우리가 얻을 수 있는 모든 위신을 확보해야 돼. 우린 서로 단결해서 "이 거지새끼들아, 우리가 주인들이다!"라고 말해야 돼.(식민지, 32)

이 소설에서는 원주민인 미얀마인도 다른 백인들도 대부분 부정적으로 묘사된다. 첫머리에 나오는 치안판사 포 킨(Po Kyin)은 제국주의의 추악한 면을 상징하는 인물로서 부정부패를 일삼아 최고의 권력자이자 부자로 출세한다. 그의 야심은 클럽에 가입할 가능성이 가장 높은 버라스와미를 파멸시키는 것인데, 마침내 그는 의사를 모함하여 그를 강등시키는 데 성공한다. 한편 뒤이어 나오는 목재상사 직원인 백인 엘리스도 가장 부패한 백인으로 묘사된다.

소설을 전개해나갈 때엔 남녀관계 설정이 필수적이다. 주인공이 사귀는 여자는 목재상사 지점장인 래커스틴의 질녀 엘리자베스(Elizabeth Lackersteen)다. 그녀는 미얀마에서 결혼하지 못하면 영국에 돌아가 가난하게 살아야 할 처지이므로 플로리를 마음에 두게 되지만, 그의 토착성을 도저히 이해하지 못하고 귀족 출신인 헌병 사관에게 마음을 돌린다. 그러던 중 엘리스의 폭행으로 일어난 현지인 폭동을 플로리가 해결하면서 그의 인기도 한층 높아진다. 플로리의 발언권이 커지면 버라스와미가 클럽에 가입할 가능성도 높아진다. 그런데 플로리가 엘리자베스와 결혼하고자 동거하던 현지인 여성 메이(Ma Hla May)를 내쫓자 그녀는 플로리에게 복수를 감행한다. 결국 플로리는 자살하고 만다.

이 소설의 결말은 비극적이면서도 희극적이다. 우 포 킨은 클럽 회원이 되고 자신의 탑까지 세우고자 하나 급사(急死)하고, 엘리자베스는 부지사의 구혼을 받아 귀부인이 되어 현지어는 한 마디도 못하면서 현지인들의 존경을 받는 위치에 놓인다.

주인공 플로리의 자살은 당시 오웰의 심정을 대변한 것이다. 실제로도 그는 더는 식민지 경찰 생활을 계속할 수 없게 되어 카타에 부임한 지 6개월 만에 '건강상의 이유'를 들어 휴가를 신청했다. 인도 밖에서 5개월 정도 휴가를 받은 그는 1927년 7월, 마르세유까지 배를 타고 와서 파리를 거쳐 영국에 돌아온 후 인도 총독부 경찰에 사표를 제출한다.

『버마의 나날』에 대한 평가

『버마의 나날』에 대한 평가 중에서 특히 주목할 만한 것은 최근 페미니즘 입장에서 내린 것이다. 파타이(Daphne Patai, 1943~)는 이 소설의 주제가 남성성이라고 보는데, 이러한 주장은 소설의 주제가 반제국주의라는 점을 간과한 것이다. 물론 이 소설에 남성주의가 나타난다는 것을 부정하지는 않지만 역시 주제는 그것이 아니다.

또 하나의 비판은 오웰을 제국주의나 제국주의를 찬양한 키플링*에서

■　　* 키플링은 1865년 인도 뭄바이에서 출생했다. 1871년부터 영국에서 양부모와 살면서 교육을 받았다. 1892년부터 1896년까지 미국 버몬트에서 거주하면서 『정글북1』, 『정글북2』, 1901년에

그다지 멀지 않다고 보는 이슬람(Shamsul Islam, 1942~)의 견해다. 이는 키플링이, 항복을 거부하는 미얀마 사람들을 잔혹하게 보복한 영국군을 옹호하면서 "백인 한 사람의 머리는 미얀마인 100명의 머리로 보상되어야 한다"라는 시를 남긴 것과 연관된다. 오웰이 1936년 키플링이 죽었을 때 쓴 「러디어드 키플링」을 비롯한 여러 글에서 키플링을 '사적인 품위를 지닌 신사'라고 인간적으로 찬사를 보낸 점은 사실이나, 키플링의 제국주의에 대해서는 언제나 비판적이었다는 점도 사실이다. 오웰은 키플링을 20세기의 파시즘적 제국주의자가 아니라 19세기의 자애적 제국주의자로 보았다.

> 키플링은 강력한 주전론의 제국주의자이고, 도덕적으로 둔감'하며' 미학적으로도 혐오스러운 것이 사실'이다'. (…) 그러나 그가 '파시스트'라는 비난에 대해서는 반박해야 한다.(Essays, 204)

반면 오웰 자신은 명백히 20세기의 파시즘적 제국주의를 비판했다. 그러나 그는 미얀마의 독립에 대해서는 분명히 반대했다. 미얀마에 머물러 그들의 독립운동을 지원하기커녕 그들의 가난을 극복하는 데에도 아무런 도움을 주지 않았다. 도리어 그는 만약 영국이 미얀마를 지배하지 않았다면 프랑스 등이 지배했을 것이고, 미얀마인에게 독립을 허용한다면

는 『킴』을 각각 출간했다. 그는 지나친 백인 우월주의의 폭력 옹호론자라는 비난을 받았으나 당대 대중의 욕망을 그대로 반영한 시대의 총아이기도 했다. 1907년 영국인 최초로 노벨문학상을 수상했고, 1936년 사망했다.

나라는 엉망이 된다고 보면서 영국의 지배를 옹호했다.

마찬가지로 그는 인도 독립에도 반대했다. 1941년에 쓴 「사자와 유니콘」에서 오웰은 인도나 아프리카 식민지를 "고양이와 개가 그렇듯이 독립시켜서는 안 된다"고 말했다. 영국에서 독립하면 일본 등 다른 나라가 와서 저질의 통치를 하게 되고 그러면 몇 년 내에 수백만의 아사자가 발생할 것이라면서, 간디처럼 인도에서 영국이 손을 떼라고 주장하는 것은 인도의 근본적 문제를 도외시하고 인종 혐오에 사로잡힌 '부정직한 히스테리'라고 비난했다. 이는 영국 제국주의가 제국주의 중에서 최고라는 자부심의 발상이었다.

식민지 문제, 특히 독립 문제는 제2차 세계대전 중 그가 혁명적 애국주의를 취하는 시기와 이후 죽기 전까지의 시기에 걸쳐 중요한 문제의식으로 나타난다. 오웰의 제국주의 식민지에 대한 문제의식은 뒤에 스페인 시민전쟁을 경험할 때 다시 드러난다. 전과 달리 매우 비판적으로 보일 텐데, 이는 그가 스페인 공화국 정부를 지지하면서도 공화국 정부가 당시 스페인의 식민지였던 모로코에 취했던 제국주의 정책을 비판했기 때문이다.

POUM 의용군 행진(대열 맨 뒷쪽이 오웰)

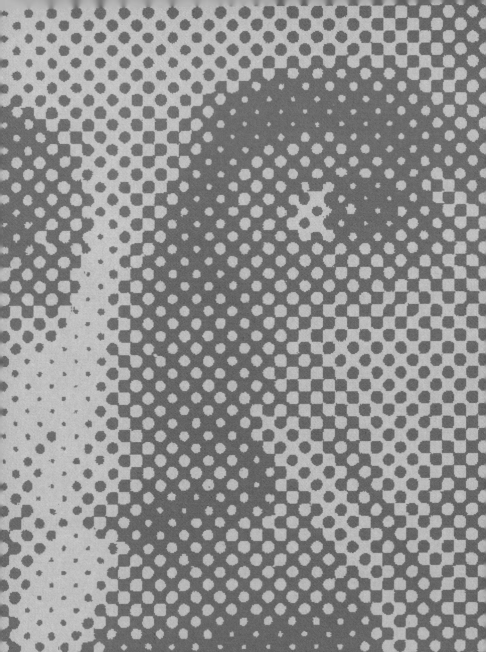

제2부

사회주의 작가
오웰

밑바닥 경험

최하층 인간을 만나다

오웰은 1927년 8월, 마르세유에 도착했다. 서두를 이유가 전혀 없었던 그는 거리를 방황하다가 아나키스트인 사코(Sacco, 1891~1927)와 반제티(Vanzetti, 1888~1927)가 미국에서 사형당하는 데 항의하는 시위대와 만났다. 오웰은 그들을 사형에 처해야 한다고 주장하는 어느 영국인에게 도리어 그들이 무죄일 가능성이 있다고 말해 충격을 주었다. 몇 년 뒤 그는 당시 자신이 자유스럽게 의견을 말하면서 기쁨을 느꼈다고 서술했는데, 자신이 어떤 말을 하든 반발을 염려할 필요가 없고, 어느 한쪽을 편든다고 해서 또는 기존 질서에 저항한다고 해서 자신을 징계할 사람이 없었다는 점이 매우 기뻤다고 한다.

그런 기쁨은 8월 말 영국에 도착한 후 더욱 증폭된다. 사실 오웰은 미얀마에서 5년간 살면서 자유의 공기 맛을 잊고 있었다. 자신의 의견을 자유롭게 표명하는 것이 당연한 권리로 생각되던 영국 사회의 분위기를 망각하고 있었던 것이다. 『버마의 나날』에서 오웰은 식민지와 영국을 다음과 같이 비교했다.

수갑을 찬 바르톨로메오 반제티(왼쪽)와 니콜라 사코(오른쪽)

사코와 반제티의 무죄를 주장하며 잉글랜드에서 벌어진 시위

숨이 막히고 정신이 얼떨떨한 세계였다. 모든 말과 사상이 검열을 당하는 세계였다. 영국에서는 그러한 분위기를 상상하기조차 어려운 일이다. 영국에서는 모든 사람이 자유롭다. 친구들끼리 자기의 생각을 터놓고 말할 수 있고 또 친구의 생각을 개인적으로 받아들일 수 있다. 그러나 모든 백인이 전제정치라는 거대한 수레바퀴의 톱니바퀴 노릇을 하고 있는 마당에서는 우정까지도 존재하지 않는다. 언론의 자유란 생각할 수도 없었다. 주정뱅이가 되거나, 빈둥빈둥 놀거나 겁쟁이가 되거나 험담꾼이 되거나 간통을 하거나 모든 것이 자유스러웠지만 스스로 생각할 자유는 없었다. 모든 중요한 사물에 대한 견해는 훌륭한 신사의 강령이 지시해주었다.(식민지, 72-73)

여기서 우리는 오웰이 어린 시절부터 저항한 전체주의에 대한 증오가 식민지에서도 그대로 나타났음을 볼 수 있다. 따라서 『동물농장』이나 『1984』의 주제를 『버마의 나날』에서도 충분히 읽을 수 있다.

프랑스와 영국에서 다시 자유를 맛본 오웰은 그때까지 반쯤 마음먹고 있던 총독부 사직 여부를 완전히 결정했다. 그가 사직하겠다고 말하자 부모는 놀라움을 감추지 못했다. 특히 아버지가 매우 당황했다. 그 자신 35년간 총독부에서 근무하며 가족의 중류생활을 보장했고, 총독부 일을 자랑스럽게 여겼기 때문이다.

오웰은 가족에게 부담을 주지 않고 따로 살면서 글을 쓰겠다고 설득했다. 그해 12월, 오웰은 사표가 수리되었다는 통보를 받고, 런던의 빈민가인 노팅힐로 가서 작은 방 한 칸을 빌린다. 그러나 유난히 추웠던 그해 겨울을 난방도 안 되는 방에서 지내기란 결코 쉬운 일이 아니었다. 오웰은 촛불에 언 손을 녹이면서 글을 썼지만, 글은 제대로 쓰이지 않았다.

오웰은 최하층 사람들의 생활을 이해하고 싶어 빈민굴을 찾았다. 처음에는 더럽고 소란한 분위기에 놀랐으나, 어느 막일꾼이 차를 한잔하자고 권하여 그와 함께하면서 금방 분위기에 적응했다. 당시 느낌을 『위건 부두로 가는 길』에서 그는 다음과 같이 썼다.

> 그것은 일종의 세례식이었다. 그 뒤부터 두려움은 사라졌다. 아무도 내게 질문을 던지지 않았고, 아무도 공격적인 호기심을 보이지 않았다. 모두가 공손하고 친절했으며 나를 당연한 존재로 받아들였다.(위건, 205)

이어 그는 부랑자들과 함께 방랑생활을 한다. 그 동기에 대해 그는 위 책에서 다음과 같이 말했다.

> 나는 실업에 대한 통계를 본 적은 있었으나 그게 무엇을 뜻하는지는 알지 못했다. 무엇보다 '부끄러울 것 없는' 빈곤도 늘 최악의 수모를 당한다는 너무나 중요한 사실을 알지 못했다. 평생토록 꾸준히 일해 오다가 어느 날 갑자기 길바닥으로 내쫓기는 착실한 노동자의 끔찍한 운명, 이해할 수 없는 경제법칙 때문에 그가 겪는 모진 고통, 가족의 해체, 그의 마음을 갉아먹는 수치심—이런 것은 내 경험의 범위 밖에 있는 일이었다. 나는 빈곤이라고 하면 끔찍한 기아의 차원으로만 생각했다. 때문에 당장 나의 마음은 극단적인 경우, 부랑자나 걸인이나 범죄자나 창녀처럼 사회적으로 버림받은 이들 쪽으로 쏠렸다. 그들은 '하층 중에서도 최하류'였으며, 그런 그들

이야말로 내가 접촉하고 싶었던 부류였다. 그때 내가 진심으로 원한 것은 번듯한 세계로부터 완전히 벗어날 길을 찾는 것이었다.(위건, 202)

오웰은 '인간이 인간을 지배하는 모든 형태'를 거부하면서 '피압박자들 사이로 내려가 그들 중 한 사람이 되어 그들의 편에 서서 압제자에 항거'하고 싶었던 것이다.

파리의 밑바닥 생활

1928년 봄, 오웰은 파리로 가 이듬해 말까지 1년 반을 살았다. 그가 왜 파리로 갔는지 이유를 알 수 있게 해주는 상세한 기록은 없다. 『파리와 런던의 밑바닥 생활』에도 특별한 설명이 없고, 『위건 부두로 가는 길』 제2부의 자서전적인 글에도 파리 생활에 대해서는 아무런 언급이 없다. 단, 『파리와 런던의 밑바닥 생활』 프랑스어 판 서문에 값싼 생활비로 소설을 쓰고 프랑스어를 배우기 위해 파리로 갔다는 간단한 설명이 있을 뿐이다.

당시 영미의 작가들이 파리에 많이 모였다는 사실을 오웰은 알고 있었을 것이다. 그러나 오웰은 그들을 동경하여 파리로 간 게 아니었다. 가령 미국의 헤밍웨이나 아일랜드의 조이스, 그리고 베케트(Samuel Becket, 1906~1989)도 파리에 머물고 있었지만 오웰은 그들을 찾아가지 않았고, 멋있는 카페나 문학자 모임에 참석하지 않았다. 도리어 그는 뒤에 「고래 뱃속에서」에 다음과 같이 썼다.

오웰이 1928년에 살았던 파리 5구. 에콜 노르말 쉬페리외르 고등사범학교에서 멀지 않은 곳이다.

DOWN and OUT
in
PARIS and LONDON

This is, in our view, an extremely forceful and socially important document.

The picture drawn by the author is completely convincing ; and though it is quite terrible (as, of course, it is meant to be) it holds the attention far more closely than do 90°/₀ of novels.

by
GEORGE ORWELL

『파리와 런던의 밑바닥 생활』 초판 표지

호경기 몇 년, 달러가 충분하고 프랑의 교환 가치가 상대적으로 낮을 때, 예전에 본 적이 없을 정도로 온갖 화가, 작가, 학생, 아마추어 호사가, 구경꾼, 난봉꾼, 놈팽이들이 파리에 떼거지로 몰려 들어왔다. 그 도시의 어떤 구역에는 생산인구보다 예술가들이 더 많았다.(Essays, 101)

당시 파리에는 오웰의 이모인 넬리(Nellie Limouzin)가 살고 있었다. 그녀는 프랑스인으로서 에스페란토 운동의 지도자였던 유진 아담(Eugene Adam)과 동거 중이었는데, 아담은 프랑스인인데도 프랑스어를 하지 않고 에스페란토어만 사용한 기이한 사람이었다. 아담은 세계 모든 사람이 하나의 말을 사용하면 전쟁 없이 영속적인 세계평화를 이룰 수 있다고 믿었다. 한때 공산당원이었던 그는 1917년 러시아 혁명에 참가했으나 곧 혁명이 배반당했다고 판단한 뒤 사회당으로 옮겼다.

오웰은 뒤에 프랑스어를 배우고자 파리에 갔으나, 처음 정한 하숙집의 주인 부부가 에스페란토어밖에 사용하지 않아 하숙집을 옮겼다고 회상하며, 에스페란토어는 하나의 말이 아니라 이데올로기였다고 말했다.(크리크, 98) 따라서 오웰은 이모 집에서 첫 하숙을 했다고 볼 수 있는데, 에스페란토어에 대한 오웰의 인상은 별로 좋지 않았다. 그것을 주장하는 사람들이 줄곧 싸움을 벌였기 때문인데, 이에 대해 오웰은 "그 싸움은 너무 더러워졌고, 여러 가지 국제어를 발명하는 사람들 사이의 반목보다 더 심한 반목은 없을 것이다"라고 회상했다.

그 후 오웰은 소르본 대학이 있는 라틴구의 허름한 호텔에서 살았다. 라틴계 사람들이 많이 모여 산 그곳 부근에는 판테온과 동물원, 식물원,

박물관이 있었고, 뤽상부르 공원과 몽파르나스의 카페 거리가 있었다. 오웰이 『파리와 런던의 밑바닥 생활』에서 그 허름한 지역을 묘사한 것을 보면 생활이 괴로웠던 것으로 짐작되지만, 그는 프랑스어 판 서문에서 "파리에 대한 나의 추억은 무척 즐거웠다"라고 썼다.

교조적인 마르크스주의에 잠시 기울다

최근의 연구에 의하면 파리에 살 무렵 오웰은 한때 교조적인 마르크스주의에 기울었다고 한다. 이는 당시 오웰이 프랑스 잡지에 발표한 몇 편의 글에서 나타나는데, 이는 그 후 오웰이 취한 사회주의와는 매우 대조적인 것이었다. 『파리와 런던의 밑바닥 생활』에는 오웰이 공산주의 잡지를 위해 글을 쓰게 되는 에피소드가 등장한다.(파리, 68-70) 그러나 당시 오웰이 교조적인 마르크스주의에 기운 것은 20대의 가난한 청년에게 일시적으로 찾아온 기분 같은 것이었다. 실은 대체로 보헤미안적인 문학 청년으로서 아나키즘적 미학에 젖어 있었기 때문이다. 오웰 역시 훗날 "1930년까지 내 자신을 사회주의자라고 생각한 적이 없으며, 어떤 명확한 정치적 견해도 갖지 못했다"라고 말했다.

오웰은 파리에서 두 편의 단편 소설을 썼으나 출판되지 못했기에 다른 일자리를 찾아야 했다. 당시 런던에는 실업자가 250만 명 정도였으나 파리에서는 그 정도로 심각하지 않아 오웰은 파리에서 계속 살기로 마음먹는다. 그러던 중 1929년 3월, 오웰은 기관지염 기침 발작으로 피를 토해 병원에 입원한다. 그때의 경험을 살려 쓴 에세이가 바로 1946년의 「빈민은 어떻게 죽는가?*How the Poor Die*」이다. 이 글은 1945년 노동당이 하원 의석 과반수를 차지하여 정권을 잡고, 사회복지 입법을 추진한 시점에서 쓴 것이었다.

당시 보건부장관이었던 베번(Aneurin Bevan, 1897~1960)은 오웰이 글을 기고한 《트리뷴》의 편집자이자 오웰이 유일하게 존경한 정치가였다. 그가 의사회의 완강한 반대를 물리치고 국민 모두에게 무료 의료를 제공하는 국민건강보험법을 통과시키고자 분투한 시점에서 오웰은 그 입법을 찬성하는 취지로 글을 쓴 것이다. 이 글에서 오웰은 19세기 후반까지 병원은 감옥과 같았다고 말한다. 중병에 걸려도 집에서 치료할 돈이 없으면 병원에 가야 했는데, 당시 병원은 가난하다는 이유로 사람을 처벌하는 감옥과 다름없었으며, 돈이 없다는 이유로 마취도 하지 않고 수술하는 것을 당연하게 여겼기 때문이다. 오웰은 명예훼손을 두려워하여 병원 이름을 'X'라고 표기하여 글을 발표한다.

퇴원 후 오웰은 잠시 영어 가정교사를 했으나 생활비를 충당할 정도가 아니어서 원고가 출판되기만을 기다리며 지냈다. 당시의 생활은 뒤에 쓴 소설 『엽란을 날려라』에 나오는 가난한 작가 지망생 주인공으로 묘사된다. 돈에 사로잡히는 것을 싫어하면서도 출판사의 답장을 절망적으로 기다리는 모습으로 말이다. 그런 상태에서 오웰은 마지막 저금을 도둑맞는다. 그 도둑의 정체를 두고 당시 오웰이 동거한 매춘부라는 증언도 있으나, 오웰 자신은 『파리와 런던의 밑바닥 생활』에서 이탈리아인 식자공이라고 썼다.(파리, 25-26) 그 이야기 뒤에 오웰은 다음과 같이 썼다.

처음 겪는 가난의 체험-이것은 기이한 것이다. 평소 가난에 대해 많이 생각해왔다. 또한 온 생애에 걸쳐 두려워하던 것이고, 그런 가난이 언젠가는 나에게도 닥쳐오리라고 생각해왔지만, 막상 닥치고 보니 정말 달갑지 않은 불청객이다. 전에는 그것이 매우 단순한 것이라고 여겼는데, 사실은 매우 복잡한 것이다. 몹시 끔찍하리라고 여겼는데 실제로는 단지 궁색하고 지루할 뿐이다. 맨 처음 느끼게 되는 것은 가난이 지닌 독특한 비열함이다. 어쩔 수 없이 쓸데없는 농간을 부려야 하고 마지막 빵 조각으로 접시에 묻어 있는 고기국물을 닦아먹는 궁상맞음 같은 것들이다. 이를테면 가난에는 꼭 따라다니기 마련인 거짓말이라는 것이 있다.(파리, 26-27)

오웰은 왜 밑바닥 생활을 계속했을까?

파리의 밑바닥 생활을 다양하게 소개한 뒤 28장에서 오웰은 '사회적 의미'에 대한 자신의 견해를 언급한다. 먼저 접시닦이를 "현대 세계에 잔존하는 노예의 하나"라고 일컫는다.

그들의 일은 기술이 필요 없는 굴욕적인 막일이다. 그리고 급료는 간신히 목숨을 연명할 정도에 지나지 않는다. 그리고 유일한 휴가는 해고되었을 때뿐이다. 그들은 결혼도 할 수가 없다. 기적적인 행운이 닥치지 않는다면 감옥으로 들어가는 방법 말고는 이 생활에서 벗어날 수가 없다. (…) 그것은 그가 게으르기 때문이라고 할 수는 없다. 게으른 사람은 접시닦이가 될 수 없기 때문이다. 그들은 단지 사고가 불가능하게 만드는 단순반복 생활의 쳇바퀴 속에 휘말려들었을 뿐이다. 만일 접시닦이들에게 조금이라도 사고능력이 있었다면 벌써 오래 전에 조합을 결성해서 처우개선을 요구하는 파업을 했을 것이다. 그러나 그들은 여가가 없기 때문에 사고하지 않는다. 그들의 이런 생활이 그들을 노예로 만들어버렸다. (…) 나는 이러한 무익한 일을 영구화하려는 이 본능의 근본은 요컨대 민중들에 대한 두려움이라고 생각한다. 민중들은 저급 동물이기 때문에 그들에게 생각할 여유를 두면 위험하다. 그러므로 그들이 부지런히 일하도록 하는 편이 안전하다. (…) 이러한 태도는 특히 지적이고 교양 있는 사람들에게서 두드러져 보인다. 그들의 수많은 평론들에서 이러한 내용의 논조를 읽을 수 있다. 연수 4백 파운드 이하의 지식인은 거의 없으니까 그들은 당연히 부자 편을 든다. 왜냐하면 가난한 사람들에게 조금이라도 자유를 주면 자기들의 자유가 위태해지지 않을까 염려스럽기 때문이다. 체제가 바뀌면 음산한 마르크스식 유토피아라도 될 것이라 생각하기 때문에 현상유지를 선택한다. 지식인들은 가진 자들을 썩 좋아하지 않을지도 모른다. 그러나 그들은 가장 저속한 부자들이라도 없는 자들보다는 그래도 덜 불쾌하며 자기네와 비슷한 인종이라 여기고 기꺼이 그들 편을 들고자 한다. 대다수 지식인들이 보수적인 사상의 소유자인 까닭은 이런 식으로 민중을 위험하다고 여기고 겁내기 때문이다.(파리, 159-164)

런던의 밑바닥 생활

밑바닥 생활은 악순환의 연속이었다. 파리에서 런던으로 돌아온 뒤에도 마찬가지였다. 일거리가 없어서 옷을 전당포에 잡히면 막일조차 할 수 없는 형편이었다. 그러나 가난은 수치가 아니라 도리어 자유를 준다. 오웰은 거리의 뜨내기 화가 보조를 통해 그런 주장을 한다. 화가는 책을 사랑하고 천문학을 독학으로 공부한 사람으로서 하늘의 별자리를 열심히 관찰하면서 다음과 같이 말한다.

> 마음만 먹으면 빈부에 관계없이 일관된 삶을 살 수 있다네. 책을 읽고 머리를 쓰면 되는 거야. 다만 속으로 자기 자신에게 이렇게 다짐할 필요는 있지. '이런 생활을 하고 있는 나는 자유스럽다'라고 말일세.(파리, 226)

그는 자기 연민에 빠지거나 자신을 책망하지 않는다. 자신을 변명하지도 않는다. 자신이 그린 그림을 사주는 사람들의 자비에 의존하여 살아간다는 사실도 부끄러워하지 않았다.

> 이런 비참한 처지임에도 불구하고, 그는 두려워하거나 후회하지 않았고, 부끄러워하지도 않을 뿐 아니라 자기 연민 같은 것을 느끼지도 않았다. 그는 자기 처지를 직시하고, 나름대로의 철학을 만들어내었다. 그는 걸인이 된 것도 자기 잘못 때문이 아니라고 주장하면서 절대로 후회하거나 괴로워하지 않았다. 자기는 사회의 적이니까, 기회만 있으면 서슴지 않고 죄를 지을 수 있다고 말한다. 그는 절약이라는 것을 거부했다.(파리, 228) 그는 냉철한 무신론자였다(그는 신을 믿지 않는다기보다 신을 싫어했다). 그리고 세상이라는 것은 진보하지 않는다고 생각하고 싶어 하는 경향이 있었다.(파리, 229)

런던의 묘사 중에서 가장 인상 깊은 부분은 빈민원의 구급 숙박소 묘사이다. 빈민원(workhouse)*은 1601년에 제정된 빈민법(poor law)을 1834년에 개정하면서 만든 빈민 수용시설인데, 그곳은 빈민원에 사는 사람뿐만 아니라 잠자리가 없는 부랑자나 길거리에서 쓰러진 사람을 하룻밤 재워주는 곳이기도 했다. 부랑자들은 오후 6시까지 줄을 서면 1박 2식을 제공받았다. 그러나 절대로 1박뿐이고, 1개월 안에 다시 같은 숙박소에 나타나면 1주일 동안 경찰에 구류되었다. 오웰은 뜨내기 생활이 생기는 원인을 그런 법에서 찾았다.

> 여기 궁핍한 자는 교회의 교구에서 도움을 받지 못한다면 할 수 없이 부랑인 숙박소의 신세를 지는 수밖에 없고, 숙박소가 하룻밤밖에 재워주지 않으니까 이동을 계속하지 않을 수 없는 것은 당연하지 않은가.(파리, 274)

숙박소에서 1박만 허용한 이유는 빈민원을 운영하는 데 주민의 세금을 썼기 때문이다. 그러나 오웰이 말했듯이 이런 식으로는 부랑자들의 숙박소 순례가 당연한 일이 될 수밖에 없었다. 이에 대해 오웰은 다음과 같이 개탄한다.

> 그들은 단순히 걷는 데에만 매일 엄청난 에너지를 소비하고 있을까?―몇천 에이커의 땅을 갈 수 있고, 몇 마일의 길을 건설할 수 있으며, 수십 채

■ * 'workhouse'는 종래 '빈민소'라고 번역했으나 빈민을 구한다는 것은 명목에 불과했으므로 '빈민원'으로 고친다.

의 집을 지을 수 있는 에너지일 것이다. 그리고 부랑자 전원의 몫을 합하면 십 년 가까이 될 시간을 멀거니 실내의 벽을 바라보며 지내고 있을지도 모른다. 국가는 그들 한 사람당 일주일에 적어도 1파운드 정도를 지출하면서도 아무런 대가가 없다.(파리, 279)

오웰이 더욱 분노한 것은 부랑자에 대한 터무니없는 본능적 편견이나 공포였다. 이런 것들로 인해 그들을 인간으로 취급하지 않는 빈민원 직원이나 소위 정주자들이 생겨난 거라고 여겼던 것이다. 실제로 정주자와 부랑자의 식사는 너무나 달랐다.

만약에 이런 수용소를 아주 안락한 곳으로 만들어보세요. 이 나라의 온갖 인간쓰레기들이 떼 지어 몰려올 게 아닙니까? 그 인간쓰레기들이 모여드는 것을 간신히 저지하고 있는 것이 형편없는 식사 바로 그것입니다.(파리, 270)

『파리와 런던의 밑바닥 생활』은 밑바닥 생활에 대한 구제 방안이나 대안을 제시하지 못했다는 비판을 들었다. 그러나 이 책은 그런 것을 목적으로 내세운 것이 아니므로 그런 식의 비판은 불합리하다. 게다가 오웰은 비록 근본적인 대책이 아니라 해도 수용소의 농장 경영 등 몇 가지의 유효한 방도를 제시했다.(파리, 281) 물론 이 역시 개량적 자유주의에 그친다는 비판을 받았고, 더 나아가 사회주의자들은 오웰이 빈곤의 근본 원인을 파악하지 못했다고 성토했다. 그들은 혁명에 의해 사회주의가 세워

져야 빈곤이 해결된다고 주장하면서 이 점을 인식하지 못한 오웰을 소시민적 감상에 젖은 사람으로 몰았다. 그러나 혁명을 결론으로 제시하지 않는 모든 문학이 감상에 불과하다는 식의 평가에도 문제는 많다.

『파리와 런던의 밑바닥 생활』에 대해 사람들이 지적한 또 하나의 문제는 이 작품이 유대인을 부정적으로 묘사한다는 점이다. 손님의 물건을 비열하게 가로채는 고물상 주이(3장), 빌린 돈을 떼어먹고 도망치려는 기계공(5-7장), 돈을 받고 딸에게 윤락행위를 시키려는 아버지(6장), 가짜 코카인으로 사기행각을 벌이는 인물(23장)이 모두 유대인인데 여기엔 고유명사가 없다. 또 매부리코를 가진 길거리 화가는 자기 코가 '로마 코'이지 유대인 코가 아니라고 하고(29장), 커피집의 유대인은 '주둥이를 접시에 박고 죄진 것처럼' 식사한다고 묘사되어 있다.(24장)

오웰은 1929년 말 대 호텔의 접시닦이로 하루 13시간씩, 2~3주간 일하다 다시 다른 식당에서 하루 17시간까지 일했다. 그 무렵 오웰은 좌익 경향의 잡지인 《아델피The Adelphi》로부터 런던의 빈민 수용시설에 대한 글을 써달라는 부탁을 받는데, 이것이 최초의 원고 청탁이었다.

다시 영국으로

1929년 크리스마스에 오웰은 영국의 부모 집으로 돌아갔다. 당시 아버지는 73세, 어머니는 55세로 작은 집을 빌려 가난하게 살고 있었는데, 약간의 연금과 누이 에블린이 경영하는 커피집에서 나오는 돈이 수입의 전부였다. 누이가 경영한 커피집은 뒤에 소설 『목사의 딸』에서 할 일 없는 중류계급 여성들이 모여서 노는 곳으로 조롱조로 묘사된다.

가족들은 가난한 집안에 26세의 실업자 장남이 돌아온 것을 달가워하지 않았다. 특히 누이는 일가가 희생하여 이튿까지 교육을 시켰건만 실업자 처지에 작가생활을 한다는 오빠를 이해하지 못했다. 『엽란을 날려라』의 주인공인 작가 지망생이 커피집에서 일하는 누이로부터 돈을 빌리는 장면은 오웰의 실제 경험에서 비롯된 것이다.

오웰은 『파리와 런던의 밑바닥 생활』에 나오는 것처럼 장애자를 돌보는 일을 영국에 돌아온 직후 최초의 일거리로 삼았다. 이어 1930~31년 사이에는 어머니 친구 집의 3형제 가정교사로 지냈으나, 공부를 가르쳤다기보다 함께 노는 편이었다. 그중의 한 사람은 뒤에 런던 대학 교육철학 교수가 되었는데, 그는 뒤에 오웰이 "무한한 호기심을 자극하고, 현학적 태도를 취하지 않는 교육방법으로 자연에 대한 진정한 사랑을 심어주었다"라고 회상했다.

부모 집에 얹혀살면서 오웰은 매일 아침 풍경화를 그렸다. 『파리와 런던의 밑바닥 생활』에서 그 자신을 화가로 소개했다는 이야기가 나오는 것을 보면 꽤나 열심히 그렸나 보다. 그 사이, 오웰은 《아델피》에서 의뢰받은 글을 썼고, 멈퍼드(Lewis Mumford, 1895~1990)*가 쓴 멜빌의 평전에 대한 서평을 포함한 몇 개의 서평도 실었다. 오웰은 멈퍼드가 멜빌의 시에

■　*　미국의 건축 비평가, 문명 비평가, 역사가, 언론인이다. 스탠퍼드 대학교, 펜실베이니아 대학교 등의 교수를 지냈다. 미국 건축과 도시문화 연구자로서의 권위를 인정받은 『갈색 시대』를 출간한 후 《뉴요커》에 건축 및 도시 문제와 관련한 비평문을 기고하기 시작했다. 스탠퍼드와 MIT에서 강의했으며 『역사 속의 도시』로 전미 도서상을 수상하고, 대영제국 훈장, 미국 예술 훈장 등을 수훈했다.

서 무리하게 의미를 찾으려 했다고 비판하고, 멜빌을 '금욕적인 주색가'이기는 하나, '즐거운 것들을 사랑하는' 사람으로 평했다. 당시에 의뢰를 받아 쓴 빈민 수용시설에 대한 에세이 「빈민원*The Spike*」은 《아델피》에 실렸고, 뒤에 그 일부는 『파리와 런던의 밑바닥 생활』에도 실린다. 오웰은 빈민원을 "무식한 사람을 종일 할 일 없이 감금해놓는 매우 어리석고 잔인한 일이며, 개를 통 속에다 집어넣고 쇠사슬로 묶어놓는 것과 같다"라고 평했다.(Essays, 11)

《아델피》

《아델피》는 1920~50년대 영국 지성계에서 매우 중요한 역할을 한 잡지다. 오웰은 이 잡지에 1935년까지 쓴 대부분의 글을 발표했는데, 1923년 창간자인 머리(John Middleton Murry, 1889~1957)는 당시 영국 문단의 주류였던 블룸즈버리 그룹과는 거리를 두고, 예술지상주의, 인상파 후기, 니체, 로렌스를 신봉하면서도 마르크스주의, 프로이트주의, 기독교, 평화주의, 귀농주의, 다다, 초현실주의 등도 지지하는 경향을 보였다. 그러나 오웰이 기고할 무렵 편집진이 플로우먼(Max Plowman, 1883~1941)과 리스(Richard Rees, 1900~1970)로 바뀌면서 잡지는 좌익적 정치색을 강하게 띠게 된다. 이후 머리가 1932년 『공산주의의 필요성*The Necessity of Communism*』을 쓰고, 독립노동당(ILP;Independence Labour Party)*에 가입하자 《아델피》는 독립노동

* 영국 노동당보다 7년 빠른 1893년에 기독교 사회주의자들을 중심으로 창당되었다. 윤리적 사회주의에 입각한 독립노동당은 소련 공산주의와 파시즘을 전체주의적 국가 독점 경제

당의 비공식적인 이론지로 간주된다.

《아델피》에는 노동자 계층의 작품, 정치적 의견, 문학 비평, 그리고 마르크스나 레닌 등의 사회주의 고전 등이 널리 실렸다. 1932년에는 잡지 가격이 6펜스밖에 되지 않는 염가 본으로 대중적인 사회주의 운동을 불러일으키는 데 크게 기여했다. 1930년대 필진으로는 당시의 사회주의적 지식인을 포함한 문인들[*]이 대거 포함되었다.

오웰은 특히 자신을 인정해준 편집자 플로우먼에게 감사했다. 그는 오웰보다 20세 연장인 평화주의자로서 1934년 헉슬리(Aldous Huxley, 1894~1963)[**]를 사상적 지도자로 삼아 창립한 평화서약동맹의 사무국장으로 활약했는데, 뒤에 오웰은 평화주의를 둘러싸고 플로우먼과 대립했으나 인간적인 신뢰를 버리지는 않았다. 그런 태도는 오웰이 누구에게나 평생 견지한 태도였다.

귀족 출신인 화가이자 비평가인 리스 역시 오웰을 좋아하여 뒤에 『조지 오웰:승리 진영으로부터의 도망자*George Orwell: Fugitive from the Camp of Victory*』라는 평론을 썼다. 그는 젊고 야심적인 문학 지망생들이 대부분 질투심이 강하고 음모를 부리는 자기중심적인 인간들임에 반해 오웰은 전혀 그렇지 않았다는 데 매력을 느꼈다고 평했다. 오웰은 『엽란을 날려라』에서

체제로 여겨 반대했다. 그 후 독립노동당은 1932년 맥도날드 정부의 타협 노선에 반대하여 노동당을 탈퇴하면서 급속히 쇠퇴한다.

[*] 가령 콜(G. D. H. Cole), 토마스(Dylan Thomas), 터버(James Thurber), 리들리(F. A. Ridley), 엘리스(Havelock Ellis), 오든(W. H. Auden), 매틱(Paul Mattik), 스펜더(Stephen Spender), 윌슨(Edmund Wilson), 머피(J. T. Murphy) 등이다.

[**] 헉슬리는 이튼 시절 오웰의 스승이었다. 영국의 소설가이자 평론가였던 그는 제1차 세계대전 후의 사회에서 느끼는 불안, 위기감 등을 주로 다루었는데, 작품으로 「연애 대위법」, 「가자(Gaza)에서 눈멀다」, 「멋있는 신세계」가 있다.

자본주의를 비판하는 연수 2천 파운드의 사회주의자 편집자에게 주 5파운드만 주면 자신이 사회주의자가 되겠다고 묘사한 적이 있는데, 그 편집자가 바로 리스다.

영국에서 호프 이삭을 줍다

1931년 여름, 오웰은 다시 밑바닥 생활을 체험하는 여행을 한다. 런던의 중심가인 트라팔가 광장에서 홈리스 생활을 시작한 것이다. 새벽 4시에 코벤트가든에 나가 흠집이 난 과일을 구걸하고, 아침에는 수도원, 저녁에는 식당을 돌거나 밤늦게 쓰레기통을 뒤지는 식이었다. 하루 종일 구걸을 하거나 절도를 한 적도 있고, 낡은 신문지를 이불 삼아 잠을 잤고, 광장 연못에서 세수를 하며 프랑스어로 발자크의 소설을 읽었다. 당시 프랑스 책은 포르노로 여겨져 부랑자 사이에서 생활하는 데 전혀 문제가 되지 않았다. 날씨가 추워지면 벼룩과 이가 들끓는 여인숙이나 교회나 빈민원 신세를 졌다.

이어 켄트 지방에서는 호프 이삭을 주웠다. 이때 동행한 집시는 도둑으로서 매일처럼 법률을 위반하는 것처럼 보이는 사람이었다. 호프는 맥주의 원료가 되는 식물로서 9월 수확기에 많은 노동력을 필요로 했기 때문에 노동자들은 하루 9~10시간씩 일해 수확량에 따라 임금을 받곤 했다. 오웰은 온 몸이 부서지도록 18일간 일했다.

런던에 돌아온 그는 값싼 하숙집에 머물며 부근 공공도서관에서 잡지사에 보낼 글을 썼다. 그 글이 바로 당시 좌익지로서는 발행부수가 가장 많았던 주간지 《뉴 스테이츠먼New Statesman》에 실린 「호프 줍기Hop-picking」
다. 이 글을 쓰기 전에 오웰은 『파리와 런던의 밑바닥 생활』을 완성했기
에 호프 줍기의 경험은 애석하게도 여기 포함되지 않았다. 오웰은 이 책
의 원고를 엘리엇이 간부로 있던 파버 앤 파버(Faber & Faber) 출판사에 보
냈으나 엘리엇은 글이 너무 짧고 런던과 파리 생활 사이에 아무런 연관
이 없다는 이유로 출판을 거절했다. 낙담이 컸던 오웰은 원고를 버리려
고까지 했다.

오웰의 밑바닥 생활의 마지막은 교도소를 경험해보는 것이었지만 실
패하고, 1931년 크리스마스 1주일 전에 구치소를 4~5일 경험하는 것으로
끝난다. 그곳에서 그는 죄수들이 감옥에 들어가는 게 아니라 일자리를
잃는 데 더 신경 쓴다는 사실에 깊은 인상을 받았다.

고등학교 교장이 된 오웰

1932년 오웰은 런던 서부 외곽에 있는 작은 남자 사립학교인 호손즈
(Hawthornes)의 교장으로 취직한다. 학교 교장이라고 해도 교사가 단 한
명밖에 없고, 학생이라고는 기껏해야 14~15명 정도인 학교의 무자격 교
장이었는데, 교사가 부족했으므로 당연히 수업도 담당했다. 오웰은 학생

■　* 그곳 학생들의 부모는 가난한 중류계급으로서 체면상 공립학교에는 자녀를 보낼 수 없지
만, 그렇다고 따라지 사립학교에도 보낼 여유가 없는 사람들이었다. 오웰의 소설 『목사의 딸』
에는 가난한 남편이 아내에게 둘이서 학교라도 해보자고 이야기하는 장면이 나오는데, 당시
학교는 상점이나 술집을 경영하는 것보다 손쉬운 일이었다. 실업자 중에 대학 졸업자를 싼값
으로 고용해 사각모만 씌우면 학생들이 모이는 '더러운 사기'가 판을 치던 시기였기 때문이
다.(CD, 240)

들에게 좋은 선생이었다. 그는 아이들을 데리고 자연 속에서 놀았고, 그림도 가르쳤으며, 연극 극본 「찰스 2세Charles II」를 써서 1932년 크리스마스 때 공연하기도 했다. 그러나 학교생활은 즐겁지 못했다. 학생들이 가족 사업에 참여할 수 있게끔 실무적인 과목들을 가르치고 심지어 속물근성에 걸맞게 프랑스어까지 가르쳐달라고 부모들이 요구한 탓이다.

바쁜 학교생활 속에서도 오웰은 열심히 글을 썼다. 그 사이 『파리와 런던의 밑바닥 생활』이 출판되었으나 수입은 많지 않았다. 따라서 1933년 여름까지 스스로 '비열한 곳'이라고 비판한 그곳에서 교장 일을 하며 지냈는데, 그는 학교뿐 아니라 그 지역 자체를 "내가 본 가장 타락한 곳 중의 하나"라면서 비난했다. 빈민굴에서 본 가난이 아닌, 중류계급의 전형적인 교외 주택들의 '지겨운 획일성' 때문이었다. 훗날 그는 『숨 쉬러 올라오기』에서 런던 교외를 다음과 같이 묘사한다.

어디나 똑같다. 반쯤 붙어 있다시피 한 작은 주택들이 끝없이 늘어서 있고 (…) 치장 벽토로 마감한 외벽, 방부 기름을 칠한 현관문, 쥐똥나무 울타리, 녹색 현관문 (…) 오십 채 중 한 채 꼴로, 결국은 빈민원 신세를 질 만한 반사회적 타입의 주인이 현관문을 녹색 대신 파랑으로 칠해놓았다.(숨 쉬러, 20)

오웰은 중세에 세워진, 아무런 장식이 없고 넓은 뜰이 있는 성당을 즐겨 찾았다. 성당이나 교회에 참배할 생각은 결코 없었지만 고건축만은 평생 사랑했던 탓이다. 동시에 1932년부터 그는 엘리노어 자크와 육체적인 사랑에 빠진다. 돈이 없는 가난한 연인들은 들판에서 사랑을 나누었는데, 그 에피소드가 소설에도 등장한다. 『엽란을 날려라』의 주인공들은 외곽지 숲에서 사랑을 나누고, 『1984』에서도 주인공들이 빅브라더가 금지한 섹스를 숲속의 은신처에서 즐기다 치명적인 결과를 초래한다. 사랑과 함께 그가 생활에서 찾은 또 하나의 발견은 채소밭을 가꾸는 일이었다. 그는 콩, 감자, 호박 등을 열심히 가꾸었다. 채소밭 가꾸기는 그 후 오웰의 평생에 걸친 중요한 휴식 수단이 된다.

1933년 가을, 오웰은 부근의 좀 더 큰 학교인 프레이즈 칼리지(Frays College)로 자리를 옮겨 프랑스어를 가르친다. 교사가 16명, 학생이 2백 명쯤 되는 곳이었다. 그러나 이곳에서도 글을 쓰기에는 시간이 부족했다. 당시 학생이나 교사들은 오웰을 오토바이를 타고 다니는 이상한 사람으로 기억했다.

『파리와 런던의 밑바닥 생활』과 『버마의 나날』을 출판하다

호손즈 학교의 첫 학기가 끝날 무렵 신흥 출판사인 빅터 골란츠(Victor Gollancz)에서 『파리와 런던의 밑바닥 생활』을 출판하겠다는 연락이 온다. 빅터 골란츠는 사회주의자로서 오웰의 책을 사회의 불의에 항거하는 강력한 발언이라고 여겨 매우 좋아했다. 그러나 명예훼손 소송에 걸릴 우려가 있는 부분을 제외한다는 조건이 달려 있었다. 오웰은 삭제나 정정에 전혀 항의하지 않았다.

오웰이란 필명은 이 책에서 처음 사용된다. 필명*을 만든 것은 그 책이 실패작이 되리라고 생각해 그 점에 미리 대비했기 때문이다. 가족의 체면을 고려한 탓이기도 했다. 뒤에 그 책을 본 오웰의 부모는 특히 외설적인 묘사에 놀랐다고 하는데, 외설 자체 때문이 아니라 성이나 연애에 대해 전혀 말한 적이 없는 오웰이 그런 표현을 한 것에 놀랐던 것이다. 그러나 책은 성공을 거두었고, 오웰이란 이름은 그 후에도 쭉 사용된다(에세이나 서평에서는 그 뒤에도 2년간 본명을 사용했다).

1933년 1월 『파리와 런던의 밑바닥 생활』이 출판되자 호의적인 서평들이 나왔다. '기묘한 정보', '광기의 세계'라고 본 서평도 있었으나, 반대로 도덕적이라고 본 서평도 있었다. 시인 루이스(Cecil Day Lewis, 1904~1972)는 그 책이 20세기 문명의 자기만족을 동요시킨 책이라고 극찬했다. 그 덕분인지 책은 나오자마자 그 주의 베스트셀러 목록에 오른다. 제1쇄가 1,500부였으나, 몇 일만에 제2쇄 500부를 찍었고, 2월에 다시 1,000부를 더 찍었으니 모두 3,000부를 찍은 셈이다. 당시로서는 베스트셀러였다. 그러나 그것으로 끝이었다. 1933년 6월에 미국에서 나온 것도 1,000부 정도 팔렸고, 1935년의 프랑스어 판과 체코어 판도 많이 팔리지는 않았다. 그 책이 정말 베스트셀러가 된 것은 1940년 펭귄사에서 5만 5,000부를 찍은 뒤부터다. 오웰은 그 책으로 큰돈을 벌지도 못했다.

1933년 12월, 오웰은 『버마의 나날』을 탈고한다. 3인칭으로 쓴 최초의

■　* 필명을 고를 때 몇 가지 후보 이름이 있었다. 조지는 영국을 수호하는 성자이고, 오웰은 런던 부근의 강 이름이었으나 간단하고 특이하여 '쉽게 와울 수 있는' 것이라는 이유에서 선택되었다.

소설이었다. 그 직후 그는 오토바이를 타고 소풍을 갔다가 비를 맞고 폐렴에 걸려 며칠 동안 위독한 상태에 빠졌으나 이후 회복되어 부모 집으로 돌아간다. 그 병으로 오웰의 학교생활은 끝나고, 그는 다음 작품인 『목사의 딸』을 집필하기 시작한다.

『버마의 나날』 출판은 좌절의 연속이었다. 다시 명예훼손의 위험이 문제시되었다. 미국 판이 먼저 1934년 10월에 나와 2쇄까지 찍었고 3,000부 정도가 팔려 당시 기준으로는 어느 정도 성공한 편이었다. 식민지를 전혀 모르는 미국인이어서 그 책을 '정글, 춤, 원주민 아가씨들, 뚱뚱하고 누런 부처'의 '값싼 여행 안내서'라고 이해한 최초의 서평을 제외하면 대체로 호의적인 비평이 이어졌다.

그러나 영국의 출판사 골란츠는 그 책이 출판되면 명예훼손을 당할 위험성이 있다고 여겨 출판을 주저했다. 1935년 6월에서야 나온 영국 판에서는 인물의 이름, 특히 인도인의 이름이 본래와는 전혀 다르게 바뀐다. 오웰은 특히 《뉴스테이츠먼》에 실린 서평, 즉 '인도에 있는 영국인에 대한 힘차고 맹렬하고 거친 공격'이라는 정확한 서평을 보고 기뻐했다. 그 서평을 쓴 사람은 오웰의 이튼 시절 친구인 코놀리였다.

『목사의 딸』

오웰은 1934년 10월, 『목사의 딸』을 완성하고, 이어 『엽란을 날려라』를 쓰기 시작했다. 그리고 런던으로 이사한다. 『목사의 딸』 1장은 나이브 빌이라는 작은 마을에 있는 교구 목사관의 하루를 상세히 기록한다. 하루의 기록이란 점에서 조이스의 『율리시즈』를 모방했다는 느낌을 주는데, 홀아비인 목사는 너무 바빠서 교회와 교구의 잡일은 그 딸인 도로시의 몫이었다.

도로시는 마을의 병자나 노인을 돌보고, 젊은 주부에게 이런저런 조언을 하며 가난한 집 아이들과 놀아주어야 했다. 밀려오는 청구서를 매일 챙기면서 돈을 메워 목사의 체면을 세우는 것도 그녀의 몫이었다. 그녀는 "결혼에는 아무런 관심이 없다"라고 입버릇처럼 말했고 특히 성에 대해서 혐오감을 드러냈지만, 주변에 남자가 전혀 없는 것은 아니었다. 어떤 중년 남자의 구애를 거절하고 나서 자신은 크게 동요하는 것으로 소설의 1장이 끝난다.

2장에서는 돌연히 기억상실에 걸린 도로시가 런던에 나타나고, 3장에서는 도로시가 트라팔가 광장에서 추운 하룻밤을 보내고 호프 수확에 나선다. 대화로만 이어지는 3장 역시 조이스의 『율리시즈』에 나오는 밤 마을 묘사를 모방한 듯하다. 이어 그녀는 런던 교외의 마을에 있는 따라지 여학교에서 교사로 근무하게 된다.

트라팔가 광장이나 호프 수확 장면, 특히 사기에 가까운 학교 경험, 중류계급 특유의 빈곤과 허영에 대한 묘사는 물론 오웰 자신의 경험에 근거한 것이다. 그런 장면들은 물론이고 1장 목사관의 폐쇄공포증적인 생활 역시 사회조사를 방불케 할 정도로 상세히 묘사되는데, 오웰 자신 런던에 오기 전 그런 폐쇄공포증을 경험한 적이 있다. 그러나 이 모든 경험이 기억상실증에 걸린 여성 주인공의 경험으로 묘사된 탓에 이상한 느낌을 준다. 여성의 의지를 제외한 채 묘사되었기 때문인데, 심지어 마지

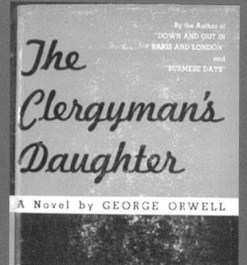

『목사의 딸』 미국 초판본 표지

막 장면에서 그녀는 돌연히 아버지의 허락을 얻어 목사관으로 되돌아간 다. 그녀가 기억상실증에 걸려 런던에 나온 것도 돌연한 일이었고, 시골 로 되돌아가는 것도 돌연한 일이었다.

이 소설의 출판에 대해서도 출판사는 명예훼손의 위험이 있다고 판단 했다. 그래서 오웰에게 수정을 요구했다. 특히 여학교에 대한 묘사가 지나 치다고 했는데, 오웰은 그 묘사가 자신만이 알고 있는 것으로 당연하다 고 생각해 최소한으로 수정하는 데 그친다.

이 소설에 대해서도 『파리와 런던의 밑바닥 생활』과 같이 뒤에 감상적 인 자유주의의 중류계급 소설이라는 비판이 내려진다. 오웰이 증오해야 할 대상은 묘사했지만 왜 그런 현상이 나타나는지, 이를 극복하려면 무 엇을 해야 할지에 대한 묘사가 없다는 비판이었다.(Zwerdling, 67) 또한 사 회의적 관점에서의 비전이 없다는 비판도 있었다. 그러나 나는 『파리와 런던의 밑바닥 생활』의 경우처럼 그런 비판에 문제가 있다고 생각한다.

런던에서 서점 점원으로 일하다

1934년 10월부터 1936년 1월까지 오웰은 런던의 고서점 '북러버스 코너 (Booklover's Corner)'의 점원으로 일했다. 독립노동당 당원이었던 서점 주인 은 오웰에게 무엇을 바라느냐고 물었고, 오웰은 '자유'라고 답했다. 그는

* 왜 되돌아가는가? 자본주의라는 사회나 돈의 위력에 패배한 탓인가? 아니면 시골이라는 자연에 대한 향수를 결론으로 제시하는 것인가? 작가는 주인공의 체험이나 인격을 조롱하는 것인가, 아니면 동정과 연민 그리고 이해를 보내는 것인가? 결국 그 해답을 찾는 것은 독자의 몫이다.

그야말로 자유롭게 지냈는데, 근무 시간도 오전 1시간과 오후 4시간 정도였다. 그는 당시의 서점 경험을 『엽란을 날려라』에 묘사했고, 1937년에 쓴 에세이 「서점의 회상Bookshop Memories」에는 다음과 같이 썼다.

> 고서점에서 일한 적이 없는 사람이면, 고서점을 일종의 천국-멋진 노신사가 영원히 가죽 표지의 대형 책에 빠진 천국이라고 간단히 생각할 것이지만, 나에게 가장 깊이 새겨진 인상은 책을 정말 좋아하는 사람은 드물다고 하는 점이었다.(Essays, 25)

당시는 좋은 책과 나쁜 책을 구별할 수 있는 사람이 적었고, 문학 애호자보다는 초판본을 일부러 수집하려는 사람이 더 많았다. 값싼 교과서를 한 푼이라도 깎으려 하는 아시아 출신 학생들과 어린 자녀의 생일 선물을 찾는 지적이지 못한 여성 고객이 가장 많았다. 심지어 서명과 저자를 잊은 채 1897년에 읽은 멋진 책을 찾아달라고 떼를 쓰는 노부인, 매일 몇 번이나 찾아와 전혀 무가치한 책만 사가는 사람, 엄청난 양의 책을 주문만 해놓고 찾으러 오지 않는 사람 등등, 이상한 사람들이 모이는 곳이 고서점이었다.(Essay, 26)

오웰이 근무한 고서점에서는 책을 빌려주기도 했다. 서점이 중류계급 주택지와 노동자계급의 주택지 중간에 있어서 그런지 그야말로 모든 계층의 사람들이 찾아왔다. 그들이 가장 즐겨 찾는 책은 대중 오락소설과 탐험소설이었다. 그 책들은 지금 영국에서 흔적조차 찾을 수 없고, 우리로서는 이름조차 모르는 그야말로 한때의 유행소설이었는데, 지금 우리

나라의 서점도 사정은 마찬가지일 것이다.(Essays, 27)

고서점에서 오웰은 책이란 고매한 지식이나 고상한 취미를 담는 것이
아니라, 식당의 음식과 마찬가지로 제조, 판매, 소비되는 상품에 불과하
다는 것을 깨달았다. 책을 쓰고 출판하는 것은 장사이고, 책의 판매를
결정하는 것은 대중의 취향임을 알게 된 것이다.(Essays, 28) 따라서 쇼나
웰스와 같은 지방 노동자급 출신 작가들은 1870년의 초등교육법에 의해
신문이나 책을 읽을 수 있게 된 중류계급 하층과 노동자계급 상층을 자
신의 독자층으로 보고 글을 쓰고 있었다. 하지만 그들은 책을 사서 보기
보다 주로 공립도서관을 이용했다.

고서점에서 일하면서 오웰도 자기가 좋아하는 책을 쓴다는 종래의 태
도를 고치기 시작한다. 자신의 독자는 누구인가, 나아가 그들은 무엇 때
문에 책을 읽는지를 고려하기 시작한 것이다. 아울러 그의 작품이 출판
되어 생활도 조금씩 나아지기 시작해 당시까지의 고독한 생활과 달리 어
느 정도 사교적인 면모도 갖추게 된다.

서점 근무 후인 1935년 3월 『목사의 딸』이 영국에서 출판되고, 이듬해
미국에서도 출판되었는데, 이 출판에는 우여곡절이 많았다. 따라서 오웰
은 어떤 식의 비평이 나올까 염려했으나 대체로 호평이었고, 초판 2,500
부가 매진되어 2쇄에 들어갔다. 그러나 뒤에 오웰은 그 소설이 "어리석은
돈벌이 위주의 창작품"이었다고 회고한다.

고서점에서 일할 무렵의 특기할 만한 사실은 오웰이 소설보다도 시에
더 많은 관심을 가졌다는 점이다. 그는 어려서부터 시를 썼고, 고서점 시
절에는 영국 역사에 대한 장편 서사시를 쓰기도 했다. 당시 《아델피》에

발표한 그의 시는 『1934년의 가장 훌륭한 시』나 『불멸의 시 20』 등의 선집에 실리기도 했지만, 오웰은 그런 칭송을 받는 데 의문을 표했다.

아일린을 만나다

당시 신진 작가들은 이미 유명해진 기성 작가들의 살롱에 초대받거나 스스로 손님을 초대하여 교제의 영역을 넓히곤 했다. 그런 살롱 중에 가장 유명한 것이 영국박물관 주변인 블룸즈버리에 사는 사람들의 주축으로 이루어진 '블룸즈버리 그룹'이었다. 버지니아 울프를 비롯한 작가들과 철학자 러셀, 경제학자 케인스 등이 중심이었는데, 구성원 대부분이 옥스브리지 출신이었다.

오웰은 그 그룹의 초대를 받지는 않았으나 작가 무어의 살롱에 초대를 받은 적이 있다. 하지만 그는 참석하지 않았다. 당시 그가 집필하던 『엽란을 날려라』에는 주인공이 어느 살롱에 초대를 받아 갔더니 집에 아무도 없었다는 장면이 나온다. 그래서 주인공이 날짜가 틀렸나, 아니면 일부러 피했나 등등 갖은 상상을 하는 장면이 6쪽에 걸쳐 이어진다. 오웰은 자신과 출신이 다른 블룸즈버리 그룹과 평생토록 분명한 선을 긋고 지냈다.

오웰은 초대에 응하는 대신 자신이 직접 파티를 열어 사람들을 불러 모았다. 손님들은 리스를 비롯하여 모두 남성이었는데, 당시 오웰의 하숙집 여주인의 소개로 그는 아일린 오쇼네시(Eileen O'Shaughnessy)를 만나게 되고, 얼마 뒤 그녀에게 구혼하고 결혼에 이른다.

오웰의 아내 아일린(위), 아일린을 만날 당시 오웰이 살던 집

아일랜드계인 아일린은 1905년 생으로 오웰보다 두 살 어렸다. 옥스퍼드의 여자대학인 세인트 휴즈에서 영문학을 공부하고 사립 여자 기숙학교의 교사가 되었는데, 1년도 안 되어 그녀는 런던 매춘부를 위한 사회복지를 비롯한 여러 일을 경험했고, 오웰을 만났을 때는 다시 런던 대학 대학원에서 교육심리학을 공부하고 있었다.

사회주의 작가 오웰

사회주의를 선언하다

오웰은 「고래 뱃속에서」에서 "1935년의 세계에 살며 정치적으로 무관심해지는 것은 거의 불가능했다"(Essays, 121)라고 썼다. 1935년은 파시즘의 위협이 더욱 분명해진 해였지만, 오웰은 어떤 특별한 주의주장을 지지하지 않았다. 그러나 1936년에 그는 "파시즘과 대항해 싸울 수 있는 유일한 힘은 사회주의"라고 『위건 부두로 가는 길』에 썼다.(위건, 289) 반면, 파시즘과 공통적인 요소가 많은 자본주의-제국주의는 히틀러나 무솔리니를 유화시키려 할 것이라고 보았다.

> 결국 파시즘이란 자본주의가 발전한 것이고, 소위 가장 온건하다는 민주주의는 위급한 경우에 파시즘으로 변질하기 쉽다. 우리는 영국을 민주주의 국가라고 생각하지만, 사실 인도에서의 우리 통치는 겉으로 보기에 우리의 신경을 덜 자극한다 뿐이지 독일의 파시즘만큼이나 나쁜 것이다.

미얀마에서의 경험 이후 오웰은 자본주의-제국주의에 비판적이었으나, 파시즘에 대항하는 사회주의의 힘을 알기 전까지는 사회주의에 기울지 않았다. 도리어 그전에는 보수적 아나키스트라고 자신을 묘사했다가 1935년에 와서 오웰은 바뀐다. 그러나 1946년에 이르러서야 그의 입장이 확고해지는 만큼 1935년의 오웰은 자신이 가야 할 새로운 길을 막 모색하기 시작한 단계였다고 보아야 한다. 물론 그때도 모든 것이 여전히 불확실한 상태였다. 이는 1935년에 쓴 소설 『엽란을 날려라』에 그대로 드러난다.

『엽란을 날려라』

엽란은 짙푸른 색의 긴 잎을 가진 백합과 식물로서 제1~2차 세계대전 사이에 영국 중류가정의 견실함을 상징하는 것이었다. 소설 주인공 고든이 살았던 중류계급 거리에서는 집집마다 창가에 엽란을 놓았는데(KEP, 63), 주인공은 엽란을 싫어하여 물을 주지 않거나 담뱃불로 지지거나 흙에 소금을 섞기도 했다. 하지만 엽란은 괴물처럼 죽지 않았다.(KEP, 29)

> 영국의 꽃, 엽란이여! 이것이 라이온과 일각수를 대신하여 우리의 문장(紋章)이 되어야 한다. 모든 가정 창가에 엽란이 있는 한, 영국에 혁명은 없다.(KEP, 47)

대신 주인공은 당시 막 시작된 나치의 공습에 따른 영국의 파괴를 묵시론적인 즐거움으로 받아들인다.

영국 가정에서 흔히 키웠던 엽란

상상 속에서 그는 지금 비행기가 날고 있는 것을 보았다. 수를 셀 수 없을 정도의 편대가 계속 이어져 파리 떼처럼 하늘을 어둡게 덮었다. 그는 혀를 치아 뒤에 놓고 비행기 폭탄처럼 소리를 내었다. 그것은 그 순간 그가 열렬히 듣고 싶었던 소리였다.(KEP, 21-22)

이 소설은 '돈의 신(Money god)'에 대한 분노였다. 소설 표지엔 신약성서 「고린도서」 제13장'에 나오는 '사랑이 전부'라는 말을 패러디한 '돈이 전부'라는 말이 쓰여 있었다. 「고린도서」 제13장은 결혼식에서 가장 흔하게 인용되는 구절인데, 이것을 다음과 같이 패러디한 것이다.

돈은 관용하고 자비로우며, 돈은 질투하지 않고, 돈은 자랑하지 않고, 교만하지 않고, 비례를 행하지 않고, 이기를 구하지 않고, 분노하지 않고….

소설에 나오는 주요 장면은 오웰의 그전 소설과 마찬가지로 그의 경험에 근거한 것들이다. 주인공 고든은 부모와 커피집에서 노동한 누이의 희생으로 삼류 사립학교를 나와 광고회사에 일시 근무하나, 지금은 고서점에서 일하며 시를 쓴다. 사립학교가 삼류라는 것만 제외하면** 모두 오웰

■ * 4.사랑은 오래 참고 사랑은 온유하며 투기하는 자가 되지 아니하며 사랑은 자랑하지 아니하며 교만하지 아니하며
5.무례히 행치 아니하며 자기의 유익을 구치 아니하며 성내지 아니하며 악한 것을 생각지 아니하며
6.불의를 기뻐하지 아니하며 진리와 함께 기뻐하고
7.모든 것을 참으며 모든 것을 믿으며 모든 것을 바라며 모든 것을 견디느니라
8.사랑은 언제까지든지 떨어지지 아니하나 예언도 폐하고 방언도 그치고 지식도 폐하리라
** 물론 오웰 자신은 이튼을 일반적 평판과 달리 삼류라고 생각했다.

자신의 모습과 같다. 게다가 소설 마지막에서 주인공이 시를 포기하는 것도 같다.

소설에 등장하는 부자 사회주의자인 반기독교지 편집자 라벨스턴은 《아델피》의 편집자 리스를 모델로 삼은 것이다. 주인공이 전원의 사랑을 나누는 여주인공 로즈마리는 오웰의 당시 애인이었던 엘리노어였다. 그녀와 사랑을 나눈 고든은 고급 식당에 들어가 고급술과 요리를 시켰다가 돌아갈 버스비를 걱정한다. 가난에 찌든 고든은 결국 광고회사에 복직하고 임신한 로즈마리와 결혼하는 것으로 소설은 끝나는데, 그런 결론이 패배를 뜻하는가 아니면 성공을 뜻하는가는 『목사의 딸』에서와 같이 애매하다.

이 소설은 엽란으로 상징되는 중류계급과 돈을 공격하고, 폭격에 의한 파괴를 찬양한다. 그러나 사회주의는 여전히 장래성 없는 신조로 비판되었다. 그것은 '모범 공장에서 하루 4시간씩 6,003번 볼트를 조이는 것, 그리고 납지에 싸여 공급된 배급식량이 공동부엌에 있음'을 뜻할 뿐이었다. 따라서 소설의 기본은 비정치적이다. 어느 젊은 예술가가 정상의 급여 생활자가 되고자 하는 유혹과 싸우면서 자신의 일관성을 유지하고자 하는, 일면 진부한 낭만주의에 기초한 것이었다고 보아야 한다. 오웰은 그런 예술가의 입장에서 사회체제가 착취적일 뿐 예술은 전혀 모른다고 비판하고 있지만, 그것을 정치적 행동에 의해 변혁할 수 있는지, 또는 변혁해야 하는지는 전혀 주장하지 못한다. 소설에 등장하는 사회주의자는 부자이고, 부자이기 때문에 사회주의자가 되었다고 하여 사회주의가 빈곤 해결에 도움이 되지 않는다고 묘사할 따름이다. 그러면서 모든 것이

폭격으로 파괴되는 것을 찬양하는 정도가 소설의 결말이다.

『위건 부두로 가는 길』

1936년 1월, 오웰은 골란츠에게 원고를 보낸다. 그로부터 며칠 뒤 골란츠는 오웰에게 영국 북부 공업지대에 사는 실업자의 상태를 책으로 써보겠냐며 집필을 의뢰하는데, 원고료는 5백 파운드로서 아버지가 받는 연금보다 많았다. 아일린과의 결혼이 가능할 만큼 큰 액수였다.

오웰은 서점을 그만두고, 1월 말에 2개월 예정으로 여행을 떠난다. 그리고 4월에 월링턴의 시골로 이사하고, 6월에 아일린과 결혼한다. 이어 12월에 『위건 부두로 가는 길』을 완성하고 바르셀로나에서 스페인 시민전쟁에 참전한다.

오웰의 삶에서 영국 북부는 외국인이 영국을 처음 방문하는 경우처럼 별세계였다. 영국을 여행하는 외국인은 주로 런던에서 놀다가 그 부근의 옥스브리지 대학촌이나 남부의 전원지방을 돌아보는 것이 보통이다. 그래서 영국을 문화와 전원의 나라라고 생각하게 마련인데, 이런 사람들에게 산업 혁명이 영국에서 시작되었다는 사실을 확인하는 것은 낯선 경험에 속한다. 여유가 있어서 북부지방을 둘러보면 남부와 너무나도 다른, 매연으로 검게 변한 공장지대에 놀라게 되니까.

영국 북부는 산업 혁명이 시작된 곳이다. 산업 혁명은 맨체스터를 중심으로 한 목면업으로 시작되어 공업화가 기계, 철강, 중화학으로 옮겨지면서 중부 영국인 미들랜즈 지역으로 확대되었다. 1929년의 세계공황을 전후로 제1, 2차 세계대전 사이의 불황은 특히 북부지방에 큰 타격을 주었다. 탄광촌이나 농촌의 성년 남자 대부분이 실업자가 되었고, 마을은 죽음의 땅으로 변했다. 당시 남동 지역의 실업률이 1935년에 8.1%, 1936년에 7.3%였으나, 북동 지역은 각각 20.7%, 16.8%, 그리고 북서 지역은 각각 19.7%, 17.1%였다. 또한 1935년 당시 영국의 광부는 79만 4,000명이었으나 이는 1926년보다 29만 명이 줄어든 것이다. 당시 노동조합은 영국광부연합(Miner's Federation of Great Britain)으로서 얼마 전에 있었던 대대적인 직장 폐쇄가 안겨준 패배의 수렁에서 조금씩 회복되는 중이었다. 그러나 1935년 말 광부들은 다시 전국 파업에 돌입할 정도로 노동조건은 악화되고 있었다.

1933년부터 경기가 차차 회복되어 1937년에는 다시 호황을 누리기 시작했지만, 그것은 북부 수출 지역과는 무관하게, 남부에서 시작된 새로운 산업, 즉 새로운 도시나 주택, 영화관이나 학교를 만드는 건설업, 라디오나 전기다리미 등을 생산하는 가전산업, 나아가 자동차나 비행기와 같은 소비산업을 원동력으로 한 것이었다. 오웰이 교사를 지낸 런던 교외의 공업지대가 전형적인 예다. 그곳은 북부의 '기아의 30년대'와는 대조적인, '세계사상 유례없는 풍요'를 누렸다. 그래서 중류들이 향유했던 가족여행을 남부 노동자계급도 즐기게 되었다.

오웰은 추운 1월 말, 런던에서 기차를 타고 최초의 공업도시인 코벤트리에 내려 버스와 도보로 맨체스터까지 여행한다. 맨체스터의 노동조합 간부의 집에 머물면서 오웰이 그릇을 닦으려 하자, 그 부인이 맨체스터에서는 남자가 절대로 그런 짓을 하지 않는다고 말해 오웰은 깜짝 놀란다.

위건 부두의 창고. 현재는 오웰의 이름이 붙어 있다.

지금은 북부 영국에서도 남자가 그릇 닦는 일을 당연하게 받아들이지만 말이다.

오웰은 그 부부의 권유로 위건으로 간다. 그곳은 목면공장과 탄광이 모두 폐쇄되어 실업자가 특히 많았다. 오웰은 탄광 전기공이자 독립노동당 당원으로 공산당이 조직한 전국실업자운동에 적극적으로 참여한 케넌의 소개장을 지참하고 있었다. 케넌은 오웰에게 값 싸고 깨끗한 하숙집을 소개했지만, 오웰은 그곳에서 가장 불결한 내장 요릿집 2층으로 옮겨 2주간 머문다. 내장의 지방으로 얼룩진 신문지를 식탁보로 사용하고, 지하실에 있는 고기 덩어리엔 파리가 잔뜩 꼬인 지저분한 곳이었다. 청소한 흔적이라곤 도무지 찾아볼 수 없었다. 위건은 지금 오웰의 책이 영국 중고교의 역사나 지리 교재로 사용되는 바람에 유명해졌지만, 그곳 사람들은 오웰이 묘사한 자신의 마을에 대해 불만을 가졌을 게 틀림없다. 반드시 그런 묘사 탓은 아니겠지만, 지금은 당시의 요릿집과 하숙집도 찾아볼 수 없다.

오웰은 노동자와 면접하고 집회에도 참석했으며 탄광에도 들어갔다. 폐가 약했던 그는 지상에서 1~3마일 깊이에 있는 탄광에서 숨을 쉴 수 없을 정도의 고통을 맛본다. 게다가 탄갱의 높이가 4피트 정도밖에 되지 않아 6피트의 장신이었던 오웰은 엄청 고생했다. 그러나 더욱 큰 고통은 사망사고를 전쟁처럼 당연하게 여기던 상황이었다.

히틀러가 거위걸음으로 행진하기 위해, 교황이 볼셰비키 사상을 지탄하기 위해, 로즈 경기장에 크리켓 관중이 몰리기 위해, 동성애자 시인들이 서로

의 등을 긁어주기 위해 석탄은 언제든 준비되어 있어야 한다.(위건, 47)

석탄이 바로 그런 희생 위에서 생산되었다. 오웰은 공공도서관에 가서 광산의 사고와 실업자에 대한 통계 자료를 수집한다. 그 결과, 1927년부터 1934년까지 약 8,000명 정도의 광부가 광산에서 죽었고, 매년 900명 중 한 명이 죽고 6명 중 한 명이 부상당한다는 사실을 알게 된다. 물론 광부들만 비참한 생활을 한 것은 아니다. 그들 가족의 상황도 비참했다. 오웰은 자신이 경험한 동양보다도 상황이 더욱 비참했다고 보고한다. 최소한 동양에는 "영국처럼 살을 에는 습한 추위와 싸울 일이 없는 데다 햇빛에 소독력이 있었다"라고 하면서.

2월, 오웰은 리버풀에서 항만 노동자를 보고, 3월에는 셰필드에 이어 번즐리에 머물면서 파시스트 연맹 집회와 공산당 집회에 참석한다. 시의 공회당에서 열린 모즐리의 파시스트 집회에서는 100명가량의 '검은 셔츠' 대원이 이의를 제기하는 청중을 쫓아내고 남은 700명가량의 청중 모두 파시즘을 지지하는 것처럼 보였다. 이와 달리 공산당 집회에서 오웰은 열심히 웅변을 토하는 연사를 무표정한 얼굴로 바라보는 소수의 청중을 보고서 파시즘 집회와 너무 대조적인 모습에 실망한다. 당시 오웰은 민중이 과연 공산당을 지지하는지 아니면 파시즘을 지지하는지 잘 구분할 수 없었다. 적어도 그가 관찰한 바에 따르면 민중은 공산당보다도 파시즘에 더욱 깊은 관심을 기울이고 있었다. 따라서 이러한 객관적인 관찰을 마치 오웰이 파시즘에 기운 것처럼 판단해서는 안 된다. 사실 당시의 문헌을 살펴보면 일반 민중은 사회주의 지식인들과 달리 대개 파시즘적 경향에 기울고 있었다.

물론 공산당은 일찍부터 파시즘에 반대했다. 1936년 국제공산당 세계 대회(Comintern)에서도 "파시즘은 몰락기 자본주의의 가장 반동적이고 폭력적인 지배다"라고 선언했다. 그러나 히틀러와 무솔리니를 패전으로 황폐해진 조국을 부흥시키고자 한 애국자로 본 사람들도 적지 않았다. 이에 대해 오웰은 파시즘을 자본주의와 사회주의 모두에 도전하는 대중 운동으로 보았다. 파시즘에 혼재된 성실성과 기만성을 이해하려고 노력했고, 파시즘에 의해 보통의 언어가 어떻게 부패하는지, 진리가 어떻게 반대로 전환되는지에 주목했다. 이러한 관찰은 그가 뒤에 쓴 『동물농장』과 『1984』에서 언어를 통한 전체주의의 통제에 대한 날카로운 묘사로 나타난다.

오웰은 『위건 부두로 가는 길』에서 "마르크스주의자는 대체로 적의 마음을 읽는 데 그다지 능숙하지 않다"라고 썼다. 즉, 그들은 모든 것을 설명할 수 있는 체계를 가지고 있다고 믿고, 적의 마음이나 중립적인 사람들, 심지어 자기 측 사람들의 마음조차 읽으려고 노력하지 않는다고 비판했다. 오웰은 사람들의 동기―그것이 합리적이든 비합리적이든―가 모두 파악할 수 없는 것으로 존재한다는 것을 당시의 마르크스주의자에 대한 관찰 경험을 통해 이해했다. 그래서 그는 만일 마르크스주의자들이 적의 마음을 능숙하게 읽었다면 "유럽 정세는 지금처럼 절망적이지는 않았으리라"라고 썼나 보다. 그는 이 같은 마르크스주의에 대한 비판을 평생토록 견지했다.

인간성의 유대와 연대의식

『위건 부두로 가는 길』 제1부에서 오웰은 자신이 조사한 랭커셔와 요크셔 노동자계급 사람들의 생활 상태, 즉 실업, 주거, 탄광사고, 악명 높은 '가계 조사', 그리고 정치관을 설명했다. 그러나 오웰은 역시 작가였다. 『위건 부두로 가는 길』 제1장에는 오늘날 오웰 연구에 흔히 인용되는 것으로 기차 창에서 바라본 유명한 풍경 묘사가 나온다.

> 어느 집 뒤뜰에서는 젊은 여인 하나가 돌바닥에 무릎을 꿇고서 부엌에서 나오는 배수관을 꼬챙이로 찌르고 있었다. 어디가 막힌 모양이었다. 짧은 순간이었지만 나는 그녀의 모든 것을 볼 수 있었다. 올 굵은 삼베 앞치마, 꼴사나운 나막신, 추위에 빨개진 팔을 놓칠 수 없었던 것이다. 기차가 지나갈 때 그녀가 올려다보는 바람에 나는 지척에서 그녀와 눈이 마주쳤다. 둥글고 창백한 그녀의 얼굴은, 슬럼가의 여자들이 흔히 그러하듯 유산과 고역 때문에 스물다섯인데도 마흔은 돼 보이도록 지쳐 있었다. 그리고 내가 본 그 순간 동안, 내가 익히 본 적이 없는 어둡고 절망적인 표정을 짓고 있었다. 그때 나는 "우리가 느끼는 것하고 똑같이 그들이 느끼는 건 아니다"라고 한다면, 그리고 슬럼에서 자란 사람들은 슬럼밖에 상상할 수 없다고 한다면, 그건 우리의 오산이라는 생각이 퍼뜩 들었다.(위건, 28)

노동자의 세계란 작가가 쉽게 자신이 그 일부인 척할 수 없는 세계이

■ * 실업수당 취득을 위해 다른 가족의 소득을 조사한 것으로서 가장의 권위를 손상시켜 비난을 받았다.

지만, 인간성에는 공통의 유대가 있고, 같은 편에서 서서 싸워야 한다는 연대의식이 가능함을 보여주는 대목이다. 작가가 그들 편에 서고자 해도 꼭 그들과 같을 필요는 없다. 누구나 공통의 관심사를 갖고 있다는 공감대만 형성되면 변화는 가능하다. 오웰은 그런 유대와 연대를 위해서 반드시 모든 사람이 노동자처럼 변할 이유는 없다고 보면서 "나는 무산계급자들처럼 되기 위해 말투며 취향 그리고 신념을 바꿀 수 없다. 가능하다면 그렇게 하지 않을 것이다. 내가 왜 그렇게 해야 하나? 나는 다른 사람에게 나와 같은 말투로 이야기하라고 하지 않는데, 왜 다른 사람이 나에게 그와 같이 이야기하라고 말해야 하나?"라고 자문한다.

도리어 오웰은 자유가 있어야 한다고 주장했다. 그 무엇에도 구애받지 않고 자신의 의사를 밝히며, 동료와 다른 의견을 내세울 수 있으며, 원하는 것은 무엇이나 읽을 수 있고, 가고 싶은 곳은 어디에나 갈 수 있기를 희망했다. 따라서 그는 획일적이고 중앙집권적인 계획에만 몰두하여 '근본적으로 세계를 바둑판처럼 만들기를 바라는' 사회주의에 반대했다. 가난이 폐지된다고 해도 위로부터 폐지되는 것을 거부했다. 힘 있고 영리한 소수가 권력을 잡는 것, 엄격하고 이기적인 이데올로기를 만드는 것도 거부했다.

그러나 그는 자신이 사회주의자임을 부정하지 않는다. 그가 주장하는 사회주의는 피억압자들이 억압자들에게 항거하여 자유를 추구하는 사회주의다. 우리는 이미 오웰이 학교와 가정, 특히 식민지에서 어떤 이의 제기도 배신으로 여겨진 상황에서 고통당했음을 보았다. 그리고 그런 자유에 대한 정열은 그 뒤 그가 죽기 직전까지 이어진다. 1940년대에 쓴

「언론의 자유_The Freedom of the Press_」에서 그는 다음과 같이 말한다.

> 자유에 어떤 의미가 있다면 그건 다른 사람들이 듣고 싶어 하지 않는 것
> 을 그들에게 말할 수 있는 권리이다.

오웰의 사회주의는 어떻게 다른가?

『위건 부두로 가는 길』 제2부에서 오웰은 자신이 사회주의자가 되어가
는 과정, 특히 "계급이라는 지독히도 까다로운 문제"에 대한 태도의 변화
에 대해 쓰고, 사회주의자가 되는 출발을 미얀마에서 경험한 반제국주의
로부터 설명한다. "만달레이에서 위건으로 가는 길은 멀고, 내가 그 길을
택한 이유는 당장은 분명치 않다."(위건, 163) 그런 가운데 그에게 「코끼리
를 쏘다」의 구상이 떠오른다.

앞에서도 우리는 오웰이 계급에 대해 경제적 격차만이 아니라 심리적
격차, 즉 계급적 허영심에 주목했음을 살펴보았는데, 사람들은 주변 사
람들보다 자신이 조금이라도 더 부자이고, 조금이라도 더 고급이라는 점
을 과시하고자 한다는 것이다.

1920년대 대공황에 의해 중류계급 사람들은 대부분 하류계급의 프롤
레타리아로 변했으나, 적어도 그 1세대는 절대로 자신이 프롤레타리아가
아니라고 생각해 그들과 다른 태도를 취했다. 도리어 가난해지면 가난해
질수록 그들은 중류계급임을 과시하고자 했다.

사회적 계층이 경제적 계층과 정확히 일치한다면, 사립학교 출신도 연소
득이 200 파운드 이하로 떨어지면 당장 런던 노동계급의 악센트를 구사할
것이다. 하지만 실제로는 어떤가? 정반대로 그는 당장 이전보다 스무 배는
더 사립학교 출신임을 드러낼 것이며, 학연을 생명줄처럼 붙들 것이다.(위
건, 302)

여기서 오웰은 사회적 격차가 오직 경제적 격차에 의해서만 결정된다
고 보는 마르크스주의는 적어도 영국에서는 오류라고 지적했다. 사람들,
특히 중류계급은 계급적 허영심 때문에 서로 경쟁관계, 때로는 적대관계
에 선다는 것이다. 그러나 마르크스주의는 억압자에 대한 피억압자의 동
맹으로 사회주의를 주장했으므로 허영심으로 인해 고립된 개인을 피억
압자의 동맹에 결집시켜야 한다고 생각했다.

당시 유럽의 반 이상은 파시즘 지배하에 있었고, 영국 국민 중 2천만 명
이상이 실업과 빈곤에 허덕였는데, 영국의 지배자는 사회주의가 아닌 파
시즘을 선택할 것이라고 오웰은 보았다. 물론 오웰은 파시즘에 대항할 수
있는 유일한 길은 사회주의뿐이라고 주장했다.(위건, 289) 그러나 그가 주
장하는 사회주의는 매우 독특했다. 이처럼 시대 상황이 사회주의에 유리
함에도 불구하고 사회주의는 10년 전과 비교해도 지지를 받지 못했고,
심지어 사회주의에 적대적인 분위기조차 있었다. 이를 오웰은 선전의 잘
못 때문이라고 보았다.(위건, 230) "좀 역설적이긴 하지만, 사회주의를 방어
하기 위해서는 먼저 사회주의를 공격해보는 것이 필요하다"(위건, 231)라고
말했을 정도다. 『위건 부두로 가는 길』에서 오웰은 다음과 같이 말한다.

사람들은 흔히 '사회주의'나 '공산주의'라는 말 자체가 영국의 온갖 과일 주스 애호가나 나체주의자, 샌들 애용자, 섹스광, 퀘이커교도, '자연치유' 사기꾼, 평화주의자, 여성주의자를 다 끌어들이는 자력을 지녔다는 인상을 받는다. 올 여름 어느 날 나는 레치워스로 시내에서 버스를 타고 가다 차림새가 형편없는 노인 둘이 타는 것을 보았다. 둘 중 하나는 지독한 대머리였고, 다른 하나는 회백색 머리를 로이드 조지 스타일의 단발로 길게 기른 이였다. (…) 그들의 행색은 버스 안에 잔잔한 공포의 물결을 불러일으킬 정도였다. (…) "사회주의자구먼." 그 말은 "인디언이구만"이라고 내뱉는 소리처럼 들렸다. 독립노동당이 레치워스에서 여름학교를 열고 있긴 했으니 말이다. 문제는 보통 사람에게는 별난 사람이 바로 사회주의자고 사회주의자는 별난 사람이라고 보면 된다고 생각하고 있었을 것이다.(위건, 233-234)

오웰도 그 여름학교에 참석했다. 그들 대부분은 과거에 자유당을 지지한 중류계급 지식인이었다가 자유당 주류가 맥도날드 내각에 참여하는 것에 반대하여 노동당, 또는 노동당에서 분리된 독립노동당 또는 공산당으로 옮겨간 사람들이었다. 그들과 마찬가지로 오웰 역시 그 스스로 이상한 사람이라고 부른 사회주의자였다. 그러나 오웰은 자신의 사회주의를 마르크스주의나 공산주의의 그것과 구별했고, 그들이 사회주의의 평판을 나쁘게 만들었다고 비판한다.

오웰은 사회주의의 이상이란 '정의와 자유'를 다수자의 것으로 만드는 것이라고 생각했다. 그러나 마르크스주의자는 그런 오웰을 경멸하며 역사란 인간의 이상이 아니라 필연성에 의해 움직인다고 주장하면서 자본주의가 붕괴하고 사회주의가 곧 온다고 보았다.

오웰은 여기서 그런 예언, 즉 자본주의가 몰락하고 중류계급은 프롤레타리아가 된다고 하는 위협이 중류계급으로 하여금 파시즘을 지지하게 만든다고 여겼다. 그래서 정-반-합의 변증법적 유물론과 소련 숭배가 사회주의에서는 무용한 것이라고 주장한다. 나아가 오웰은 소련 숭배는 공업화, 기계화 내지 계획화, 즉 5개년 계획의 성공이나 대형 댐 등의 건설에 대한 바보 같은 숭배를 낳고, 그것 역시 사회주의에 유해하다고 주장한다. 왜냐하면 그러한 태도는 오웰처럼 전원을 사랑하는 사람들을 사회주의에 반대하는 것으로 취급하기 때문이다. 이 점에서 오웰은 명백하게 생태주의적 사회주의자였다.

그러나 오웰은 생태주의에 그치지 않고 문명 비판으로 나아간다. 그에 의하면 인류는 지금까지 더욱 '강하고 단단하게(strong and hard)' 자신을 연마해왔으나, 이제는 '안전하고 부드럽게(safe and soft)' 생활해야 한다. 이처럼 그는 당시 영국의 여러 사회주의로부터 자신이 생각하는 진정한 사회주의를 옹호하고자 노력했다. 대부분 중류계급 출신인 사화주의자들로부터 말이다.

> 달리 말해 그들은 육체노동을 하지 않는 것이다. (…) 즉 문단의 인텔리가 되어 중산층으로 비집고 들어가는 유형이거나, 노동당 하원의원 또는 고위 노조 간부가 되는 유형인 것이다. 이 마지막 유형은 세상에 비할 데가 없는 꼴불견이다. 그는 정작 자기 동료들을 위해 싸우라고 선출됐지만, 그

자리는 그에게 오로지 편안한 일자리와 신분 '향상'의 기회일 뿐이다. 그는 다름 아니라 부르주아와 싸움으로써 부르주아가 되는 것이다.(위건, 237-238)

오웰은 사회주의를 그런 이상한 사람들로부터 보통 사람에게 돌려주어야 한다고 역설했다. 그러면서 자기 나름의 사회주의의 본질을 인간적 품위라고 주장한다. 이 말은 여러 가지로 번역될 수 있으나 나는 뒤에 오웰이 스페인 시민전쟁을 통해 그것을 '본질적인 품위, 무엇보다도 솔직함과 관대함'이라고 말한 것과 같은 것이라고 여긴다.(카탈루냐, 14) 하지만 그것을 한마디로 요약하기는 힘들기에 이 책에서는 인간적 품위란 말을 원어와 함께 사용하겠다.

여기서 중요한 점은, 오웰이 그것을 지식인이 아니라 보통 사람 속에서 발견할 수 있다고 믿었다는 점이다. 그 품위와 솔직함과 관대함이란 오웰이 평생 추구한 자유에 다름 아니었다. 또한 오웰이 스페인 시민전쟁에서 만난 어느 용사에게 바친 다음 시에 나오는 '수정 같이 맑은 정신' 바로 그것이기도 하다.

그래도 내가 그대 얼굴에서 본 건
어떤 권력으로도 빼앗을 수 없고
어떤 폭탄으로도 부수지 못할
수정 같이 맑은 정신

오웰의 사회주의 인식 수준

당시 오웰의 사회주의 인식은 매우 협소했다. 특히 그는 영국의 민주주의적 사회주의의 전통에 대해서는 무지했거나 고의로 무시한 것 같다. 쇼와 웰스에 대해서는 학생 시절부터 잘 알았고 좋아했으나, 래스키(Harold Laski, 1893~1950)나 콜(G. D. H. Cole, 1889~1959)에 대해서는 전혀 몰랐거나 무시했다. 어쩌면 그들이 자신과 출신이 다른 옥스브리지 출신이었기 때문인지도 모른다.

특히 유럽 대륙에서 활동한 루카치(G. Lucács, 1885~1971)나 코르쉬(K. Korsch, 1886~1961) 같은 정통 마르크스 레닌주의에 비판적인 저자에 대해서는 잘 알지 못했음이 틀림없다. 토니(R. H. Tawney, 1880~1962)에 대해서는 『위건 부두로 가는 길』을 마칠 즈음 알게 되었고, 공산주의에서 전향한 볼케나우(Franz Borkenau, 1900~1957)나 케스틀러(Arthur Koestler, 1905~1983)를 안 것도 스페인 시민전쟁 참전 이후였다.

특히 오웰은 영국의 노동운동과 노동당에 대해 잘 몰랐거나, 아니면 정확하게 파악하면서도 무시했을지 모른다. 영국에서는 대륙과 달리 농촌인구가 지극히 적고 도시 노동자가 인구의 압도적 다수를 차지했으며, 게다가 그 과반수가 노동조합에 조직되어 노동운동이 발전했음은 주지의 사실이다. 그런데도 오웰의 책에는 그런 노동운동에 대한 언급이 거의 없다. 그러나 이 점은 당시 영국에서는 노동운동이 널리 알려진 탓으로 오웰이 크게 다루지 않은 것으로 보아야 할 것이다.

여하튼 영국에서는 노동조합이 경제적 차원에서 발전된 결과, 유럽 대륙 여러 나라에 비해 노동자 정당이나 사회주의 정당의 발전은 늦었다.

20세기 초에 노동조합과 사회주의 그룹의 연합에 의해 노동당이 결성되었으나, 그 이름이 사회당이 아닌 노동당이었던 것은 노동자들이 사회주의를 잘 모른다는 이유 때문이었는데, 노동당 자체가 대륙의 사회주의 정당과는 분명히 달랐다.

노동당이 '생산, 분배, 교환 수단의 집단적 소유'라는 사회주의적 목표를 당의 강령으로 내세운 것도 제1차 세계대전 이후다. 노동당에 개인 가입이 인정되어 과거에 자유당원이었던 중류계급 지식인들이 가입한 것도 그때부터다. 그 지식인들은 당시까지 국내 노동문제에만 관심을 가진 노동당 지지자들에게 국제정치에 대한 관심을 불러일으켰다. 특히 히틀러와 무솔리니의 위협이 커지면서 파시즘에 대해 국제적으로는 소련과 동맹하고, 국내적으로는 진보적 자유주의자까지 아우르는 인민전선으로 대항해야 한다고 주장한 코민테른 노선이 크게 영향을 끼쳤다.

그 결과 지식인들 사이에서도 소련과 영국 공산당에 대한 지지가 높아졌다. 웹 부부를 비롯한 페이비언 사회주의'자들은 소련의 5개년 계획에서 '새로운 문명'의 출발점을 찾았고, 자본주의 관료들도 그런 계획경제로부터 자본주의의 문제점을 해결하고자 하여 케인스와 그의 이론을 따르는 미국의 뉴딜 입안자들은 소련에 호의적인 태도를 취했다. 특히 젊은 작가들은 노동운동보다도 공산당에 기울었다.

당시 문단의 주류였던 오든, 스펜더, 루이스 등의 시인들은 히틀러가

■   * 영국의 사회주의 운동으로 혁명적 방법보다는 계몽과 개혁을 통한 이념 실천을 활동방법으로 했다. 협회의 활동과 사상은 영국 노동당의 기초가 되었으며 영국 식민지의 독립, 특히 인도의 독립 등 정책에 영향을 끼쳤다.

정권을 잡기 직전 베를린에서 공산주의에 접근했는데, 당시 영국 공산당은 오웰이 말한 대로 '노동당 비난을 일삼는 소규모의 합법적 조직'에 불과했으나, 문단에서는 입당하는 사람이 많았다.

오웰은 그 2, 3년 전에는 누구나 가톨릭 '입신자'가 되었으나, 1935년부터 2, 3년은 모두 '입당자'가 되었다고 조롱했다. 그들 대부분은 오웰과 출신이 다른 옥스브리지 출신의 블룸스버리 그룹이었다. 이러한 오웰의 태도는 일부 지식인들의 친소 경향과 분명히 달랐다. 이를 오웰의 한계라고 볼 것인지, 아니면 전형적인 지식인과 달리 민중적 시각을 유지한 오웰의 탁월한 판단으로 볼 것인지에 대해서는 관점에 따라 달리 판단할 수밖에 없겠다. 그러나 어떤 판단을 내리는가와 관계없이, 우리는 오웰의 관점에서 좀 더 정확하게 이 문제를 숙고해야 한다. 왜냐하면 오웰은 처음부터 끝까지, 즉 죽을 때까지 그런 관점을 유지한 탓으로 당시 영국의 진보적 지식인들과 구별되었고, 그 결과 그들과 끊임없이 갈등을 빚기 때문이다.

이러한 민중적 시각 때문에 『위건 부두로 가는 길』에 나타난 오웰의 사회주의 인식은 공산당과 독립노동당 사이의 싸움, 그리고 독립노동당 내부의 마르크스주의자와 비마르크스주의자의 싸움으로 좁혀진다.

진보 지식인들의 친소 경향

오웰은 당시 진보지식인들과 갈등을 겪곤 했다. 이 같은 사실은 뒤에 그가 쓴 스페인 시민전쟁에 대한 글을 《뉴 스테이츠먼 앤 네이션》이나 골란츠 출판사에서 거절했다는 사실에서도 드러나는데, 당시 영국의 진보주의가 소련에 기울어져 있었기 때문이다. 이런 경향을 보여준 또 하나의 잡지가 바로 《계간 정치*Political Quarterly*》이다. 이 잡지는 래스키와 《뉴 스테이츠먼 앤 네이션》의 편집인 킹슬리 마틴, 그리고 버지니아 울프의 남편인 레너드 울프가 주도하여 1930년에 창간한 것으로 당시 영국에서 가장 큰 출판사 중 하나인 맥밀란(Macmillan)에서 나왔다. 잡지 표지에는 "사회 정치 문제를 진보적 관점에서 토의한다. 의견을 드러내는 언론이지 선전은 하지 않는다"라는 잡지 발간의 목적이 정확하게 표기되어 있었다. 그러나 당시 소련의 스탈린 숙청재판이나 독소협정 등에 대해서는 거의 논평하지 않았기에 소련 선전에 기울었다고 볼 수 있다.

오웰이 진보 지식인들에게 거부당한 것은 당시 소련이 영국 논단 전체에 광범한 영향을 미친 탓이었다. 물론 당시 지식인들이 그런 입장을 취한 데엔 이유가 있다. 특히 보수 세력이 파시즘에 기울었다는 게 중요한 근거였다. 나치가 집권한 뒤에도 오랫동안 보수파는 나치에 대해 유화적이었고, 심지어 나치가 공산당의 위협을 방지해주리라고 기대했으며, 특히 스페인에서 그런 결과가 나오기를 기대했다.

나치에 유화적이었던 것은 보수파만이 아니었다. 제1차 세계대전 후 베르사유 조약에 의해 독일의 참상이 초래되었던 점에 대한 죄의식과, 다시는 전쟁이 일어나서는 안 된다고 하는 생각은 진보파에게도 있었다. 영국뿐만이 아니라 당시 프랑스의 인민통일전선 내각의 수상인 레옹 블룸도 일시적으로 나치와의 관계 개선을 도모했을 만큼 전쟁을 거부하는 국민감정을 영국과 프랑스 정부가 거역하기 어려운 실정이었다. 따라서 유화정책이 반드시 국민을 기만하는 것은 아니었다.

게다가 적어도 영국 국내에서는 파시즘의 위협이 적었다. 오웰이 『위건 부두로 가는 길』에서 묘사한 모즐리의 파시즘 운동도 정치적인 영향력을 갖지 못했다. 언론에게 철저히 무시당했던 것이다. 반면 언론은 독일에 반대하고 소련에 친화적인 좌익에 대해서 적극적으로 지지하진 않았지만 상당히 긍정적으로 다루었던 것도 사실이다. 따라서 오웰은 당시 좌익 지식인이 공산당과 소련을 지지하면서 파시즘에 극단적인 증오를 표명하고, 동시에 공산당에 대해 비판적인 독립노동당 등을 공격한 것을 대단히 관념적이며 이데올로기적이라고 보았다.

오웰의 진단은 정확했다. 좌익의 이러한 과도한 이데올로기성은 제2차 세계대전이 끝난 뒤 영국을 비롯한 자유주의권과 소련의 군사동맹 필요성이 없어지고, 소련이 동유럽을 침략하여 '철의 장막'을 친 이후에도 여전히 뿌리 깊게 남았으니까 말이다. 한편 오웰은 나치도 스탈린주의도 전체주의라는 점은 마찬가지라는 종래의 주장을 되풀이한다. 이에 대해 좌익 지식인들은 동유럽에 '진출'(침략이 아니라)하는 소련과 나치를 같이 보는 것은 천박한 오류로서 지극히 위험한 사고라고 비판했다. 하지만 우리는 오웰이 당시의 좌익 지식인들과 달리 현실을 정확하게 파악했다는 정도로 평가하는 데 그쳐서는 안 된다. 무엇보다 중요한 것은 권력 자체에 대한 오웰의 혜안이기 때문이다. 그리고 바로 이 점에서 오웰이 갖는 아나키즘적 요소가 발견된다.

시골 생활, 그리고 아일린과의 결혼

3월 말 여행에서 돌아온 오웰은 친구의 소개로 런던에서 북쪽으로 35킬로미터 정도 떨어진 하트포드셔 주 월링턴에 있는 작고 값싼 시골집—17세기에 세워진—을 빌려 4월에 이사한다. 북부의 산업공해와 철근과 유리로 덮인 현대건축에 실망하여 새로운 생활을 찾은 것인데, 시골 생활은 그가 오랫동안 꿈꿔온 바였다.

그러나 시골에서의 생활은 결코 즐겁지 않았다. 자동차가 없어서 가장 가까운 마을까지 5킬로나 되는 거리를 자전거로 다녀야 했다. 버스가 있긴 했지만 그마저도 1주일에 두 차례밖에 다니지 않았다. 게다가 전기도 수도 시설도 없었고, 집 안에 화장실도 없었다. 뒤뜰의 화장실은 적절한 종이를 사용하지 않으면 오물이 역류했다.

5월 중순, 오웰은 베이컨을 자르는 기계를 들여놓고, 병에 넣은 사탕과 소금 그리고 밀가루를 파는 식료품 가게를 열었다. 부근 아이들이 과자를 사러 오는 것이 손님의 대부분이어서 월말까지 수입은 1파운드 정도에 그쳤다. 이익은 많지 않았으나 오웰 부부는 상점 하나 없는 시골에서 사람들에게 봉사한다는 데서 보람을 찾았다. 아이들에게는 사탕을 많이 주었고, 특히 아일린은 아이들을 가르쳐 중학교에 입학시키기도 했다. 손님이 없을 때면 오웰은 구석 서재에서 책을 읽거나 편지를 썼는데, 그가 근무했던 서점과 달리 새 가게에는 이상한 손님이 없기에 가능했다.

오웰 부부는 정원에 사과나무, 자두나무, 딸기나무, 장미꽃을 심었다. 특히 6펜스에 산 덩굴장미는 1940년 오웰이 오랜만에 그 집에 돌아왔을 때 '무럭무럭 자라 거대한 수풀로 변해' 있었는데, 오웰이 그 모습을 적

오웰이 살았던 월링턴 시골집(위)과 현재의 모습(아래)

은 글이 잡지에 실리자 어떤 사회주의자가 '장미란 부르주아적인 것'이라고 비판했다. 그러자 오웰은 "난 여전히 그 6펜스를 담배를 사는 데 사용하거나 우수한 페이비언 연구논문들을 사는 데 사용한 것보다 훨씬 더 잘 사용했다고 생각한다"라고 응수했다.

4월 하순 『엽란을 날려라』가 출판되었으나 초판 3천 부가 다 팔리지 않았고 서평도 좋지 않았다. 친구인 코놀리도 오웰이 런던에 대한 혐오를 과도하게 드러냈다고 비판했는데, 이런 태도는 자신이 혐오하는 것이라도 책은 훌륭하다고 평하고, 또는 자신이 좋아하는 것이라도 책은 훌륭하지 않다고 평하는 오웰의 겹눈 비평과 대조적이었다. 심지어 미국 판은 오웰이 죽은 지 6년 뒤인 1956년에야 나왔다.

6월, 오웰은 아일린과 성공회 교회에서 결혼식을 올린다. 양가 부모들이 참석해 두 사람을 축하해주었다. 이즈음 그는 결혼식 전후의 2주일간 「코끼리를 쏘다」를 집필한 것을 빼고 온전히 『위건 부두로 가는 길』을 집필하는 데만 열중했다. 「코끼리를 쏘다」는 《뉴 라이팅New Writing》이라는 새로운 잡지의 의뢰로 쓴 것인데, 이것은 당시 문단의 중심이었던 오든(W. H. Auden, 1907~1973)을 위시한 1930년대 '오든 세대'의 최신작을 발표하기 위해 만든 잡지였다. 몇 년 뒤 오웰은 오든을 비롯한 그 작가들을 맹렬히 비판하게 되지만 당시로서는 '오든 세대'의 한 사람으로 여겨졌다.

당시 사회적인 분위기에 따라 그 잡지도 반파시즘을 표방했다. 작품 의뢰에 대해 오웰은 자신이 구상하는 「코끼리를 쏘다」에 반파시즘적 요소가 전혀 없다는 이유로 주저했으나, 잡지사 측은 미얀마에서 오웰이 겪은 식민지 상황에서 피억압자와 억압자의 관계를 묘사한 그 글을 조금도 주저하지 않고 발표한다. 같은 무렵 오웰은 감옥에 대한 글을 쓰고자 런던 서쪽에 있는 뉴게이트로 감옥을 방문하기도 했으나 결국 그 책은 쓰지 못했고, 대신『위건 부두로 가는 길』의 집필에 몰두한다.

『위건 부두로 가는 길』을 출판하다

7월, 스페인에서 시민전쟁이 터졌다. 전쟁에 참전하고자 마음먹은 오웰은 『위건 부두로 가는 길』을 서둘러 완성하여 골란츠가 주재한 좌익독서클럽(Left Book Club)에 보낸다. 그 클럽은 1936년 5월, '세계평화와 더욱 좋은 사회 및 경제 질서를 추구하는 싸움, 파시즘에 반대하는 싸움 속에서 지적인 역할을 하고자 희망'하는 독서인의 가입을 촉구하여 만들어진 것이다. 5월에는 회원이 1만 2천 명, 연말에는 4만 5천 명에 이르렀다.

클럽의 선서를 결정하는 위원은 골란츠 외에 당시 런던대학의 정치학 교수였던 래스키와 스트레이치(John Strachey, 1901~1963)였다. 세 사람 모두 사회주의에 비판적인 오웰을 호의적으로 보지 않았다. 당시 골란츠는 공산당과 협조하면서 출판 사업을 하고 있었다. 다원주의를 주장했던 래스키는 좌익으로 기울어 있었는데, 그는 1931년 노동당 맥도날드를 수상으로 한 거국내각을 구성하게 한 것은 국왕을 비롯한 전통적 지배계급이 헌법을 노동당에게 불리하도록 조작한 것이라고 판단하여 의회주의를 유지하면서 사회주의를 도입하는 것은 불가능하다고 주장했다. 이 같은 주장은 1930년대를 '래스키 시대'로 부를 만큼 수많은 지지자를 확보했다. 한편 스트레이치는 1931년 총선에서 모즐리가 세운 신당의 후보자였으나 모즐리가 파시즘에 기울자 공산당에 가입했다. 그가 1932년에 집필한 『와야 할 권력투쟁』은 마르크스 저술 중에서 가장 우수한 책으로 꼽혔다.

좌익독서클럽 회원들도 오웰을 불쾌하게 여겼다. 가령 오웰이 "전형적인 사회주의자라는 것은 (…) 푸른 속물 볼셰비키로서 5년 뒤에는 거의 확실하게 유복한 결혼을 실현하고, 로마 가톨릭으로 개종하고 만다"라고 했다든지 "1세대 전이라면 지적인 인간은 누구나 어떤 의미에서 혁명적이었다. 지금은 지적인 인간은 모두 반동적이라는 것이 실태에 가깝다"라고 말한 것을 자신들에 대한 모욕이라고 받아들였기 때문이다. 또한 오웰은 소련의 선전을 반은 축음기, 반은 갱단이라고 비판했다.

골란츠도 처음에는 오웰이 사회주의를 비판한 『위건 부두로 가는 길』의 제2부를 제외한 제1부의 보고 부분만 클럽에서 출판하려 했다. 제2부에 대해서 특히 스트레이치가 불만을 표명했기 때문인데, 래스키 역시 "이 책은 오웰이 사회주의에 무지하다는 사실과 오해를 보여주는 책"일 뿐이라고 비판했다. 그러나 골란츠는 제2부에 나타난 비판의 성실함, 평판이 나쁠 것을 알면서도 발언하는 용기, 인격의 일관성을 인정하여 이례적으로 자신이 독자에게 주의를 주는 서문*을 씀으로써 문제를 해결하고자 했다. 즉, 독자들이 불쾌감을 느낀다 해도 그것은 오웰이 중류계급 상층 출신이자 이제 막 사회주의에 눈을 뜬 탓이라고 말하고, 오웰이 과학적 사회주의가 아닌 감정적 사회주의에 젖어 있다고 비판한 것이다.

■ * 이는 케스틀러가 영국 공산당원은 변증법보다 예절을 중시하는 신사 숙녀로서 혁명가가 아니라 기인의 삶을 선택한 사람들이라고 지적했던 것을 떠올리게 한다.

```
                            The Stores
                              Wallington
                                Near Baldock
                              Herts.
                                  England
                      2.7.37


          Dear Comrade,
                      I am sorry not to have answered
     earlier your letter dated May 31st, but I have only just got
     back from Spain and my letters have been kept for me here,
     rather luckily, as otherwise some of them might have been lost.
     I am sending separately a copy of "The Road to Wigan Pier." I
     hope parts of it may interest you. I ought to tell you that parts
     of the second half deal with subjects that may seem rather trivial
     outside England. I was preoccupied with them at the time of writ-
     ing, but my experiences in Spain have made me reconsider many of
     my opinions.
          I have still not quite recovered from the wound I got in
     Spain, but when I am up to writing again I will try and write
     something for you, as you suggested in your earlier letter. I
     would like to be frank with you, however, and therefore I must
     tell you that in Spain I was serving in the militia of the
     P.O.U.M., which, as you know doubt know, has been bitterly de-
     nounced by the Communist Party and was recently suppressed by
     the Government; also that after what I have seen I am more in
     agreement with the policy of the P.O.U.M. than with that of
     of the Communist Party. I tell you this because it may be that
     your paper would not care to have contributions from a P.O.U.M.
     member, and I do not wish to introduce myself to you under
     false pretences.
          The above is my permanent address.
          Yours fraternally

              George Orwell
```

오웰이 소련에 보낸 유일한 편지. 이 편지는 원래 세르게이 디나노프에게 쓴 것인데, 세르게이는 《국제 문학잡지》의 편집장으로서 오웰이 스페인 전쟁에 참여했을 당시 『위건 부두로 가는 길』의 원고를 받아 잡지에 싣고 싶다는 편지를 보낸 바 있다.

1937년 2월,『위건 부두로 가는 길』이 출판되자 사회주의자들은 비판적이었다. 그중에서도 영국 공산당 서기장은 당 기관지에서 오웰이 과도한 주관이라는 오류를 범했고, 특히 제2부는 '환상에서 깨어난 중류계층의 소년이자 전직 제국주의자 경찰관'이 하잘 것 없는 자신의 삶을 보여주면서 독자를 오도하는 엉터리 작품에 불과하다고 비판했다. 그러면서 '오웰에게 다시금 책을 쓰게 해서는 안 된다'고 하는 내용의 글을 실었다. 반면 래스키는 제1부는 사회주의자의 사상을 훌륭하게 선전한다고 평했다. 물론 제1부에도 문제는 있었다. 가령 전쟁 이전의 시대, 특히 영국의 군사적 영광에 대한 감상적인 애착이 그것이다.

그럼에도 불구하고 이 책은 오웰이 그동안 쓴 책들의 판매 부수를 합친 것보다 더 많이 팔렸다. 클럽 판으로 4만 4천 부, 일반 판으로 3천 부, 그리고 선전 선물 판으로 제1부만 찍은 것이 9백 부나 팔렸다. 또한『위건 부두로 가는 길』은 오늘에 이르기까지 비학문적인 방식으로 쓰였음에도 불구하고, 당시 영국의 실업 상태를 가장 정확하게 기록한 책으로서, 그리고 영국 좌파의 실패에 대한 가장 날카로운 비판을 가한 책으로서 매우 주요한 사료라는 평가를 받고 있다.

골란츠와 갈등을 겪다

1930년대 영국 지식인의 정신적 풍토와 문화 독서계를 이해하려면 골란츠와 좌익독서클럽을 알아야 한다. 뒤에서 보겠지만 오웰은『숨 쉬러 올라오기』에서 사회주의자의 모습을 골란츠를 연상시키는 히틀러 같은 냉

혈한으로 묘사한 바 있다. 당시 골란츠는 바로 이 부분 때문에 출판 여부를 고민했는데, 그럼에도 결국 출판한 것을 보면 그 부분이 자신을 모독했다고 보지 않고 좌익독서클럽 강연의 열기를 인상적으로 표현했다고 이해한 것인지도 모른다.

여하튼 오웰은 『숨 쉬러 올라오기』를 마지막으로 골란츠와의 출판 인연을 끝낸다. 그런데 이미 그전부터 골란츠를 나쁘게 평하는 소문이 돌고 있었다. 소련의 앞잡이로 돈을 보낸다는 소문은 결국 허위로 밝혀졌지만, 공산당에 기울어 출판에 당파적 입장을 가미함으로써 출판물의 수준을 떨어뜨린 것은 사실이었다. 가령 버지니아 울프의 남편 레너드 울프는 1939년에 『성문에 다다른 야만족』을 발표했는데, 노동당원인 울프는 그 책에서 독일과 이탈리아 파시즘을 유럽 문명이란 성에 다다른 야만족이고, 소련은 서유럽과 같은 이상을 공유하나 그 프롤레타리아 독재 역시 야만화의 길을 걷고 있다고 비판한다. 원고를 본 골란츠와 래스키는 출판이 어렵다고 답했고, 레너드는 격렬하게 반발한다. 결국 또 한 사람의 선고위원인 스트레이치가 공개적으로 반론을 쓴다는 것을 조건으로 출판이 허용되었다.

스트레이치는 반론에서 레너드가 마르크스주의, 특히 프롤레타리아 독재의 역사적 필연성을 충분히 이해하지 못했고, 그 독재 없이는 적대적인 자본주의의 포위 속에서 소련이 살아남을 수 없다고 비판했다. 그러나 이 사건보다는 『위건 부두로 가는 길』의 출판 여부를 둘러싸고 불거졌던 오웰과의 갈등이 더 유명하다.

좌익독서클럽

좌익독서클럽은 1936년에 창설되어 1948년까지 활동했다. 특히 1930년대 말이 전성기였는데, 매월 3~6권의 책을 찍어 4만 명이 넘는 회원들에게 담배 두 갑의 가격 정도로 값싸게 제공하여 영국 사회주의 운동에 크게 기여했다. 회원 가입에는 어떠한 자격 제한도 입회비 따위도 없었다. 다만 회원이 되면 매월 1권 이상의 좌익 책을 6개월 이상 사야 했지만, 책값도 일반용보다 절반가량 저렴했다.

책은 회원 수보다 훨씬 많이 발행되었다. 가령 스트레이치의 『왜 사회주의를 선택해야 하는가』는 1938년 5월에 30만 부 이상 팔렸다. 그러나 무엇보다도 많이 팔린 책은 이제 갓 등단한 오웰의 『위건 부두로 가는 길』로 5만 부 정도까지 팔렸다. 이 숫자는 당시 영국의 출판계에서는 베스트셀러에 해당되는 것이었다. 골란츠를 제외한 여타 출판사들이 그 정도로 판 베스트셀러는 고작 2~3만 부에 불과했던 상황이었다.

좌익독서클럽의 회원 수는 5~6만 명에 이르렀으나, 제2차 세계대전 후엔 급속히 감소한다. 그러다가 해체될 당시인 1948년에는 약 7천 명으로 줄어들고, 한 달에 책을 1권 출판하는 것조차 어려워진다. 이는 노동당이 집권함으로써 사회주의에 대한 흥미가 그만큼 줄어든 것과 관련이 있다. 그러나 더욱 결정적인 이유는 전후 냉전에 의해 소련에 대한 비판의 소리가 커지면서 사회주의에 대한 관심이 그만큼 적어진 데 있었다.

좌익독서클럽의 출현은 당시 대다수 대학생들이 사회주의에 물들었음을 뜻했다. 특히 케임브리지에서 그랬고, 심지어 사립중등학교에도 사회주의가 침투했을 정도이다. 따라서 우익은 물론 우리나라에 널리 알려진 러셀, 케인스를 비롯한 블룸즈버리 그룹 등 중도적인 자유주의자들도 이에 우려를 표했다.

당시 지식인의 좌익화에는 좌익독서클럽 이상으로 좌익적인 지식인 잡지였던 《레프트 리뷰*Left Review*》의 영향도 컸다. 클럽이 발족하기 2년 전인 1934년 10월에 창간된 이 잡지는 '레프트'란 말이 1930년대 영국에서 유행하게 되는 계기를 만들어주었는데, 잡지의 필자 중에는 오웰이 증오했던 공산주의 작가인 스펜더나 루이스 같은 동년배 시인과 쇼, 웹 부부 등이 있었다. 그런데 지금은 결코 진보적이라 볼 수 없는 펭귄 문고도 1935년 창간 당시엔 좌익적이었다. 창간인 알렌 레인(Allen Lane, 1902~1970)도 공산주의자였기에 좌익독서클럽과는 부득불 경쟁 관계에 놓일 수밖에 없었다. 당시 펭귄 문고는 6펜스(담배 한 갑의 반에 해당)밖에 안 되는 저렴한 가격을 붙여 수많은 사회주의 베스트셀러를 만들어내는 데 일조한다. 래스키, 콜, 토니, 웹 부부의 작품도 여기 포함된다.

사회주의 사상은 보수 언론도 변화시켰다. 오웰이 뒤에 편집장을 맡게 되는 《옵서버*Observer*》도 1942년까지 30년간은 보수적이었으나, 그 후 독일에서 망명한 아이작 도이치 등을 편집장으로 맞으면서 진보적인 성격을 띠게 된다.

이 같은 좌경 출판계는 『자본론』은 물론 『공산당선언』조차 읽지 않고 소련과 중국을 지지하는 수많은 사회주의자를 배출한다. 특히 그들에게 설득력이 있었던 작가는 쇼였다. 그는 우리에게 희곡작가(그것도 거의 상연되지 않는)로만 알려졌지만, 우리나라에서도 유명한 『중국의 붉은 별』을 쓴 스노(Edgar P. Snow, 1905~1972)는 베이징에서 쇼의 전집을 우연히 읽고 사회주의자가 되었다고 회상록에서 말한 바 있다. 또한 『아리랑Song of Ariran』으로 유명한 스노의 아내 님 웨일스(Nym Wales, 1907~1997)도 좌익독서클럽의 책을 읽었다고 회상했다. 이처럼 적어도 당시 영미 사회주의자들은 대부분 좌익독서클럽의 영향을 받았다고 해도 과언이 아니다.

좌익 책들의 문제점

우리나라에서 해방 이후 널리 읽힌 1930년대의 영국 좌익 지식인은 래스키다. 물론 정치학 저서가 대부분이고 사회주의에 대한 책은 거의 번역되지 않았지만, 해방 이후 몇 년간 래스키가 꾸준히 번역된 것을 보면— 그 후 1960년대에 그의 책은 물론 어떤 좌익적 색채의 책도 소개되지 못한 상황에 비교하면— 그래도 당시가 조금은 자유로운 진보의 시대였다고 할 수 있다.

그러나 우리나라 정치학자들은 래스키를 주체적으로 수용하지 않았다. 해방 이후 일본에서 널리 읽힌 래스키를 그대로 받아들였기 때문인데, 따라서 소개된 번역서 역시 대부분 일본어 번역본의 중역이었을 가능성이 크다. 그런데 당시 일본어 번역본을 보면 어느 역자나 래스키가 난해하다고 지적한다. 그런 난해한 문장을 난해하게 번역한 것을 다시 번역했으므로 우리말로 읽으면 도대체 무슨 소리인지 모를 지경이다.

오웰이 영어 문장으로서 가장 엉터리라고 지적하는 래스키 문장은 사실 그 자체가 난해하다. 그런데 정작 큰 문제는 문장의 난해함이 아니라 사고방식의 난해함이었다. 래스키와 함께 1930년대 좌익의 가장 앞선 지식인이라 간주되는 스펜더조차 래스키의 사고방식을 편향주의적 (tendencious)이라고 비판했을 정도다. 즉, 사회주의에 편향된 나머지 너무나도 쉽게, 그러나 독자가 알기 쉽게 쓴 것이 아니라 자기 편한 대로 전혀 공들이지 않고 글을 썼다는 것이다.

이런 점은 스펜더를 비롯한 당시 좌익의 책에서도 공통적으로 느낄 수 있다. 래스키나 스트레이치 또는 스펜더의 책에서 사회주의 이론은 거의 도식적으로 정리되고, 소련에 대한 평가는 그야말로 환상에 젖은 환각의 기록처럼 찬양 일변도이기 때문이다. 따라서 좌익독서클럽의 책들이 그렇게 많이 팔린 이유는 도식성과 환각성이라는 대중적 요소에서 그 이유를 찾아야 할 것이다.

우익독서클럽

1930년대 영국에서 좌익 책만 읽힌 건 아니다. 우익독서클럽('Right' Book Club)도 있었고, 우리의 《한국논단》에 해당하는 《라이트 리뷰*Right Review*》라는 잡지도 간행되었다. 좌익의 그것들에 비해 그다지 활발하지는 못했지만* 우익독서클럽의 후원진은 대단했다. 대부분 귀족인 보수당 하원의원은 물론 처칠의 친척까지 포함되었다.

그런데 당시 우익독서클럽에서 낸 반공서적이 지금 재평가를 받고 있다. 그중 하나가 미국인 프레드 빌(Fred Beal, 1896~1954)의 『유토피아의 말

■ * 단순히 좌익에 대립하는 것이 아니라 '옳다'는 것을 강조하려고 Right에 홑따옴표까지 붙였으나 그 클럽에서 낸 반공서적은 인기를 끌지 못했다.

Word from Nowhere』이다. 우리에게는 알려지지 않은 저자와 책이지만 당시 기근에 시달리던 우크라이나를 정확하게 관찰하고 기록한 것이다. 이 책이 나오기 1년 전 스펜더가 쓴『자유주의로부터의 전진*Forward from Liberalism*』은 우크라이나의 기근을 소련 측이 부정하는 것을 그대로 따랐지만 빌은 그 실상을 정확하게 폭로했다.

당시 소련에 대한 환멸을 정확하게 기록한 책으로서 앙드레 지드(Andre Gide, 1869~1951)의 『소련 여행기*Retour de L'URSS*』(1936)도 참조할 수 있다. 지금 그 책을 읽어보면 결코 반공주의라고 할 수 없을 정도로 사회주의에 대한 이념적 공감과 함께 소련 현실에 대한 비판을 담은 책이라는 느낌이 드는데, 당시 소련은 물론 유럽 공산당도 이 책을 철저히 비판하면서 금서로 지정했다. 영국의《레프트 리뷰》를 비롯한 공산주의 측에서도 당연히 비판했다.

작가와 조직

좌경화는 비단 영국만의 현상이 아니었다. 가령 1934년《레프트 리뷰》의 창간은 소련의 동향과 밀접하게 연관되었는데, 이를 검토하기에 앞서 그전의 동향을 조금 살펴보자. 작가가 정치적인 박해를 받은 역사는 과거에도 있었지만 그런 상황이 조직적으로 나타난 것은 1930년 전후의 소련에서였다. 오웰의 『1984』에 영향을 끼친 『우리*We*』의 자먀틴(Yevgeny Zamyatin, 1884~1937)이 최초 희생자 중 한 사람이었다.

스탈린은 1931년 국제혁명작가동맹대회를 열어 작가 조직의 국제화를 도모했는데, 그중에는 우리나라에도 최근 시집이 번역된 루이 아라공 (Louis Aragon, 1897~1982)이 포함되어 있다. 본래 초현실주의에 속했던 그는 그 후 초현실주의에서 벗어났고, 아라공에 반대한 앙드레 브르통은 공산당을 탈퇴한다.

1934년 소련에서는 고리키를 명예위원장으로 하는 새로운 조직이 결성된다. 그전까지 고리키는 정통 마르크스주의자들로부터 비판을 받았으나, 1929년 그에 대한 비판이 금지되면서 고리키는 문학 조직의 상징으로 부상하였고, 사회주의 리얼리즘도 완성된다. 그 결과 나온 것이 한때 우리나라에서도 널리 읽힌『강철은 어떻게 단련되는가』* 따위의 관제 문학이다.

소련의 작가 조직이 1934년 소련작가동맹의 결성으로 일원화되는 시점에 영국에서는《레프트 리뷰》가 창간된다. 동시에 프랑스를 비롯한 유럽 각지에서 공산당계 작가 조직이 결성되었는데, 같은 해 7월 암스테르담에서 열린 국제반전대회에는 27개국에서 2천 2백 명이 참가했다. 조직위원회에는 고리키, 롤랑, 하인리히 만(Heinrich Mann, 1871~1950), 싱클레어 (Upton Sinclair, 1878~1968), 아인슈타인 등이 참여했다. 또한 1935년 코민테른 성립에 발맞추어 파리에서는 '문화옹호 국제작가 회의'가 개최된다. 중심인물이었던 롤랑은 대회에서 소련을 지지한다는 의사를 분명히 밝히면서, 만약 소련이 전쟁을 일으켜 프랑스를 침략한다 해도 지지를 철

■　* 미하일 숄로호프의 『고요한 돈강』, 알렉세이 톨스토이의 『고난의 길』과 함께 러시아 혁명 3대 소설로 불리는 혁명의 서사시다. 저자 오스트로프스키(1904~1936)가 실명과 전신마비의 상태에서 집필한 책으로 러시아 혁명기의 국내 전쟁을 무대로 삼아 가난한 소년 노동자가 정치적으로 성숙해가는 과정을 그렸다.

회하지 않겠다고 말했다. 당시는 1936년의 대숙청 이전이어서 유럽 지식인들 사이에서도 소련 비판 문제는 아직 제기되지 않았다.

여기서 잠깐 한반도의 사정을 살펴보자. 일본에서는 영국이나 프랑스 등의 1930년대 사회주의 바람보다 10년 빠른 1920년대에 사회주의 열풍이 불었고, 그 영향은 당연히 식민지인 조선에도 미쳤다. 적어도 해방 이후 지금까지 한국에서 사회주의 문헌이 철저히 금지된 것에 비하면 훨씬 자유롭게 대부분의 문헌들이 번역되고 판매되었으며 사회주의 작가 조직도 생겼다. 또한 영문학을 비롯한 유럽 문학의 사회주의화도 널리 알려졌다. 예를 들어 당시 일본의 중요한 사회주의 잡지인《개조改造》의 1936년 3월호에 실린 「영국 평단의 동향」에서 최재서는 당시 영국 작가들이 사회주의에 깊은 영향을 받고 있음을 지적한다. 그러나 최재서를 비롯한 사회주의 작가들은 곧 친일로 빠져든다.

당시 일본과 조선의 사회주의 연구, 문학, 운동을 어떻게 평가하느냐에 대해서는 여러 가지 논의가 있을 수 있지만, 일본의 경우엔 한마디로 선진 서양문화를 적극적으로 받아들여 그것을 앞지르자는 후진국 특유의 열등의식에서 생긴 관념적인 것이었다고 말할 수 있다. 조선의 경우엔 식민지라는 상황에서 그런 관념성이 더욱 가중된 것이다.

소련의 사회주의 리얼리즘이 문학을 타락시켰다는 평가는 이미 정설이 된 지 오래인데, 우리나라에서는 일제하 사회주의 문학이 오랫동안 반공 권력에 의해 은폐된 탓으로 신비화되었고, 1980년대 말부터 그것이 어느 정도 알려지면서 재평가를 받기도 했다. 소련 문학에 대해서는 이미 1930년대의 사회주의 리얼리즘 전부터 그런 평가가 내려졌다. 당시 공산당원이었던 문학자 스스로 공산당의 지시에 의해 선전 문장을 기계적으로 써야 했기에 이는 당연한 결과였다. 가령 우리나라에서도 『예술이란 무엇인가*Von der Notwendigkeit der Kunst*』로 널리 읽힌 에른스트 피셔(Ernst Fisher, 1899~1972)는 1934년 좌절된 빈 봉기로부터 소련에 망명하여 소련에서 저작 활동을 했다. 1934년 모스크바에 들어가 소련에 대해 쓴 그의 글은 그야말로 공산주의 찬양 일색이었다. 그러나 5년 뒤 1939년 어느 글을 쓰면서 그는 공산당으로부터 마르크스, 엥겔스, 레닌, 스탈린의 저작에서 각각 1, 2, 3, 6개의 인용을 해야 한다고 지시를 받았다고 회상했다.

스페인 시민전쟁

시민전쟁의 발발과 지식인

오웰이 『위건 부두로 가는 길』을 시골집에서 쓰고 있던 1936년 6월, 스페인에서는 총선거에 의해 좌익과 공화파로 이루어진 인민전선 정부가 수립된다. 이 사건은 1930년대 대다수 지식인이 아무런 이의 없이 인정한 대의였다. 그러나 영국이나 미국 그리고 프랑스를 포함한 소위 자유주의 정부는 그것을 무시했다. 그러고 나서 한 달 뒤인 7월 17~18일에 프랑코를 위시한 장군들은 쿠데타를 일으킨다. 당시까지 스페인이나 남미에서 일어난 쿠데타처럼 이 역시 금방 승리할 듯 보였다. 그러나 정부로부터 무기를 지급 받은 노동자들이 쿠데타를 저지했고, 특히 카탈루냐에서 노동자 혁명이 터진다. 그때까지 패배를 모르고 이어진 파시즘의 강화—일본의 만주 침략, 무솔리니의 아비시니아 침략, 히틀러의 라인란트 침략—에 뒤이어 스페인에서 대두된 파시즘에 대한 최초의 저지였다. 오웰은 그것을 반파시즘의 희망이라고 보았다. 오웰만이 아니라 영국의 좌익들은 스페인 공화국을 구하여 세계적인 파시즘과 싸워 제2차 세계대전 발발을 저지하자고 주장했다. 그러나 독일과 이탈리아는 프랑코를 공공연히 원조했고, 영국과 프랑스 정부는 스페인 정부에 대한 무기 수출금지를

대의와 정의를 수호하는 전장으로 부상한 스페인 시민전쟁

결정하여 좌익은 크게 분노했다. 오직 소련만이 스페인 민중을 지지했다.

이렇게 해서 편이 확실하게 갈라진다. 하나는 나치 독일과 이탈리아라는 추악한 파시즘과 불간섭이라는 미명 아래 파시즘과 결탁한 자본주의 열강이었고, 다른 하나는 인민의 선거에 의해 정당하게 선출된 민주적이고 개명된 스페인 공화국 정부와 노동자의 조국 소련이었다. 세계의 진보적인 민중과 지식인은 당연히 후자의 편을 들었다. 그래서 그 후 2년 반, 스페인은 양심적인 지식인이라면 누구나 목숨을 걸고 참여해야 할 대의의 전장, 정의 수호의 전장으로 떠오른다.

파시스트 프랑코가 승리한다는 것은 전쟁과 야만 그리고 억압이 지배하는 세계를 의미했다. 공화국 정부의 옹호는 학대받는 스페인 민중의 구제임과 동시에 '우리' 자신의 평화와 자유에 사활이 걸린 문제였는데, 당시 지식인들은 그런 문제를 정확하게 인식하고 있었다. 유럽만이 아니라 심지어 자유주의의 대표라고 자처한 미국의 지식인들도 그랬다. 비록 공산당계 잡지이기는 하지만 미국의 《새로운 민중New Masses》이 1938년 418명의 문인을 대상으로 벌인 조사에서 410명이 공화국을 지지하고, 7명이 중립, 그리고 단 1명만이 프랑코를 지지한다고 답한 것만 보아도 알 수 있다. 그 1년 전인 1937년 영국에서 실시한 동일한 조사에서도 답변한 148명 가운데 126명이 공화국, 17명이 중립, 5명이 프랑코를 지지한다고 답했다. 발기인으로는 프랑스의 아라공, 독일의 하인리히 만, 영국의 오든과 스펜더 등이 있다.

그 결과 이때만큼 영국에서 좌익과 우익이 심각하게 분열된 적이 없었을 정도가 되었고, 좌익과 우익이란 말이 널리 퍼진다. 비정치적이고 부르주아적인 코놀리도 스페인을 방문하여 쿠데타에 반항한 인민 혁명을 찬양하는 글을 썼고, 공산당에 기울었던 오든도 스페인에 간다고 발표했다. 하지만 이런 사람들은 일부에 불과했다. 미국의 조사는 1934년 공산당이 조직한 미국작가연맹이 주도했는데, 그것은 1929년 공산당이 프롤레타리아 문학을 추구한다는 목적으로 조직한 '존 리드 클럽(John Read Club)'이 공산당 자체에 의해 분파적이고 편협하다고 비판받아 개편된 것이었다. 1934년은 소련에서 작가동맹이 결성된 해이자 영국에서 국제혁명작가동맹이 결성된 시기다.

두 조사가 모든 문학인을 대상으로 한 것인지, 아니면 처음부터 선별된 것인지는 정확하게 알 수 없다. 여하튼 미국과 달리(1938년이라는 시간도 문제가 되나) 영국에서는 중립이 17명이나 되었는데, 그중 한 사람이 우리나라에도 일찍부터 소개된 이블린 워(Evelyn Waugh, 1903~1966)이다. 옥스퍼드 출신으로 가톨릭인 그는 자신이 영국의 왕실과 귀족을 지지하듯이 스페인이라면 프랑코를 지지할 것이나, 영국인이어서 어느 쪽을 선택할 필요가 없어서 다행이라고 빈정거렸다. 비슷한 논리를 지녔지만 답은 정반대였던 경우가 처칠이다. 그는 본래 프랑코를 지지했으나, 영국의 국익을 지키기 위해 영국이 프랑코에 반대해야 하므로 프랑코에 반대한다고 답했다. 요컨대 워나 처칠에게 스페인의 대의는 어디까지나 스페인 자신의 문제였던 것이다. 한편 당연히 프랑코에 반대해야 할 사람임에도 불구하고 중립을 취한 사람들이 있다. 바로 웰스와 헉슬리, 그리고 쇼이다. 반대로 당연히 프랑코를 지지할 것 같은데 중립을 표방한 사람은 엘리엇이었다.

헨리 밀러를 만나다

오웰은 스페인에 가는 여비를 마련하기 위해 집안에 전해져오던 은식기를 전당포에 잡힌다. 아내 아일린은 그를 말리기는커녕 도리어 함께 가고 싶어 하여 결국 오웰이 스페인으로 떠난 두 달 뒤에 스페인에 도착한다.

당시 오웰은 스페인에 들어가려면 좌익계 단체의 추천서가 필요하다는 잘못된 소식을 듣고 스트레이치의 소개로 영국 공산당 사무실을 찾아갔으나 거절당한다. 그러나 두 번째로 찾아간 독립노동당에서는 그에게 추천장을 써주었다.

오웰은 먼저 파리로 가서 그곳에 체류하던 밀러(Henry Miller, 1891~1980)를 만난다. 뒤에 오웰이 1930년대 영국 작가의 무책임과 안주를 비판하며 쓴 「고래 뱃속에서」의 제목은 밀러와의 대화에서 힌트를 얻은 것이었다. 그러나 밀러 역시 스페인에 대해서는 아무 관심이 없었다. 참전하겠다는 오웰에게 보이스카우트 같은 어리석은 결정을 했다고 비판하면서 세계 전망은 더욱 나빠질 거라고 말했다. 이에 오웰은 미얀마에서 제국주의에 봉사했던 경험과 거기서 비롯된 죄의식을 고백하지만, 밀러는 자신이 칭찬한 『파리와 런던의 밑바닥 생활』을 쓴 것으로 오웰이 충분히 스스로를 벌했다고 말해준다.

뒤에 오웰은 밀러를 그야말로 '고래 뱃속에서 자신에게 알맞은 어둡고 푹신한 곳에서 현실과 담을 쌓고 사는 무책임한 모습'(Essays, 127)으로 묘사했는데, 오웰은 밀러가 '정치적 동물'과 완전히 단절되어 오직 개인주의적인 것에 머문 철저한 수동의 시점, 즉 "세계의 동향 따위는 스스로 좌우할 수 없는 것이고, 어떤 일이 터져도 그것을 통제할 의사를 갖지 않는다는 시점"을 가지고 있다고 보았다.(Essays, 125) 그러나 오웰은 그런 시점을 전면 부정하지는 않았다. 도리어 밀러가 진보주의자들과 달리 현실을 직시하는 능력, 즉 현실을 현실 그대로 받아들이면서 그것을 인내하고 기록하는 맑은 자세를 가졌다고 평가했다.(Essays, 132) 이처럼 두 사람의 정치적 의견은 달랐으나 두 사람은 작가로서 공감했고, 밀러는 오웰을 축복해주었다.

스페인의 현대사

스페인에 공화국이 처음 생긴 것은 1873년이다. 혁명으로 공화국이 성립되었지만 쿠데타에 의해 왕정이 부활하고 아나키즘 사상이 확산되는 등 나라 상황은 극도로 혼란스러웠다. 결국 1876년 알폰소 12세(재위 1874~1885)는 헌법을 제정하여 세습군주제를 채택한다. 그리고 1898년 미국-스페인 전쟁에 패배하자 푸에르토리코와 필리핀을 넘겨주고 나머지 태평양 식민지는 독일에 파는 등 대부분의 식민지를 처분했다.

스페인은 20세기 초 아나키스트를 중심으로 노동운동이 격렬하게 전개되는 가운데 1902년에서 1923년까지 22년간 정권이 33회나 교체될 정도로 정치적 혼란이 격심했다. 1923년 모로코 식민지에서 반란이 일어나 진압에 실패하고 투입된 군대가 전멸 수준까지 치닫자 군사들은 쿠데타를 일으켰다. 그리고 프리모 데 리베라가 통치권을 장악했으나 1929년의 세계 대공황으로 인해 정권은 붕괴하고, 1931년 군사 정권을 지지하던 왕가를 내쫓고 제2공화국이 수립된다.

스페인 시민전쟁 포스터.
프랑코가 장군, 자본가, 성직자에게서 지원을 받는 상황을 풍자했다(1937).

제2공화국은 좌익계 공화파를 중심으로 헌법에서 노동자의 민주공화국을 선언했지만 경제 위기와 왕당파의 준동으로 인해 혼란을 거듭하다 1936년 선거에서 좌파와 중도 세력의 연합 전선인 인민전선 정부가 수립된다. 그러나 다시 1936년 7월, 군부와 기득권층이 쿠데타를 일으켜 시민전쟁(1936~1939)이 터진다. 영국과 프랑스 등은 이 전쟁에 등을 돌렸으나 독일, 이탈리아, 소련은 적극적으로 전쟁에 개입해 스페인 시민전쟁은 파시즘과 사회주의 간의 대리전으로 비화한다. 그리고 많은 지식인들이 인민전선 의용군에 자원해 전장에 뛰어든다.

1939년 3월, 프란시스코 프랑코(1892~1975)가 이끄는 쿠데타군은 마드리드를 제압하고 시민전쟁을 종식시켰는데, 이후부터 프랑코에 의한 철저한 철권통치가 시작된다. 한동안 스페인은 파시즘 국가란 이유로 따돌림을 받았으나 프랑코는 제2차 세계대전 이후 냉전 체제하에서 미국의 비호 아래 1975년 11월 병사할 때까지 독재를 이어간다. 민주주의를 바랐던 스페인 인민이나 오웰 등 참여 지식인의 싸움은 40여 년이 지나서야 끝난다.

카탈루냐

1936년 겨울, 크리스마스 며칠 전, 파리에서 오웰이 탄 바르셀로나 행 밤기차는 스페인에 참전하러 가는 외국인들로 북적였다. 당시의 출정을 절실하게 표현한 다음 시 「스페인 1937*Spain 1937*」을 오든은 스페인을 방문한 뒤에 썼다.

그들은 불공평한 땅을 비틀거리며 가는

기다란 급행열차에

가시처럼 달라붙어서, 밤새도록 고산의 터널을 통해 갔다.

그들은 태양 위를 떠났다.

그들은 고개를 걸어 넘었다. 모두가 목숨을 바쳤다.

다음 날 아침이 되자 남프랑스 평야에서 농민들은 몇 킬로미터에 걸쳐 주먹을 쥐고 올리는 반파시즘 경례를 했다. 뒤에 오웰은 그들을 의장대에 비유했다. 오웰은 독립노동당 바르셀로나 사무소를 찾았다.* 입대 심사는 스탈린주의자가 아니라는 것으로 끝났는데, 당시 그는 "신문 기사를 쓸 생각으로 스페인에 왔으나 바로 '마르크스주의 통일 노동자당(Partido Obrero de Unificacion Marxista; 이하 POUM으로 표기함)'의용군에 입대했다. 그 당시, 그 상황에서는 그것만이 할 수 있는 유일한 일처럼 느껴졌기 때문이다"(카탈루냐, 6)라고 썼다.

그러나 오웰이 POUM에 가입한 것은 당시 그가 스페인 사정을 잘 몰랐기 때문이었다. 그 뒤 친구에게 보낸 편지에서 그는 자신이 당시 사정을 잘 알았더라면 아나키스트들의 '전국 노동자 동맹(Partido Obrero de Unificación Marxista; 이하 CNT로 표기함)'에 합류했을 것이라고 말했다. 여하튼 당시 오웰의 입대는 POUM의 잡지에서 외국인 지원자를 모으는 선전으로 이용되었다.

■   * 쉘던 312쪽이나 김욱동 15쪽은 오웰이 처음부터 국제여단에 가입하고자 했다고 하나 근거 없는 이야기이다.

『카탈루냐 찬가』 초판 표지

『카탈루냐 찬가』는 오웰이 이탈리아 의용병을 만나는 장면으로 시작된다.

> 처음 보는 사람에게 이렇게 정을 느끼다니, 이상한 일이다! 그의 영혼과 내 영혼은 마치 언어와 관습의 차이를 넘어서 순간 아주 밀착된 것 같았다. (…) 스페인에서의 만남은 항상 이러했다.(카탈루냐, 6)

오웰이 스페인에 도착했을 때는 그가 영국 북부의 비참한 광경을 보고 『위건 부두로 가는 길』을 쓴 직후였다. 따라서 그에게는 그곳의 지옥 같은 극단과 대조적인 천국 같은 극단을 본 셈이었다. 사실 그에게는 '노동자의 나라', '노동자 계급이 권력을 장악한 도시'를 본 것이 처음이었다. 소수의 여성과 외국인을 제외하면 제대로 옷을 입은 사람이 없어 부유층이 존재하지 않았는데, 자가용은 모두 징발된 뒤였다. 전차나 택시 같은 교통수단들은 모두 검붉은 색으로 칠해져 있었다.

> 노동자들은 크고 작은 건물들을 모두 점령했고, 각 건물에는 적기나 아나키스트들의 적과 흑의 깃발이 나부끼고 있었다. 벽마다 망치와 낫(소련 국기의 상징)이 그려져 있거나 혁명적인 여러 정당들을 나타내는 머리글자가 새겨져 있었다. 대부분의 교회들은 파괴되었고, 십자가도 불에 타버렸다.(카탈루냐, 7)

심지어 구두닦이들까지도 공영화되었으며, 그들의 구두통 역시 검고

붉게 칠해져 있었다. 웨이터나 판매장 감독들은 손님의 얼굴을 정면으로 쳐다보며 모든 사람들을 동등하게 대접했다.(카탈루냐, 7)

사람들에게는 무엇보다도 혁명과 미래에 대한 믿음, 즉 자유와 평등의 시기에 접어들었다는 믿음이 있었다. 사람들은 자본주의라는 기계의 톱니바퀴가 아닌 인간으로서 행동하려고 한 것이다. 이발소에는 '이발사들은 이제 노예가 아니다'는 아나키스트들(이발사들은 대부분이 아나키스트였다)의 공고문이 엄숙하게 걸려 있었다. 거리에는 창녀들에게 창녀 짓을 그만두라고 호소하는 여러 색깔의 포스터가 나붙어 있었다.(카탈루냐, 8)

모든 존칭어는 사라졌고, 모두들 서로를 '동지' 혹은 '당신'이라고 불렀다. 하루 종일 혁명가가 울려 퍼졌다. "나는 곧 그것들이 투쟁할 가치가 있는 것들이라고 생각했다"라고 한 그는 "상당수의 부르주아들이 숨거나, 혹은 당분간 프롤레타리아인 척 가장했다는 사실을 전혀 깨닫지 못했다"라고 썼다.(카탈루냐, 8)

오웰은 처음 도착한 레닌 막사로 불리는 곳에서 1주일을 보냈으나 군대라고 하기에는 너무나 오합지졸이었다.(카탈루냐, 14) 물론 약간의 기초훈련이 있었으나 그 정도는 오웰의 경우 미얀마 시절은 물론 학교 시절에 익힌 교련훈련보다 못한 것이었다. 그러나 오웰은 스페인 노동자 계급에서 '본질적인 예절바름, 무엇보다도 솔직함과 관대함'에 감명을 받았다. 그래서 "그것은 내가 가장 절망적인 상황에 처했을 때 여러 번 느꼈던 영혼의 참된 크기를 말한다"(카탈루냐, 14)라고 했다.

전선에서 보낸 날들

오웰은 총도 없이 해발 1,500피트 고지에 배치되었다.(카탈루냐, 18) 사흘 후 지급된 총은 1896년에 만든 총이었으나 아무도 다루는 법을 몰라 오발 사고가 터지곤 했다.(카탈루냐 20, 24) 그리고 넉 달 동안 전투도 없었다.(카탈루냐, 27)

전선은 너무나도 추웠다. 오웰은 뒤에 자신이 추위를 이겨낸 것은 홉킨스의 다음 시를 외웠기 때문이라고 회상했다.

> 병자들을 보니 그들에게 애정이 느껴지고, 우리도 또한 그들에게 그렇게 보이리.
> 내 혀는 당신에게 위안을 가르쳐주었고, 내 손은 당신의 눈물을 그치게 했다.

오웰은 카탈루냐 말을 빨리 익혀 육군하사로 진급한다.(카탈루냐, 30) 그러나 장교와 사병 사이에는 완전한 '사회적 평등'이 이루어져 "누구나 똑같은 봉급과 똑같은 식사 제공과 똑같은 군복을 입었고, 그들은 완전한 평등을 유지하며 함께 생활했다. 만약 누군가가 부대를 지휘하는 장군의 등을 툭툭 치며 담배를 달라고 하고 싶으면 그럴 수도 있었"다. "계급 명칭이나 계급장 등이 없었고, 부동자세를 취하거나 경례를 하는 법도 없었"으며, "기합이나 욕설 등이 전혀 없었"다. 오웰은 그런 군대를 '어느 누구보다도 믿음직한 군대'라고 보았다.(카탈루냐, 31-33)

훗날, 훈련과 무기 부족으로 인한 의용군의 잘못을 평등 체제의 결과라고 비난하는 풍조가 생겨났다. 실제로 새로 모집된 의용군들은 군기가 안 잡힌 오합지졸이었다. 그러나 그것은 장교가 사병을 '동지'라고 불러서가 아니라, 신병들이란 항상 군기가 안 잡힌 오합지졸이었기 때문이었다. 실제로는 민주적인 '혁명적 형태'의 군기가 생각하는 것보다 더욱 믿을 만하다. 노동자들의 군대에서는 군기란 이론적으로 자발적인 것이다. 그것이 계급에 대한 충성심에 근거를 둔 것임에 반해, 부르주아 군대의 군기는 궁극적으로 두려움에 근거를 두고 있다.(카탈루냐, 32)

여기서 오웰은 그가 『파리와 런던의 밑바닥 생활』 이후 당시까지 쓴 모든 책에서 자본주의를 비판한 '부르주아의 두려움'에 대한 분석을 다시 하면서 사회주의자로서의 입장을 분명히 밝힌다.

그런데 이러한 전쟁을 하는 군대에서의 사회주의화는 페미니즘의 입장에서는 남성주의적인 것으로 비춰질 수도 있다. 최근 그런 점에 대한 비판이 제시되었는데, 사람들이 사회주의를 선택하게 되는 길은 여러 가지일 수 있다. 전쟁이 아니라 평화를 통해서도 가능하다. 그러나 오웰이 전쟁을 통해 사회주의를 더욱 굳건히 다진 것은 그것 자체로 하나의 선택 과정인 것이지 그 자체가 남성주의적인 것이라 단언할 수는 없다.

「스페인 시민전쟁의 회고」

오웰은 『카탈루냐 찬가』 이후 4년 뒤(1942년)에 쓴 「스페인 시민전쟁의 회고「Looking Back on the Spanish War」에서 함께 훈련을 받은 16세부터 25세까지의 청년들에 대해 말한다. 특히 구체적인 전선의 면모들인 간이화장실, 인간 냄새, 조악한 음식, 추위, 권태, 굶주림에 대해 쓰면서 이를 "동물적 허기, 남은 음식을 둘러싼 추잡한 음모, 수면 부족에 시달리는 사람들끼리 걸핏하면 벌이는 쩨쩨한 다툼 같은 것들"(Essays, 216)이라 불렀다. 전쟁은 그처럼 비참했다. 이 세상의 어떤 전쟁이든, 그 어느 편이든 다 마찬가지 아닐까? 또한 오웰은 결코 자기편이 더 나았다고 말하지 않았다. 이것이 바로 '정직'이다.

군인들은 그런 비참한 일상에 고통을 받았으나 좌우익에 관계없이 언론이나 지식인들은 그것에 대해 함구하고 이념이니 정신이니 영웅이니 낭만적인 전쟁 운운하면서 헛소리들을 해댔다.(Essays, 217) 그들은 불로소득에 의존해서 살아가는 자들로서 돈도 신체적 안전도 확보했기 때문이다.(Essays, 218) 오웰은 파시즘을 지지한 자들의 다양성에 놀라면서 다음과 같이 말한다.

어떻든 히틀러, 페탱', 몬터규 노먼, 파벨리치, 윌리엄 랜돌프 허스트, 슈트

■　* 오웰은 페탱과 함께 간디를 비난한다.(Essays, 231) 나치의 괴뢰정권인 비시 정부를 수립한 페탱은 프랑스의 붕괴를 보통 사람들의 '쾌락에 대한 사랑' 탓으로 돌렸다고 하면서 오웰은 간디도 같은 유혹을 했다고 말한다. 이런 식으로 간디를 비난한다면 예수도 비난해야 할 것이고 모든 종교는 물론 윤리도 비난해야 할 것이다. 그가 당대의 기독교에 대해 비판적이었지만, 노동계급이 상층계급보다 더 도덕적인 이유를 기독교가 노동계급의 금욕과 절제를 체질화시키고 '힘이 정의'라고 하는 권력숭배로부터 벗어나게 하는 데 결정적으로 기여한 탓이라고 보았다. 페탱이 나치 괴뢰가 된 것을 변명하기 위해 쾌락을 비난한 것과 간디가 인간의 품위를 위해 쾌락을 비난한 것은 구별되어야 한다. 간디는 노동자만이 아니라 부자들이나 오웰을 비롯한 영국 식민지 지배자들의 쾌락을 비난했다. 그런 영국인 오웰이 간디를 비난할 자격이 있을까?

라이허, 북면, 에즈라 파운드, 후안 마르치, 콕토, 티센, 코글린 신부, 예루
살렘의 이슬람 법률가들, 아놀드 런, 안터네스쿠, 슈펭글러, 베벌리 니콜
스, 휴스턴 부인, 마리네티를 모두 같은 배에 태울 수 있는 프로그램을 생
각해보라. 그러나 단서는 아주 간단하다. 그들은 모두 잃을 게 있는 사람
들, 또는 계급사회를 염원하고 자유롭고 평등한 인류 세계의 도래를 두려
워하는 자들이다.(Essays, 230-231)

오웰은 그런 자들이 노동계급 사회주의자들에 대해 그들이 최소한의
생존을 요구하는 것을 물질주의라고 비난하는 데 항의하면서 보통 사람
들이 결국은 싸움에 이기리라고 말한다. 그 한 사람인 이탈리아인 지원
병을 오웰은 다음과 같이 노래했다.

이탈리아 병사가 내 손을 잡았지
초소 탁자 곁
억센 손과 약한 손
그 손바닥만이 만날 수 있는

총성이 울릴 뿐이지만
그러나 오! 그때 알았던 평화
어느 여인보다 순수한
그 초췌한 얼굴을 보았지

구역질나는 더러운 말도
그의 귀에는 성스러웠고
내가 책에서 천천히 익힌 걸
그는 나면서부터 알았지

장난감 총은 혼자 주절대고
우리 둘 다 그걸 샀지만
내가 산 금붙이는 진짜 금이지
오, 누가 그걸 알았을까?

행운 있어라, 이탈리아 병사여!
그러나 행운은 용감한 자의 것이 아니지
세상은 어떻게 그대에게 보답할까?
언제나 그대가 준 것보다 못하지

그림자와 유령 사이에서
백과 적 사이에서
총탄과 거짓 사이에서
그대는 어디에 머리를 숨길까?

마누엘 곤잘레스는 어디에
페드로 아귈라는 어디에

라몬 페넬로자는 어디에 있지?

지렁이만 그걸 알지

그대의 이름과 무훈은 잊혔지

그대의 뼈가 마르기도 전에

그대를 죽인 거짓도 묻히고

더 깊은 거짓 밑에

그래도 내가 그대 얼굴에서 본 건

어떤 권력으로도 빼앗을 수 없고

어떤 폭탄으로도 부수지 못할

수정 같이 맑은 정신(Essays, 232-233)

이 글에서 오웰은 오늘날 과연 전체주의라는 노예사회가 없어졌는지, 아니 노예사회가 다시 오는 것이 아닌지 물으면서 노예제에 근거한 고대 문명이 4천 년이나 지속되었고, 그 세월 동안 노예의 이름은 스파르타쿠스, 에픽테투스, 이솝 정도였음을 환기시킨다. 그리고 과거와 달리 현대 노예제는 과학의 발달에 따라 더욱 가속화된다고 보았다.(Essays, 226)

공산당의 배신과 탈출

2월 초 오웰은 영국에서 도착한 독립노동당 파견단으로 옮긴다. 당시 그

부대를 지휘한 사람은 뒤에 오웰이 대단히 용감했다고 회상했으나, 『카탈루냐 찬가』에는 자신의 용감함을 표현하는 어떤 묘사도 없고, 대신 동료들의 영웅적인 행위를 찬양한다. 또 다른 동료는 오웰이 언제나 무언가를 썼다고 회상했다.

3월 중순, 오웰의 아내 아일린이 스페인이 도착한다. 바르셀로나 독립노동당 사무소의 비서로 채용되었기 때문인데, 오웰과 아내는 전선에서 3일을 함께 보냈다. 그녀는 전쟁을 두려워하지 않았다. 도리어 '지금까지 맛보지 못한 즐거움'을 느꼈다고 당시의 편지에 썼다. 3월 말, 오웰은 손의 상처가 심하게 곪아터져 10일간 병원에 입원했는데, 그곳에서 모든 귀중품을 도둑맞는다. 그러나 그 역시 오랜만에 시골길을 산보하는 즐거움을 맛보기도 했다.

당시 참호에서는 정치적 토론이 장시간 벌어졌으나, 오웰은 언제나처럼 소수파였다. 그는 스페인 파시즘이 봉건제를 부활하고자 하고, 프랑코의 쿠데타를 귀족과 교회의 지지를 받은 군사반란으로 보았다. 이는 스페인 파시즘을 독일이나 이탈리아의 그것과 동일시한 공산당의 견해에 배치되는 것이었다.

그러나 그는 계급 혁명보다 승전을 우선시한 점에서는 공산당과 의견을 함께했다. 그리고 POUM이나 독립노동당이 스탈린주의를 비난하는 것이 전쟁에는 아무런 도움이 되지 않는다고 생각했다. 따라서 '쓸데없는 정치공작을 중지하고 전쟁에만 몰두'해야 한다고 주장한다.

그는 좌익의 당파 싸움에 대해 "요지경 같은 정당들과 노동조합들, 그 따분한 명칭들-PSUC, POUM, FAI, CNT, UGT, JSI, JSU, AIT 등"을 예로 들면서 "마치 스페인이 명칭의 홍수 속에 휩쓸려 고생하는 것처럼 보였다"라고 말한다. 오웰은 1937년 5월까지는 그런 정치적 파당의 차이를 지겨워했을 뿐 충분히 이해하지 못했던 것 같다.

오웰은 아라곤 전선에서 115일을 근무한 뒤 4월 말 처음으로 휴가를 받아 바르셀로나로 돌아온다. 당시 그는 더 많은 활동을 하여 자료를 찾고자 마드리드로 가서 국제여단(International Brigades)에 입대하고자 제대를 신청했고, 국제여단으로부터 허락을 받아낸다.

공산당 코민테른이 조직하고 지배한 국제여단에는 전 세계로부터의 의용군 6만 명 정도가 참여했고, 그중에는 영국 의용군이 약 2천 명 포함되어 있었다. 그 대부분은 노동자 출신이었으나 수십 명의 좌익 지식인들도 있었다. 헤밍웨이 부부, 존 도스 패소스, 아서 케스틀러, 스티븐 스펜더, 오든과 같은 영미작가들, 그리고 파블로 네루다, 세자르 바예호, 옥타비오 등의 스페인과 남미 작가들이 참전했다.

국제여단의 전사율은 4명 중 1명이 죽을 정도로 지극히 높아 526명이 사망했는데, 그것은 단지 용감함 때문이 아니었다. 공산당 내부의 충성심 심사에 걸려 살해당하는 경우도 적지 않았다. 그러나 1937년 5월, 당시 오웰에게는 그런 사실이 전혀 알려지지 않았다.

그런데 오웰이 4개월 만에 다시 본 바르셀로나는 그가 그 4개월 전 처음 보았던 도시와는 너무나도 다르게 변해 있었다. 이를 오웰은 "혁명적 분위기는 사라졌"고(카탈루냐, 93), "이제 시간은 거꾸로 돌아갔다. 그곳은 또다시 평범한 도시가 되었다. 전쟁 때문에 약간 시들해졌고 상처가 났으나, 노동자 계층이 우세하다는 어떠한 외부적 표시는 없었다"(카탈루냐,

93-94)라고 표현했다.

　　모두들 스페인 재단사들이 만든 멋진 하복을 입은 것 같았다. 뚱뚱하고
부유한 모습의 사나이, 우아한 여인들, 그리고 말쑥하게 단장한 자동차들
은 어느 곳에서나 보였다. (…) 인민군은 열 명에 한 명은 장교였다. (…) 나
는 당혹감과 함께 지난 석 달 동안 이상한 일들이 발생했음을 절실히 느
꼈다. (…) 하나는 사람들—일반 시민들—이 전쟁에 관심을 잃었다는 점이
고, 다른 하나는 빈부 상하의 계급 구분이 다시 생겨나고 있다는 점이었
다.(카탈루냐, 94-95)

　　처음 바르셀로나에 도착했을 때 나는 그곳이 계급 구분이나 빈부의 격차
가 거의 없는 도시라고 생각했고 실제로 그렇게 보였다. (…) 나는 이것이
희망과 기만이 뒤섞인 것임을 알지 못했다. 노동자 계급이 믿는 혁명은 시
작됐지만 결코 견고하지 못했고, 부르주아들은 겁을 먹고 잠시 노동자로
위장하고 있었던 것이다.(카탈루냐, 97)

　　"머지않아 문제가 생길 것이다." 그 문제란 알기 쉬웠다. 즉 혁명을 계속 진
행하고자 하는 사람들과 그것을 억제하거나 막으려는 사람들, 다시 말해
아나키스트들과 공산주의자들 사이의 반목이었다.(카탈루냐, 101-102)

　　오웰은 "순수한 개인적 성향으로는 아나키스트들에 가담하고 싶었다"(카
탈루냐, 100)라고 썼는데, 당시 POUM은 프랑코의 제5열이라는 소문이 퍼
져 있었다. 그러나 POUM이 공산당으로부터 헛된 비난만이 아니라 공격
을 받게 되자 그는 태도를 바꾼다.

공격은 5월 3일에 터진다. 아나키스트들이 장악한 전화국을 되찾기 위해 공산당의 압력을 받은 경찰국을 비롯한 모든 세력이 나흘 동안 총격을 가했는데, 오웰은 이 어리석은 공격전에 충격을 받았다.

> 정말로 내 전 생애에 걸쳐 가장 견디기 힘든 시기였다. 그 기분 나쁜 시가전 때보다 더 지겹고, 더 실망스럽고, 더 신경질 나던 적은 거의 없었던 것 같다.(카탈루냐, 114)

시가전은 아나키스트들이 바리케이드를 치운 8일에 끝났다. "왜 의용군에 입대했느냐고 묻는다면 나는 '파시스트에 대항해 싸우려고'라고 대답했을 것이다."(카탈루냐, 191) 그러나 이제 막 그는 파시스트에 대항해서가 아니라, 사회주의를 위해서가 아니라, 좌익 내부의 싸움에 빠져든 참이었다.

시가전만으로 끝난 것도 아니었다. 공산당은 5월 사건을 계기로 POUM에 대한 대대적인 공격을 개시했는데, 그들은 POUM이라는 가면 뒤에 나치 악마가 서 있는 그림을 그리고 "이 가면을 벗겨라"라는 구호를 적은 포스터를 바르셀로나 전역에 붙였다. 이제 오웰도 태도를 명확하게 한다.

> 쟁점은 분명했다. 한편에는 POUM이, 다른 편에는 경찰이 있었다. 나는 부르주아적인 공산주의자들이 추구하는 이상화된 '노동자'에 대한 특별한 애착을 가지고 있지는 않았으나, 피와 살을 가진 진짜 노동자들이 그들

의 천적인 경찰과 충돌하는 광경을 보니 내가 어느 편에 설 것인가 나 자신에게 물어볼 필요가 없어졌다.(카탈루냐, 107-108)

　오웰은 공산당 코민테른의 지배를 받는 국제여단에 가는 것을 포기하고, POUM 의용군과 함께 전선에 복귀한다. 의용군을 통제하고자 한 정부에 의해 오웰이 속한 레닌 사단은 제29사단으로 바뀌고, 계급제가 등장해 오웰은 임시 소위가 된다. 그러나 복귀 10일 만에 그는 적이 쏜 총알이 목을 관통하는 바람에 쓰러진다. 의사는 만일 총탄이 1밀리미터만 왼쪽으로 갔다면 동맥이 절단되어 즉사했을 것이라고 말했는데, 그 바람에 오웰은 후송되어 7월까지 병원에 입원해 있는다. 이 사고로 그는 죽을 때까지 쉰 목소리를 내게 된다.

　5월 28일, 정부는 POUM 기관지 발간을 금지하고, 6월 16일에는 POUM 자체를 비합법화했으며, 간부들을 체포하기에 이른다. 지도자였던 닌(Andrés Nin Pérez, 1892~1937)은 옥중에서 고문을 받고 사망했으며, 오웰의 동료도 체포되어 감옥에서 죽는다. 정치상황은 더욱 악화되었다. 1989년 마드리드 국립역사자료관(National Historical Archive)에서 발견된 것으로 경찰이 '스파이죄 및 반역죄 법원'에 보낸 보고서에 의하면 오웰 부부는 트로츠키파로서 독립노동당과 POUM의 연락책이었다. 만약 그런 보고서가 더 빨리 작성되었다면 오웰 부부는 투옥되어 처형당했을 가능성이 높다.

　사실 6월 14일, 아일린은 경찰에게 가택수색을 당해 오웰이 전선에서 매일 쓴 일기, 편지, 신문 스크랩 등을 압수당했는데, 앞의 보고서는 그것들을 근거로 작성된 것이다. 그때 아일린이 바로 체포되지 않은 것은 오웰을 잡기 위해서였을지도 모른다. 아일린은 오웰을 호텔 밖으로 데리고 나가 교회 폐허에서 하룻밤을 보낸다. 그런데 다음 날에 오웰은 무모하게도 동료의 석방을 위해 경찰서로 찾아갔다가 이틀 뒤 야간열차를 타고 스페인을 탈출한다.

스페인 시민전쟁에 대한 오웰의 평가

스페인 국경에서 4킬로미터 정도 떨어진 작은 어촌에서 오웰은 당시 영국에서 대표적인 진보 주간지였던 《뉴 스테이츠먼 앤 네이션》에 스페인 전쟁에 대한 기사를 싣고 싶다고 전보를 쳤다.

그 후 6월 말 오웰은 런던에 돌아와 "공화국 정부는 파시즘과 다르다기보다 닮은 점이 더 많다"라는 내용을 담은 「스페인의 비밀을 폭로한다*Spilling the Spanish Beans*」를 보내지만 잡지사는 이를 게재할 수 없다고 답한다. 당시 영국의 좌익은 공산당이 지배하는 공화국을 파시즘의 희생자라고 보았기 때문이다. 그 후 그의 글은 다른 잡지에 실린다. 대신 《뉴 스테이츠먼 앤 네이션》 측은 당시 막 출판된 볼케나우(Franz Borkenau, 1900~1957)의 『스페인의 투계장*The Spanish Cockpit*』에 대한 서평을 의뢰했고, 오웰은 자신과 같은 결론을 내린 볼케나우의 책을 찬양하는 글을 써서

■　　*　그 글 처음에서 오웰은 스페인 시민전쟁에 대한 보도는 대부분 거짓이라고 주장하면서 우파 신문보다 좌파 신문들이 더 사실을 왜곡했다고 말한다. 오웰에 의하면 그 신문들은 스페인 정부가 파시스트보다 혁명을 두려워하여 아나키스트와 같은 혁명 세력을 탄압하고 그 탄압에 부르주아와 공산주의자가 동조하고 있다는 사실을 은폐했다.

염소에게 먹을 것을 주는 오웰

보낸다. 그러나 잡지사는 이 글도 거부했다. 이렇게 두 번이나 거절당했다는 것은 오웰이 당시 영국의 진보세력으로부터 철저히 배척당했음을 뜻한다.

볼케나우는 오스트리아 공산당원으로 활동하다가 스탈린주의에 환멸을 느끼고 전향해 프랑크푸르트 대학의 아도르노 밑에서 유럽사상사 연구인 『봉건적 세계상에서 시민적 세계상으로』를 썼다. 이어 나치를 피해 멕시코로 망명했다가 다시 스페인 시민전쟁이 터지기 직전 스페인에 와서 『스페인의 투계장』을 썼다. 오웰은 그 뒤에도 볼케나우가 쓴 『공산주의 인터내셔널』(1938)이나 『전체주의의 적』(1940)에 대해서도 열렬히 지지하는 서평을 썼다.

볼케나우는 오웰, 케스틀러, 실로네 등처럼 자신의 경험에 입각하여 스탈린주의와 파시즘에는 공통점이 있다는 결론에 이른다. 공산주의의 민주주의에 대한 경멸 속에서 파시즘이 생겨났다고 보았다. 즉, 그들에 의해 파시즘이 자랑스럽게 주장한 '전체주의'란 말이 공산주의와 파시즘 모두를 민주주의에 대립되는 것으로 사용되기 시작했다는 것이다.

7월 초 오웰 부부는 월링턴의 시골집으로 돌아온다. 그러나 가게는 다시 열지 않았고 대신 닭, 오리, 염소, 개 등을 길렀다. 그중 풀어놓으면 바로 암탉을 덮친 수탉 이름이 헨리 포드, 그 수탉만 보면 짖는 개가 막스였다.

오웰은 『카탈루냐 찬가』의 집필에만 몰두했다. 책을 출판하기 위해 골란츠에게 전화하자 그는 "그런 책은 파시즘에 대한 싸움에 유해하다"라는 이유로 거절한다. 파시즘과 싸운 오웰에게는 놀라운 답이었으나, 골란츠는 즉시 편지를 보내어 그것이 '지나치게 주제넘은' 짓이었음을 솔직히 인정하면서 대신 다른 작은 출판사에서 책을 내겠다고 답변했다.

오웰은 『위건 부두로 가는 길』을 둘러싼 공산당과의 논쟁, 독립노동당 학교에서의 강연, 스페인에서 체포된 동료의 석방 운동 등으로 바쁜 가운데 놀라운 속도로 몇 달 만에 책을 완성했다. 책의 본문은 스페인 시민전쟁에 대한 경험을 쓴 것이고, 뒤의 부록 2장*은 시민전쟁에 대한 자신의 정치적 평가를 담은 것이었다.

뒤에 오웰은 「나는 왜 쓰는가」에서 서평가들이 『위건 부두로 가는 길』은 본문은 위대한데 부록 때문에 저널리즘이 되어버렸다고 회상한다.(Essays, 6) 특히 쉘던은 그 부분이 가장 미약하다고 평했으나(쉘던, 39) 내가 보기엔 그 부록만큼 정치적 작가로서의 오웰을 명확하게 보여주는 부분도 없다. 사실 오웰 자신도 "공산주의자들의 거짓말을 반격하기 위해 쓴 그 부록이 없었다면 그 책을 결코 쓰지 않았을 것"이라고 「나는 왜 쓰는가」에서 말했다.

그 책에서 그는 혁명과 전쟁은 모두 실패로 끝났다고 결론을 내리면서도 "그 결과는 반드시 환멸과 냉소주의가 아니다. 기묘하게도 이 경험은 인간의 고상함에 대한 신념을 더욱 작게 하는 것이 아니라, 더욱 많이 내 속에 남기고 있다"라고 썼다. 여기서 고상함이라고 번역된 원어는 오웰이 자신의 사회주의를 말한 인간적 품위이다. 오웰이 어느 무명용사를 찬양한 다음 시에 나오는 '수정 같이 맑은 정신' 바로 그것이다.

■ * 그 2장은 처음에는 각각 제5, 11장이었으나 오웰이 죽기 전 부록으로 돌린 것이다.

그래도 내가 그대 얼굴에서 본 건

어떤 권력으로도 빼앗을 수 없고

어떤 폭탄으로도 부수지 못할

수정 같이 맑은 정신

모로코 문제

지금까지 오웰의 스페인 시민전쟁에 대한 견해는 공화국 정부에 대한 지지와 공산당의 배신에만 초점이 모아져 있었다. 그러나 당시 오웰은 공화국 정부에 대해서도 비판적이었다. 특히 그는 당시 스페인 식민지였던 모로코에 대한 공화국 정부의 태도를 비판했다. 이 점은 그동안 별로 주목받지 못했지만 오웰의 제국주의 식민지 문제를 이해하려면 반드시 짚고 넘어가야 한다.

오웰은 그런 공화국 정부의 태도를 사회주의 투쟁에 대한 배신으로 평가했고, 동시에 그것을 러시아에 의한 서구 제국주의에 대한 타협이라고 비판했다. 모로코의 독립에 대한 스페인 공화국 정부의 거부를 모로코 군대에 의존한 프랑코를 격퇴하지 못하게 만든 결정적인 실패 요인으로 보았던 것이다.

왜 모로코에서는 소요가 없었을까? 프랑코는 악명 높은 독재 체제를 수립하고자 했고, 무어인들은 사실상 인민전선 정부보다도 그를 더 좋아했다! 모로코에서 소요가 일어날 기미가 없었던 것은 명백한 사실이었다. 소요를 일으키는 것은 전쟁을 혁명적으로 해석하는 것을 의미했기 때문이다. 모로코가 해방되었다고 선언해주는 것이 무어인들에게는 정부의 성실성을 확신시키기 위한 우선적인 조처였겠지만, 정부는 그렇게 해주지 않았다. 그랬더라면 프랑스인들이 얼마나 기뻐했을 것인가를 충분히 상상할수가 있다. 전쟁의 최상의 전략적 기회는 프랑스와 영국의 자본주의를 회유하려는 헛된 희망 속으로 사라져버렸다. 전체적인 공산주의 정책 경향은 이 전쟁을 평범하고 비혁명적인 전쟁으로 만들어버리려는 것이고, 이런 가운데 정부는 심각한 곤경에 빠졌다.(카탈루냐, 216)

스펜더의 경우

오웰의 스페인 시민전쟁 참여가 어떤 의미를 갖는지 살펴보려면 당시 스페인 시민전쟁에 참여한 다른 작가들의 경우도 살펴보아야 한다.

스펜더는 1936년 말 공산당에 입당하고 스페인으로 갔다. 그는 모스크바 숙청 재판에 회의적이었고 공산당의 입장과도 미묘한 차이를 보였지만, 당시 공산당은 유명한 시인이었던 그를 이용할 가치가 있다고 판단하여 스페인 취재를 허락해준다. 어쩌면 그리스 혁명에서 전사한 바이런처럼 죽는다면 도리어 공산당에 이익이 된다고 판단했을지도 모를 일이다. 사실 오든이 스페인에 밀항했을 때도 영국의 매스컴은 현대의 바이런이라고 치켜세웠던 적이 있다.

스페인으로 출발하기 전날 스펜더는 버지니아 울프를 방문한다. 그날 일기에서 울프는 스펜더에게 아이 같은 허영심이 있었는데, 당시 자신이 허영심의 심리학을 공부하고 있었기에 그 만남이 매우 흥미로웠다고 썼다. 그리고 그날 밤, 연극을 즐겼다고 덧붙였다.

스펜더는 1937년 봄에 스페인으로 출발했으나, 전투에는 일체 참여하지 않고 시찰이나 위문을 일삼다가 아무 탈 없이 영국으로 돌아온다. 이를 두고 오웰은 스펜더나 오든이 '불이 뜨거운 줄도 모르고 불장난을 일삼는' 지식인들이라고 비판했다.

그래서 공산당의 꿈은 수포로 돌아간다. 그러나 스페인 시인 로르카 (Federico García Lorca, 1899~1936)가 죽자 공산당은 그를 프랑코에 의해 학살당한 영웅적 순교자로 떠받들었다. 사실 로르카는 영문을 모른 채 죽은 것인데, 프랑코 측이 그를 '피에 굶주린 공산당의 학살'이라고 선전했던 것이다.

시민전쟁이 터지고 1년이 지난 뒤 소련이 조종한 국제작가회의 제2회 대회가 파리에서 열렸다. 정치 모험가인 말로, 문학 모험가인 헤밍웨이, 공산주의자 도스파소스 등과 함께 당시 독일에서 덴마크로 망명한 브레히트가 여기 참석해서 "스페인!"을 외쳤다고 하는데, 브레히트는 사실 스페인에 가지 않았다. 그런 브레히트보다는 그래도 스펜더가 더 나을지 모른다.

그러나 참전한 대부분의 영국인은 사실 직장이 없었기 때문에 참전할 수 있었다. 당시 실업 사태를 맞은 탄광 지대에서 수많은 참전 용사가 나

■ * 시와 희곡에서 전통적 양식과 현대적 양식을 훌륭하게 융합했다는 평가를 받았는데, 에스파냐 내란 당시 팔랑헤 당원에게 사살되었다. 작품에 시집 『집시 가집』, 희곡 「피의 혼례」, 「예르마(Yerma)」, 「베르나르다 알바의 집」 등이 있다.

온 것도 그런 배경이었다. 오웰의 이튼 동창이었던 코놀리는 "전형적으로 영국적인 심리적 혁명론자들이 존재한다. 아버지를 증오한다든가, 사립중등학교에서 불행했다든가, 국가기관에서 모욕을 당했다든가, 섹스에 대한 강의를 들었다든가 하는 이유로 좌익 정치공식을 받아들일 법한 사람들이다"라고 썼다.

당시 전장에 있던 오웰과 달리 막 스페인으로 출발하려고 했던 스펜더에게는 이런 평가가 엄청난 모독이었으므로 그는 즉각 파괴적이고 바보 같은 소리라고 반박했다. 그러나 스펜더는 청춘기에 정신적 위기라고 할 만한 경험이 있었고, 오웰에게도 그런 요소들은 분명히 존재했으며, 심지어 코놀리 자신도 마찬가지였다. 특히 스펜더에게는 오웰과 달리 동성애 문제가 있었다. 당시 결혼을 위해 헤어진 동성애 상대방이 스페인 참전을 결정하자 그 죄의식과 옛 애인을 사선에서 구해야 한다는 일념 때문에 스펜더도 참전을 결심했다는 것인데, 스펜더는 자신의 생명만이 아니라 애인의 생명도 무사히 구해냈다.

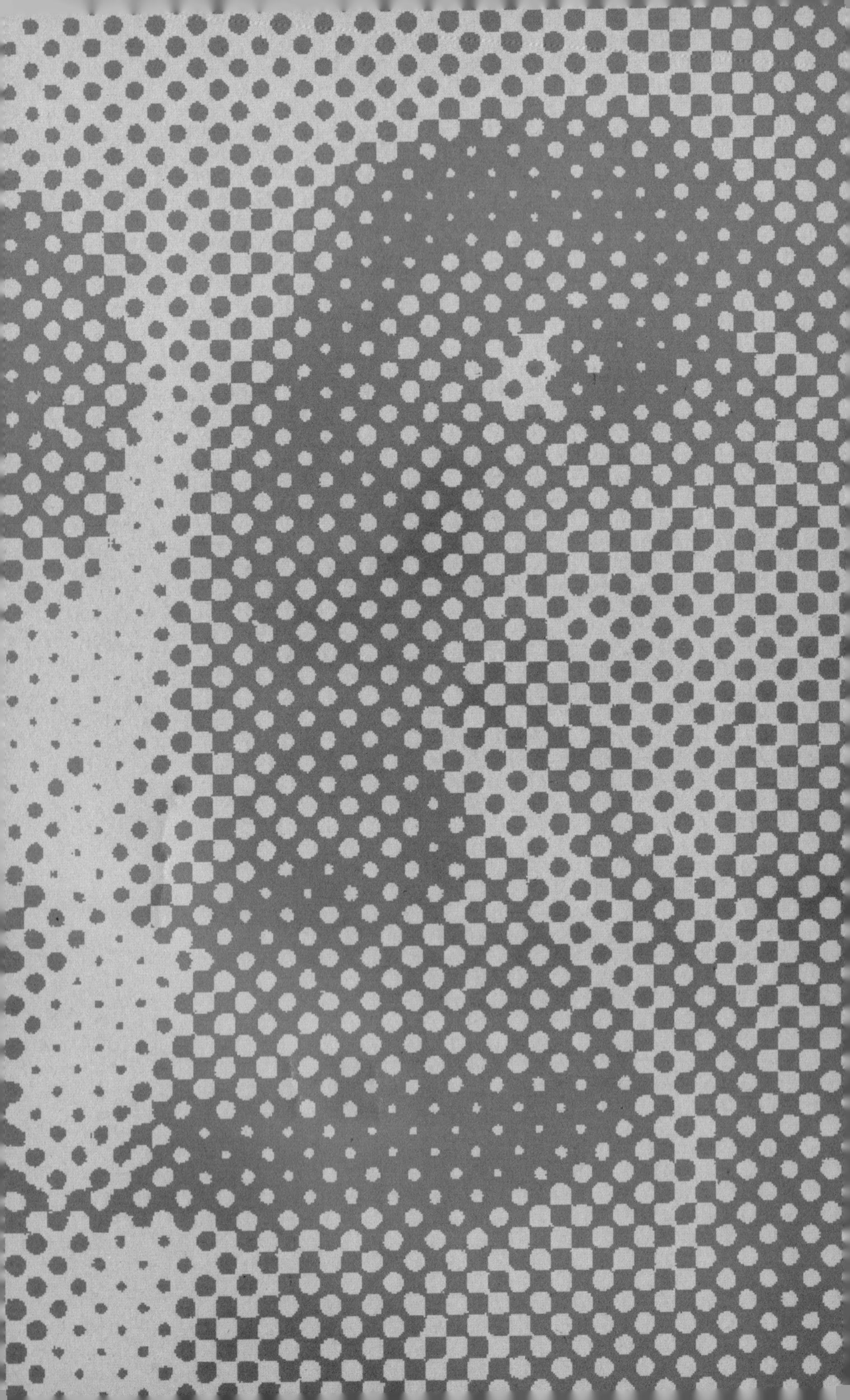

제3부

반권력의 작가
오웰

휴식

오웰 삶의 인터미션

긴 영화에는 중간에 휴식 시간이 있다. 보통 인터미션(Intermission)이나 막간으로 번역되지만, 학교나 직장에서는 그 말이 잠시 쉬는 시간을 뜻한다. 여기서는 그런 의미에서 오웰 삶의 휴식을 살펴보면서 우리도 잠시 쉬어갈까 한다.

그러나 오웰의 휴식은 스스로 선택한 것이 아니었다. 바쁜 현대인이 그런 것처럼 그 당시에도 격무에 지쳐 병이 들어 입원하지 않는 한 휴식은 주어지지 않았다. 그는 6년 동안 쉬지 않고 6권의 책을 쓰고 전쟁에 참여하는 등 정신적으로 지쳤을 뿐만 아니라, 그 사이 두 번의 치명적인 타격, 즉 1933년의 폐렴과 1937년의 머리 관통 총상에 의해 육체적으로도 지쳐 있는 상태였다.

그 결과 1938년 3월, 오웰은 결핵으로 인한 격심한 각혈로 입원한다. 따라서 1년에 1권씩 책을 쓴다는 계획이 그해에는 이루어지지 못했다. 다행히 아일린의 오빠가 당시 영국에서는 결핵 치료의 제1인자였기에 오웰은 그의 도움으로 런던 남부의 켄트 주 엘리스포드에 있는 프레스턴 홀(Preston Hall) 병원에 반년 동안 입원하게 된다. 당시 그는 병원을 '살인을 위해 고안된 시설'이라고 불렀다.

병원에서 오웰은 옛 친구들과 새로운 친구들의 방문을 받았다. 그중에는 공산당원 시인인 스펜더가 있었는데, 그는 방문 전에 오웰에게 자신을 전혀 몰랐을 때 왜 자신을 공격했는지, 그 후 왜 그 공격을 철회했는지 알고 싶다는 편지를 보냈다. 이에 오웰은 자신이 그의 시를 중요하게 생각하지 않았고, 1935년경 공산당에 적대적이었기에 그를 싫어했으나, 그를 만나고 난 뒤에는 그를 어떤 이데올로기를 구현한 캐리커처가 아니라 한 사람의 인간임을 바로 깨달았다고 지극히 솔직하게 답한다.

그해 4월, 『카탈루냐 찬가』가 출판되었지만 서평은 대체로 나빴다. 초판 1천5백 부 가운데 최초의 4개월간 7백 부밖에 팔리지 않자 오웰은 충격을 받았다. 하지만 그 책은 1951년까지도 다 팔리지 않았다. 게다가 미국 판은 1952년에서야 겨우 나왔다(이탈리아 판은 1948년에 나왔다).

좌익지는 모두 그 책이 트로츠키주의자와 아나키스트를 옹호했다고 비판했다. 좌익지가 아닌데 발행 부수가 많았던 BBC 방송 주간지 《리스너Listener》는 책의 내용은 전혀 언급하지 않은 채 POUM 지도자를 배반자라고 비난했는데, 오웰은 그 잡지사에 편지를 보내어 자신을 비난해도 좋으나 자신의 책에 대해 전혀 언급하지 않은 것은 문제라고 지적한다. 그러자 잡지사는 그 점에 대해 유감의 뜻을 표명했다. 이는 진실과 인간적 품위를 위한 싸움에서 오웰이 승리했음을 의미한다.

물론 호평도 있었다. 특히 《옵저버》는 그 책에 나타난 '관대한 인간미'와 '당당하고도 서두르지 않으며 과장되지 않은 명료함을 지닌 객관적인 산문'을 쓴 오웰을 '위대한 작가'로 불렀다.* 그러나 호평은 너무 적었다. 오웰은 '작은 출판사가 출판한 책은 적절한 수의 서평조차 받지 못하고' 책의 질과 무관하게 많이 광고된 책이 잘 팔리는 출판업의 '재정적 협잡'에 대해 불만을 토로했다. 이런 협잡이 벌어진 것이 어디 1930년대 영국뿐일까? 현재 우리나라의 출판 현실도 크게 다르지 않은 것 같다.

독립노동당 입당

『카탈루냐 찬가』를 둘러싼 논쟁의 결과 오웰은 독립노동당에 가입한다. 그 기관지 《뉴 리더New Leader》 6월 24일 호에 오웰은 「왜 나는 독립노동당에 입당했는가Why I Joined the Independent Labour Party」라는 에세이를 실었는데, 오웰은 그 글에서 자신이 입당한 이유를 "독립노동당이 제국주의 전쟁에 반대했고, 파시즘이 영국적 형태로 나타나는 것에도 반대한 옳은 노선의 정당이기 때문"이라고 밝혔다. 그리고 동시에 다음 총선에서 노동당이 승리하기를 바라지만, 노동당이 제국주의 전쟁 준비에 관여하고 싶어 하는 것에 문제가 있으므로 이와 싸우기 위해 독립노동당에 입당한다고 지적했다.

독립노동당은 전쟁에 반대했다는 점을 근거로 평화주의라고 불렸는데, 독립노동당은 영국과 프랑스 정부에 대해 소련과 상호방위조약을 체결하도록 요구한 인민전선을 호전적이라고 비판했다. 오웰은 1939년 8월 히틀

■   * Observer, 1938년 5월 29일.

러와 스탈린 사이에 불가침협정이 조인될 때까지 독립노동당의 그런 입장을 지지했지만, 협정 체결 직후 오웰은 전쟁을 지지하는 입장으로 돌아서 혁명적 애국심을 주장하고 독립노동당을 떠난다.

이러한 그의 태도는, 인민전선을 지지한 공산당도 불가침협정을 지지했으나 제2차 세계대전이 터지자 제국주의 전쟁이라고 비난하며 반전 파업을 선동했고, 히틀러가 소련을 침략하자 전쟁을 지지하는 편으로 돌아선 것과는 분명 달랐다. 그가 독립노동당을 떠난 또 다른 이유는 "감정적으로 나는 분명 좌익이다. 그러나 나는 작가가 당의 소속으로부터 자유로울 때 비로소 정직할 수 있다"라고 믿고 있기 때문이라 밝혔다. 오웰은 이 같은 태도를 죽을 때까지 견지한다.(쉘던, 368)

마라케시에서 요양하다

병원에서 퇴원했을 때 의사는 오웰에게 적어도 반년은 따뜻하면서도 시원한 곳에서 보내라고 권한다. 소설가 마이어스는 익명을 전제로 그에게 300파운드를 증여했는데, 오웰 자신은 그 돈을 빌리는 것으로 생각하여 받았지만 죽기까지 그 돈의 주인이 누군지 몰랐다. 8년 뒤 오웰은 『동물농장』에서 나온 수입으로 그 돈을 갚았다.

의사가 권한 요양지로서는 남유럽이 가장 좋았지만 오웰은 스페인에서 목숨을 걸고 탈출한 참이어서 그곳엔 갈 수가 없었다. 프랑스도 조만간 전쟁에 휘말릴 조짐을 보여 갈 수 없었다. 그래서 선택한 곳이 당시 프랑스의 식민지였던 모로코이다.

9월 초 오웰 부부는 포르투갈의 지브롤터를 지나 모로코에 들어간다. 카사블랑카를 거쳐 마라케시에 도착한 그들은 마을에서 조금 떨어진 오렌지 숲속의 작은 별장에 짐을 풀었다. 별장이라고 했지만 실은 거실 하나에 침실이 두 개, 부엌과 화장실이 딸린 작은 집이었다. 그러나 뜰에는 채소가 자라고 닭과 산양이 노니는 곳이어서 흡사 월링턴 시골집을 그대로 옮긴 듯한 느낌이었다.

그는 부근을 여행하며 일기를 썼으나 그 여행이나 일기는 지금까지와 달리 작가로서 작품을 쓰기 위한 것이 아니었다. 그는 프랑스 지배자들에 의해 가난한 골동품 장사로 전락한 식민지를 다시금 목도하게 된다.

그곳에서 오웰이 쓴 작품은 단편 「마라케시」와 장편 『숨 쉬러 올라오기』이다. 「마라케시」는 제목처럼 휴양지의 정경을 묘사한 것이고, 『숨 쉬러 올라오기』도 좋은 공기의 휴양지를 찾아서 쓴 작품명으로 제법 괜찮다. 그야말로 휴식의 결과들이었다. 그러나 사실 「마라케시」는 매우 어둡다. 이야기는 "시체가 날아갈 때 파리들이 떼를 지어 식당 탁자를 떠나 시체에게 날아갔다. 그리고 몇 분 후 되돌아왔다"(Essays, 29)라는 비참한 장례 행렬의 묘사로 시작된다.

그들이 정말 우리와 같은 인간인가? 그들에게는 이름이라도 있는가? 그들은 단지 벌이나 산호충처럼 획일적으로 갈색 벌레에 불과한가? 그들은 땅에서 태어나, 오랫동안 땀을 흘리고 굶주리고, 그리곤 이름 없는 무덤으로 되돌아간다. 그들이 사라져도 그것을 아는 사람은 없다. 그들은 무덤조차 곧 흙속에 파묻혀버린다. 때때로 산책을 나가서 부채 선인장을 헤치

마라케시의 집에서 글을 쓰는 오웰

고 다니다 보면 발아래가 좀 울퉁불퉁한 것을 느끼게 되는 때가 있다. 그 울퉁불퉁한 것이 규칙적으로 나타나면 당신은 해골 위를 걷고 있는 것이다.(Essays, 30)

이어 오웰이 공원에서 가젤에게 빵을 주는데 주변에서 노동을 하고 하던 아랍인이 다가와 자기도 빵을 먹을 수 있다고 하여 한 조각을 떼어주는 장면이 나온다. 그는 시 당국의 직원이었다. 다시 거리로 나오자 "파리 떼처럼 사람들이 몰려다니는" 모습이 보인다.(Essays, 31) 그런데 그들은 피부색이 짙어서 잘 보이지 않고 그들의 빈곤한 처지도 눈에 잘 드러나지 않았다. 그래서 "아시아와 아프리카의 굶주리는 나라들이 관광휴양지가 되어 간다"(Essays, 32)라고 하며 탄식한다.

우리는 이곳에서 수십 년 동안 살아왔지만 척박한 토양에서 목숨만 연명할 정도의 식량이라도 얻기 위해 끝없이 힘겨운 투쟁을 벌이고 있는 것이 그들 모두의 현실이라는 것을 모른다.(Essays, 32)

글의 마지막에는 어느 흑인 병사와 눈이 마주치는 장면이 나온다. "적개심도 없고, 경멸감도 없"는 얼굴이었다. 그러나 백인의 생각은 좀 다르다. 언제까지 흑인들을 지배할 수 있을지 내심 궁금해 하기 때문이다.(Essays, 34)

『숨 쉬러 올라오기』

「마라케시」처럼 『숨 쉬러 올라오기』도 어둡다. 이 제목은 "고기가 물속에 오래 있으면 반드시 숨 쉬러 올라오기 마련이다"라고 하는 11월의 마라케시 시절 일기에서 비롯된 것이다. 오웰은 어린 시절 낚시를 즐겼고, 켄트 주의 병원에 있을 때 다시 낚시를 시작해 마라케시에 와서도 가끔 즐기던 터였다.

소설에서는 공기를 호흡하여 원기를 회복하는 것이 물고기가 아닌 거북이로 나오는데, 이는 자연으로 돌아가야 인간성을 회복할 수 있다는 오웰의 사상을 상징한다. 그 자연이란 공업화로 찌들기 이전의 자연 자체임과 동시에 과거와 현재 사이의 자연스러운 연결을 뜻한다. 『숨 쉬러 올라오기』 에피그라피에서 오웰은 "그는 죽었네, 그러나 가라앉지는 않으려 하네(He's dead, but he won't lie down)"라는 유행가 가락을 인용했는데, 이것은 필즈(Garcia Fields, 1898~1979)라는 1930년대 영국의 인기 여가수가 부른 유행가의 제목이었다.

잠시 이야기의 줄거리를 살펴보자.

주인공 나(조지 볼링)는 보험회사 외판원이다. 생활의 즐거움 따위를 모른 채 가난하게 살고 있다. 그가 사는 곳은 감방과 고문실이 줄줄이 늘어선 감옥일 뿐이다. 삶에 지친 그는 아내와 두 아이들이 있는데도 도피책으로 20년 만에 고향을 찾아간다. 물론 그곳은 오웰 자신의 고향이다. 그러나 고향은 그에게 환멸만 심어주었을 뿐이다. 물론 지금 우리가 보는 시골도 별로 다르지 않다.

영국의 피라미들은 지금 어디에 있는가? 내가 어렸을 때 그 늪이나 냇가에는 고기가 있었다. 지금 늪은 모두 간척되고, 냇가는 공장의 화학폐기물로 유독하게 되거나 찌그러진 통조림 깡통과 오토바이의 낡은 바퀴뿐이다.(CA. 229)

게다가 전쟁이 터져 공습경보 사이렌이 울리고, 창밖으로 기관총이 불을 뿜으며, 어디에나 폭탄의 흔적이 남아 있고, 병든 병사들은 마을로 행진한다. 당시 오웰은 그런 영국의 전쟁 소식을 편지나 신문 등으로 읽어 잘 알고 있었다.

『숨 쉬러 올라오기』에 나오는 보험 외판원이라는 직업은 오웰의 소설에 그때까지 등장하던 것들과 사뭇 달랐다. 『미얀마의 나날』의 파멸하는 식민지 경찰, 『목사의 딸』에 나오는 인물로 가부장제에 시달리다가 기억상실에 걸리는 도로시, 『엽란을 날려라』의 배금주의에 반항하는 영양불량의 청년 작가 고든과는 전혀 다른, 즉 도피주의적인 인간이었다.

또한 이 소설은 『동물농장』 앞에 쓴 소설로서 『동물농장』과 『1984』를 연상하게 하는 부분도 나온다. 가령 3부의 좌익독서클럽에서 만난 공산주의자들이 증오하라는 메시지만을 계속 보내는 것에 대한 혐오를 표현하는 장면인데, 결국 주인공은 다시 감옥 같은 집으로 돌아온다. 즉, '숨쉬러 올라가기'엔 실패하는 것이다. 이 소설이 발표된 뒤 3개월 만에 제2차 세계대전이 터진다.

아버지의 죽음

1939년 2월 카탈루냐 전선에서 공화파의 저항이 완전히 붕괴되자 난민들은 피레네 산맥을 넘어 프랑스로 대거 흘러들어갔다. 3월 말 오웰 부부도 『숨 쉬러 올라오기』 원고를 들고 런던으로 돌아온다. 원고는 좌익독서클럽의 골란츠에게 건네졌으나 오웰은 안심할 수가 없었다. 소설 중에 그 클럽, 특히 골란츠를 조롱하는 내용이 들어 있었기 때문이다. 그것은 어느 사회주의자가 '이를 가는 목소리로' 파시즘을 공격하는 연설을 증오 운동으로 묘사한 장면이었다. 이는 뒤의 『1984』에서 매일 아침마다 신성한 행사로서 행해지는 '2분간 증오운동'을 연상하게 해준다. 골란츠도 그 부분으로 고민했으나 놀랍게도 1939년 6월 아무런 수정 없이 책이 출간된다. "소설에 불과하다"고 생각한 탓이었나 보다. 그러나 이 책은 골란츠가 출판한 오웰의 마지막 책이 된다.

책이 나오기 직전인 1939년 6월, 오웰의 아버지가 암으로 세상을 떠난다. 당시 나이 82세였다. 아버지가 죽기 직전 오웰은 "어린 시절부터 알아 온 사람이 영원히 떠나갈 때, 그가 남기는 허전함이란 얼마나 큰 것인가"라고 썼다. 그런데 앞에서 보았듯이 오웰은 아버지와 친하지 않았다. 특히 아버지는 오웰이 식민지 경찰을 그만둔 데 항상 불만을 가지고 있었다. 그러나 1930년대 이후에는 친해졌고, 1939년부터 아버지는 아들에 대한 실망도 버렸다. 장례식이 끝난 뒤 오웰은 월링턴 시골집으로 돌아간다. 1년 만의 귀가였다.

『숨 쉬러 올라오기』는 호평을 받았고 판매도 수월했다. 6월에 초판 2천 부에 이어 1천 부가 증쇄되었는데, 독자층에 대한 조사는 없었지만 오웰 자신은 자신의 출신인 중류계급 출신 지식인층을 주인공으로 삼았던 만큼 그들에게 많이 읽혔을 것으로 추측했다. 그 공감이란 오웰 자신이 생각하는 사회주의에 대한 것이었다. 즉, 그들을 자본주의로부터 구출한다는 것이 오웰이 생각한 과제였는데, 그러한 생각은 당시 그가 쓴 최초의 본격적 작가론인 「찰스 디킨스Charles Dickens」나 대중문화에 대한 최초의 정치적 고찰인 「소년주간지Boy' Weekliss」에도 나타난다.

「찰스 디킨스」

오웰은 에세이 「고래 뱃속에서」에서 "작가가 누군가 다른 사람에 대해 말하면서 사실은 자신에 대해 많은 것을 말하는 듯한" 글이 있다고 했는데, 「찰스 디킨스」야말로 바로 그런 글이었다. 이는 마라케시에서 다시 열심히 읽은 디킨스에 대한 글이었다.

이 글의 마지막 부분에서 오웰은 "어른이 디킨스를 읽으면 그의 한계를 느끼지 않을 수 없"(Essays, 76)다고 지적한다. 그것은 넌더리나는 감상주의, 너무나도 판에 박힌 유형적 인물, 상업과 산업에 대한 피상적인 이해, 절망적으로 비현실적인 종말, 그러면서도 비극이 되지 않도록 만드는 책임의 회피 같은 것들이었다.

그러나 오웰은 디킨스 작품에는 사람을 감동시키는 어떤 '타고난 관대함'이 있기에 어른도 디킨스를 읽는다고 말했다.(Essays, 76) 즉, 보통 사람의 삶이 갖는 '인간적 품위'를 희극적이고 단순화된 형태로 기억하기 쉽게 표현한 것이 디킨스의 작품이라 본 것이다.

기독교의 여러 시대를 통하여, 특히 프랑스 혁명 시대 이후, 서양 세계는 자유와 평등이라는 이념에 매달리게 되었다. 그것은 하나의 '이념'에 불과했으나, 사회의 모든 계급에 침투했다. (…) 거의 모든 사람들이 그 현실의 행동이 어떻든 간에, 인류는 모두 동포라고 하는 이념에 감정적으로 반응한다. 디킨스는 과거에도 그랬고, 현재도 그러하며, 심지어 그 이념을 짓밟는 사람조차 믿는 하나의 신조를 표명했다. 그 이유가 아니라면 그가 노동자에게 읽히면서도(그 정도의 위상이 있는 소설가는 달리 없었다), 동시에 웨스트민스터 사원에 묻히게 된 이유를 설명할 수 없으리라.(Essays, 77)

오웰은 디킨스가 여러 계급의 사람들에게 읽혔으므로 진보적인 지식인들이 인정하는 것보다 훨씬 진보적인 작가라고 평가했다. 그리고 그 비결을 한 순간 유행하는 '정치-경제적 비판'보다 '사회에 대한 단순한 도덕적 비판'에서 찾았다. 오웰은 개성이 강한 문장을 읽으면 그 뒤에서 '반드시 작가의 실제 얼굴이 아니라 그 작가가 가져야만 하는' 얼굴을 보게 된다고 말하면서 글의 마지막에서 그의 얼굴을 다음과 같이 묘사한다.

그는 웃고 있다. 그 웃음소리에는 어느 정도 분노가 서려 있으나, 결코 우쭐대거나 원한의 그것은 아니다. 그것은 언제나 무언가와 싸우는 남자, 찬란한 태양 아래 아무런 두려움 없이 싸우고 있는 남자의 얼굴이다. 즉 '관대하게 화내는' 얼굴이고, 다시 말하면 19세기 자유주의자, 자유로운 지성, 지금 우리들의 마음을 얻고자 싸우고 있는 모든 인색한 정통파로부터 마찬가지로 증오 받는 유형의 얼굴이다.(Essays, 78)

「소년 주간지」

오웰이 「소년 주간지」에서 다룬 소년용 주간지는 한국에서 볼 수 없어서 우리에게 궁금증을 자아낸다. 그 글의 첫 부분에서 우리는 영국 대도시 빈민지역에는 반드시 신문 가판대가 있는데 거기에 각종 주간지가 있음을 알 수 있다. 정원 가꾸기와 가축 키우기에 대한 잡지가 각각 20종 이상이며, 그 밖에도 수많은 종류의 잡지가 있었다고 하니(Essays, 78) 우리로서는 상상하기 어려운 모습이다.

그중에 '통속 싸구려 소설'이라 불리는 소년 주간지도 여러 종류 있었는데 이는 영국 모든 도시에서 판매되고 모든 소년들은 그중 적어도 한 권 이상을 읽는다고 했다.(Essays, 79) 하지만 오웰은 그 내용을 소개한 뒤 그것이 실제 사립학교의 생활과는 전혀 다르다고 지적한다.(Essays, 82) 그 성향도 지극히 보수적이라 했다.(Essays, 88) 또한 여기서 노동자는 희극적 인물이나 껄렁한 사람으로만 등장한다.(Essays, 89) 그리고 마지막에 다음과 같이 쓴다.

오직 영국에서는 풍부한 상상력을 보여주는 대중문학 영역에 좌파 사상이 들어오려고 시작조차 못했다는 사실만 지적하고자 한다. 도서관에 비치되는 소설부터 그 아래까지 '모든' 소설이 지배계급의 이익이라는 관점에서 검열 받고 있다. 무엇보다도 거의 모든 소년이 한때나마 탐독하는 폭력과 유혈이 낭자한 소년소설은 1910년의 가장 나쁜 착각에 푹 젖어 있다. 어린 시절에 읽은 글이 이후 다 자란 뒤 아무 인상을 남기지 않는다고 믿는 사람이라면 이런 사실을 그저 사소하게 여길 것이다.(Essays, 100)

오웰이 쓴 「찰스 디킨스」, 「소년 주간지」는 뒤에 쓴 「고래 뱃속에서」와 함께 1940년 에세이집 『고래 뱃속에서』로 출판된다. 그 에세이집으로 인해 오웰은 당대 최고의 산문작가이자 평론가, 그리고 사상가로서 평가받는다.

「고래 뱃속에서」는 1939년 여름 내내 오웰이 격투한 조이스 류의 순수와 스펜더 류의 참여를 함께 비판하면서 자기 나름으로 예술과 정치를 결합하여 자신을 길을 걷고자 모색한 고뇌의 글이다. 순수와 참여를 넘어선 예술과 정치의 결합을 다룬 것이다.

오웰은 1920년대의 조이스, 엘리엇, 로렌스, 버지니아 울프 등이 기술적으로 훌륭한 혁신을 이루었으면서도 '목적의식'이 결여된 정치적 반동주의로 되었다고 비판했는데, 그 이유는 그들이 예외적으로 안락한 시대에 살면서 진보에 대한 믿음을 갖지 못하고 기껏 예술을 위한 예술에 머물렀기 때문이라는 것이다. 이 점은 아직도 조이스나 엘리엇 숭배가 지나칠 정도로 강력한 우리나라 영문학계에서 반성해야 할 점으로 보이다. 반면 1930년대의 스펜더를 포함한 오든 세대에게는 도그마에 젖어 그 '목적의식'이 지나쳤다고 비판한다. 여기서 오웰은 '목적의식'을 가지면서도 어떻게 '예술성'을 지키느냐 하는 것을 고민하는데, 그가 도달한 다음 결론은 「찰스 디킨스」의 결론과 같다.

> 훌륭한 소설은 도그마에 코를 대고 냄새를 맡는 사람들이나 자신의 비도그마에 의해 마음이 꺼림칙해진 사람들에 의해 쓰이지 않는다. 훌륭한 소설은 '겁에 질리지 않은' 사람들에 의해 쓰인다.(Essays, 125)

차악의 선택

반전에서 참전으로

1939년 7월에 쓴 반전론 「검둥이는 빼고*Not Counting Niggers*」에서 오웰은 본래 전쟁에 반대해야 할 퀘이커교도, 공산당원과 민주주의를 자랑한 처칠이 전쟁을 부추기는 데 앞장서는 것을 야유조로 비판하고, 동시에 그들이 식민지의 6억 인구를 무시하는 위선을 공격하면서 전쟁에 반대했다. 오웰은 이래서야 민주주의와 파시즘이 다를 게 뭐 있겠냐면서 "전쟁이 터지면 히틀러와 싸우지 않고, 러셀이 말하듯 독일군이 영국에 침입하면 관광객으로 환영할 것인가" 하고 항변했다.

7월, 전쟁이 터지기 3주 전, 오웰은 영국이 파시즘화하고 있다는 사실을 자신의 신변에서 느끼는 사건을 경험한다. 경찰이 와서 프랑스에 있는 외설물 출판사의 책과 오웰이 그 출판사에 보낸 편지 한 통을 압수한 것인데, 이 사건을 경험한 오웰은 두 달 뒤 영국이 독일에 대해 선전포고를 하자 반전에서 참전으로 돌아선다. 이에 대해 쉘던은 "오웰이 지독한 사람이 아니어서 그랬다"라고 평한다.(쉘던, 387) 그러나 이런 식으로 '지독' 운운하며 개인적인 성격에서 그 변화의 요인을 찾는 것은 참으로 피상적인 관찰이다. 물론 쉘던이 오웰의 변화를 감정적인 애국심 때문이라고 본 것(쉘던, 388)도 같은 맥락이다.

오웰이 그렇게 변한 데에는 국제정세의 급변이라는 원인이 도사리고 있었다. 그가 「검둥이는 빼고」를 쓴 한 달 뒤인 1939년 8월 23일, 독일과 소련은 불가침조약을 맺어 세계를 놀라게 했는데, 유럽 좌익들은 그때까지 소련을 지지했기에 이를 배신이라 생각하여 공산당을 탈퇴한다. 가령 골란츠가 그랬다. 오웰도 독립노동당을 탈당하여 평화와 반전을 버렸다. 그는 전에도 독일과 소련은 함께 전체주의라고 보았으나, 그 둘이 단결한 지금 "최악에 대해서는 차악(次惡)*을 지지한다"는 입장을 취했다.

그는 히틀러에 항복할 것이 아니라 저항하는 것이 옳다고 판단했다. 항복하면 스페인에서의 공화파 투쟁, 일본에 대한 전쟁도 무의미하게 된다고 보았다. 나아가 오웰은 자기 행동의 '감정적인 근거는 애국심'이라고 「우익이든 좌익이든 내 조국My Country Right or Left」(1940)에서 말했다.

이 말은 본래 '옳든 그르든 내 조국(My Country Right or Wrong)'이라는 말을 바꾼 것인데, 정의나 부정의를 구별하는 것보다 애국심을 우선시키는 사고방식에서 나온 말이다. 영국에서는 당시까지 애국심을 우익과 보수의 것으로 여겼고, 좌익은 그것에 반대하는 것이 옳다는 생각이 지배적이었다. 오웰은 애국심은 보수주의와 아무런 상관이 없다고 보았다.

오웰은 "영국 중류 출신 지식인들은 거지에게 돈을 훔치는 것보다 영화가 끝날 때 나오는 애국가에 맞춰 일어서는 것을 더 부끄럽게 생각한다"라고 지적하면서 이는 그들이 '고래 뱃속에서' 자라나 모든 일에 참견

■　*　차악이란 우리말에 없는 것으로 차선(次善)에 대응한 것이다.

하면서도 방관적이고 무책임하게 살았기 때문이라고 비난했다.

> 나는 군국주의의 분위기에서 자랐고, 그 뒤로는 나팔소리를 들으며 따분한 5년을 보냈다. 그래서 국가가 울려 퍼지는 동안 일어서서 주목하지 않으면 신성모독 같은 느낌을 갖는다. 물론 유치하기는 하지만, 나는 너무 '계몽'되어서 가장 일상적인 정서조차 이해하지 못하는 좌파 지식인처럼 되느니 그런 식의 훈육을 받는 것이 낫다고 본다. 혁명의 순간이 왔을 때 움찔하며 물러서는 그들은 국기를 보고 한 번도 가슴이 뛴 적이 '없는' 바로 그들이다.(Essays, 137)

오웰은 애국심을 버린 좌익 지식인의 무책임을 비판하면서 보통 사람의 인간적 품위를 애국심이라는 정치적 차원에서 옹호했다. 나아가 좌익과 애국심을 결합하고자 했다. 전쟁에 이기기 위해서는 영국 사회를 사회주의로 만들어야 하는데, 그 원동력이 애국심이라 주장한 것이다. 이는 "혁명을 통해 승리를!"이라는 카탈루냐 POUM의 구호를 영국에 옮긴 것이었다.

사회주의를 위한 애국

전쟁 초기의 9개월간은 선전 전쟁이었다. 프랑스에서는 마지노 요새에서 병사들이 대포 위에 세탁물을 말리고, 영국 공군은 베를린을 공습하면서 폭탄이 아닌 선전 삐라를 떨어뜨렸다. 그런 전초전은 오래가지 않았다. 오웰은 전쟁이 장기화할 것과 그 결과로서 경제 파탄으로 기근이 들 것을 예상해 많은 양의 감자를 심는 등 농사일에 주력'했다.

1940년 5월, 히틀러는 서부전선에서 행동을 개시해 삽시간에 서유럽을 점령한다. 영국의 동맹국과 우호국은 차례로 함락되었고, 히틀러는 노르 웨이마저 삽시간에 정복한다. 북해 연안의 저지대 나라들도 침략하여 정복했다.

5월 말, 유럽에 파견된 영국군은 프랑스의 던커크(Dunkirk)에서 대량의 장비를 버리고 영국으로 도망쳤고, 히틀러는 런던 공습을 시작한다. 5월 15일, 처칠은 수상으로 취임하고, 노동당도 연립내각에 참여한다. 처칠은 "나는 피와 노고와 눈물과 땀밖에 줄 수 없다. 어떤 희생을 치르고라도 이길 때까지 싸운다"라고 하는 유명한 취임 연설을 했다. 이 같은 태도 때문에 처칠은 그때까지 희생을 두려워했던 영국의 상류층과 보수당 속 에서 고립된다.

영국은 전쟁이 끝나고 대가를 치른다. 그 자신, 대영제국을 지킨다고 호언했으나 제2차 세계대전 이후 영국은 대영제국을 잃었고, 결국 세계 정치의 주도권은 미국과 소련으로 옮겨졌다. 게다가 전쟁 동안 중류계급 이나 노동자계급이나 모두 동일하게 배급받은 식량을 먹고 배급받은 의 복을 입어 함께 전쟁의 부담을 나눔으로써 평등 감각이 커졌으며, 그 결 과 전후 첫 총선에서 노동당이 처칠의 보수당을 누르고 역사상 최초로 하원에서 다수 의석을 얻어 정권을 잡아 복지국가 정책을 펴게 된다.

■　＊ 당시 그가 미국에서 간행될 『20세기 작가들』에 보낸 자기소개 글을 앞에서 소개한 바 있 는데, 그 글에서도 그는 채소 재배에 가장 신경을 쓴다고 썼다.

폭격으로 집을 잃은 런던 동부의 아이들

처칠이 취임하기 적어도 두 달 전, 오웰은 히틀러의 『나의 투쟁』에 대한 서평에서 다음과 같이 썼다.

> 히틀러는 (…) 인간이 안락, 안전, 짧은 노동시간, 위생, 산아제한, 즉 상식만을 바라는 것이 '아님'을 알고 있다. 인간은 적어도 때때로 큰북, 깃발, 충성 행진은 물론, 투쟁과 자기희생도 바라는 것을 아는 것이다. 파시즘과 나치즘은 경제이론으로서는 어떻든, 심리적으로는 쾌락주의적인 인생관보다 훨씬 건전하다. 이는 필경 스탈린의 군국주의판 사회주의도 마찬가지리라. 대독재자 3인이 함께 각 국민에게 참기 어려운 무거운 짐을 지움으로써 자신의 권력을 강화했다. 사회주의가, 그리고 더욱 '떨떠름하게' 자본주의조차 사람들에게 '너에게 더 좋은 삶을 준다'고 말해온 것에 대해, 히틀러는 '나는 너에게 투쟁, 위험, 죽음을 준다'고 말한다. 그 결과 일국의 국민 전체가 그의 발밑에 몸을 던졌다.

오웰이나 처칠 역시 히틀러와 마찬가지로 상식 이외의 욕망을 지니고 있었다. 그러나 오웰과 처칠은 파시스트가 아니었다. 다만 상식을 벗어난 비상사태에서는 상식이나 인간적 품위를 지키기 위해서 '지적인 만용'이 필요하다는 것을 자각했을 뿐이다. 사실 두 사람은 달랐다. 처칠은 좌우익을 아우르는 거국일치를 위한 애국심을 주장했지만, 오웰이 말한 애국심은 사회주의를 위한 애국심이었기 때문이다. 그러나 현실적으로 먹힌 것은 처칠이다. 그는 자신만이 아니라 영국 국민을 적어도 제2차 세계대전 중에는 '역사상 가장 빛나는 시대'를 누리게 해준 인물이었다. 오웰에게 그 시기가 오직 '무용과 실망의 시대'였던 데 비해서 말이다.

전쟁 기간

전쟁이 터지고 잡지 발간이 중단되는 바람에 오웰의 생활은 어려워졌다. 채소 가꾸기만으로는 생활이 불가능했다. 그래서 아일린은 런던에 신설된 정보부 검열과에 취직했고, 주말에만 월링턴에 돌아왔다. 오웰은 『고래 뱃속에서』를 완성하는 즉시 입대하든지, 전쟁에 협력하는 다른 일을 구하려고 마음먹었는데, 결핵이 의심되어 입대는 불가능했다.

『고래 뱃속에서』는 1940년 3월에 출판되었다. 5월, 오웰 부부는 런던 리젠트 공원 부근의 5층 아파트로 이사한다. 엘리베이터도 없고 욕실마저 공용으로 써야 하는 허름한 아파트였다. 오웰은 본래 런던을 싫어했으나 전쟁에 협력하기 위해서는 어쩔 수 없다고 생각했다.

영국군이 던커크에서 퇴각한 1940년 5월 28일부터 오웰은 일기를 쓰기 시작한다. 6월에는 지역민방위 의용군에 입대한다. 그는 스페인 시민전쟁의 경험 덕분에 바로 하사로 임관되어 대원의 훈련을 담당하게 되었고, 그곳에서 3년간 근무한다. 당시 민방위대는 훈련할 필요가 없는 방어대라는 인식이 있었으나, 오웰은 민방위대를 잘 훈련시키면 독일군에 저항할 수 있는 훌륭한 전투세력이 되고, 나아가 '민주적인 인민군대'가 되어 정부의 폭정에도 대항할 수 있다고 믿었다.

그는 《트리뷴》에 쓴 민방위대에 대한 글의 마지막에서 "노동자 계급이 사는 아파트의 벽이나 그들의 오두막에 걸려 있는 소총은 민주주의의 상징이다. 우리의 임무는 그것이 거기 걸려 있는 것을 보는 것이다"라고 썼다.

영화평을 쓰다

전시에 일거리를 찾기란 쉽지 않은 일이다. 오웰도 마찬가지였다. 기껏해 야 《타임 앤 타이드》에 연극과 영화평을 1주 1회 쓸 수 있었을 뿐이다. 그러나 오웰은 언제나 그렇듯 새로운 일거리에 열중했다. 연극은 그에게 친숙하지 않았고 '형편없는 연극'을 보러 가야 하는 데엔 줄곧 불만을 토로했지만, 영화는 그전부터 좋아했다. 사우스월드에서 아버지와 함께 정기권을 사서 영화 관람을 했을 정도였다.

『고래 뱃속에서』에 쓴 「소년 주간지」는 대중문화론으로서 이미 호평을 받은 터였다. 이어 오웰은 길거리나 해변에서 파는 외설적인 그림엽서에 대한 에세이 「도널드 맥길의 예술」을 비롯한 대중문화 에세이도 썼는데, 그는 엽서에 나타나는 하층민의 저속한 외설 속에서 기성문화에 대한 반발을 읽어낼 줄 알았다.

영화에 대한 오웰의 관심은 더욱 깊어졌다. 물론 소년 주간지나 엽서와 달리 영화는 대자본이 노동자 대중을 대상으로 만든 것임을 오웰은 잘 알고 있었다. 특히 저속한 폭력이 난무하는 미국 영화를 일컬어 '재미있 는 쓰레기'라고 비판했다. 영화의 악역이 부자의 호로 자식임을 지적하기 도 했다.

영화는 관객을 생각하게 만들거나, 생각을 제시해야 하는데, 그들이 만든 영화는 그렇지 못하다. 책을 읽고 있는 미국 영화배우는 문맹자와 같은 태도로 책을 다룬다.

사디즘, 약한 자를 못살게 구는 사람에 대한 숭배, 턱에 걸린 양말들, 전반적으로 갱 분위기를 잘 재현한 것을 원하는 사람에게는 이 영화가 적격이다. 거물 험프리 보가트는 사람들의 얼굴을 피스톨 개머리로 갈기고, 동료 갱들이 숨지는 것을 보면서 태연하게 '저것들은 촌놈일 뿐이야'라고 말한다. 그러면서도 그는 개에게 친절하고, 그의 과거를 모르는 불구 소녀의 '순수한' 애정에 마음을 빼앗기는데, 이것은 매우 감동적인 것으로 보이도록 처리되어 있다. 마지막에 그는 살해되는데, 관객들은 그를 불쌍히 여기고 더 나아가 그를 찬미하도록 묘사된다.

당시 지식인들은 영화를 경멸했으나 오웰은 그것을 계급적 허영심으로 배척하고, 자신이 독자로 삼은 중류계층이 영화를 좋아함에 주목한다. 가령 채플린의 〈위대한 독재자(The Great Dictator)〉에 대해 그는 영화가 보여주는 권력에 대한 비판과 함께, 채플린의 독특한 재능이 "보통 사람의 본질을 집중적으로 대표하여, 일반인의 마음속에는 인간적 품위가 있다는 신념을 표현하는 힘"에 있다고 보고 다음과 같이 말한다.

우리가 살고 있는 시대라는 것은 민주주의가 거의 대부분의 영역에서 후퇴하고, 초인이 세계의 4분의 3을 지배하며, 부터 나는 교수가 자유는 무용하다고 떠들고, 유태인 증오를 평화주의자가 지원하는 시대이다. 그러나 모든 곳의 심층에서 서민은 기독교문화에서 비롯된 신념을 버리지 않고 살고 있다. 서민이 지식인보다도 현명하다. 마치 동물이 인간보다 현명하듯이. 어떤 지식인도 독일 노동조합의 탄압이나 유태인 고문을 정당화하는 뛰어난 웅변을 할 수 있으리라. 그러나 지성을 결여하고 본능과 전통만으로 움직이는 그들은 그것이 나쁘다'는 것을 알고 있다. 도의심을 잃지 않은 자라면 누구나—그리고 마르크스주의나 같은 신조의 교육은 도의심 파괴를 주목적으로 삼고 있으나— 무해한 유태인의 작은 상점에 대거 침입하여 가구에 불을 지르는 것은 '좋지 않다'는 것을 알고 있다. 어떤 이상한 개그의 트릭보다도 채플린의 매력은 이 사실을—즉 파시즘에 의해 파괴된, 그야말로 아이러니하게 사회주의에 의해서도 타도된, '백성의 소리는 신의 소리'이고, 거인은 야수와 같은 것이라는 사실을— 거듭 주장하는 힘에 있다고 나는 생각한다.

이처럼 오웰은 채플린 영화에서 서민에 대한 찬가를 읽다. 이는 뒤에 오웰이 『1984』에서 유행가를 부르며 세탁하는 여인을 바라보면서 "만약 희망이 있다면, 그것은 노동자들에게 있다!"(동물, 235)라고 말하는 것으로 연결된다.

종래 오웰이 1년 반에 걸쳐 쓴 약 50편의 영화평 중에서 저작집에 실린 것은 3편에 불과할 정도여서 대부분 시시했다고 평가되는데, 당시 쓴 글 중에서 빛나는 것은 역시 에세이와 서평, 그중에서도 특히 대중문화에 대한 분석이라 평가할 수 있다. 지금은 대중문화에 대한 글이 수없이 많지만 당시로서는 오웰이 그 분야의 선구자라고 할 만큼 희귀한 것이었다.

그러나 전집이 간행되어 오웰이 쓴 영화평이 모두 공개되면서 그것에 대한 평가 역시 달라졌다. 아직까지 그의 영화평에 대한 연구는 거의 없으나, 앞으로 오웰의 민중문화에 대한 새로운 시각을 제공해주는 연구가 있어야 할 것이다.

영화와 민중

오웰은 민중의 불만을 흡수시키는 완충장치로서의 영화 기능을 비판했다. 이미 『위건 부두로 가는 길』 제5장에서 오웰은 1930년대에 값싼 사치품의 소비가 증대했음을 지적하면서 영화도 그중 하나로 보았다. 당시에는 매주 1,800만 명이 영화를 보았다고 한다.

> 위건에서는 겨울에 애용되는 대피소가 환상적으로 저렴한 영화관이었다. 4페니면 언제든 좌석을 구할 수 있으며, 오후에는 2페니라면 가능한 곳들도 있었다. 배를 곯을까 말까 하는 사람들이라 해도 겨울날 오후의 지독한 추위로부터 벗어나기 위해서는 기꺼이 2페니를 쓸 수 있을 것이다. (…) 주머니엔 반 페니 동전 세 닢뿐이고 이 세상에 아무 전망도 없으며 돌아갈 집이라곤 비가 새는 작은 골방뿐이라고 해도, 새 옷을 차림으로 길모퉁이에 서서 클라크 케이블이나 그레타 가르보가 된 듯한 착각에 빠질 수 있는 것이다.(위건, 109/119-120)

오웰은 상업영화가 지배계급의 교묘한 책략에 의해 융성한다고 본 공산당의 주장에 찬성하지는 않았다. 그러나 다른 모든 사치품과 마찬가지로 영화도 혁명을 회피시키는 역할을 했다고 보았다. 오웰은 영화관의 피난처로서의 역할을 『엽란을 날려라』에서도 묘사했고, 그것은 『1984』에서 더욱 강력하게 묘사된다. 그 묘사는 바로 영화평을 쓰던 시절, 오웰이 본 전쟁영화에 대한 이야기임에 틀림없다.

> 1984년 4월 4일
>
> 지난밤엔 영화관에 갔다. 모두가 전쟁영화. (…) 폭탄을 맞은 한 아이의 팔이 하늘 높이 계속 치솟았는데, 헬리콥터가 기수에 카메라를 부착하고 추적해서 올라가며 사진을 찍은 것이 분명했다. 그러자 당원석에서 요란한 박수갈채가 터져 나왔다.(동물, 20)

뒤에서 『1984』를 다룰 때 더욱 상세히 논의하겠지만, 『1984』는 결코 독창적인, 예언적인 상상력이 빚은 공상소설이 아니다. 오웰이 살았던 1940년대의 현실을 묘사한 것이다. 하지만 1940년대 전쟁영화보다 지금의 전쟁영화가 보여주는 잔혹성이 더욱 격심하지 않을까?

『사자와 일각수』

1940년 가을, 오웰은 전쟁 목적의 중요성을 해설하는 '탐조등 총서(Searchlight Books)'의 하나로 『사자와 일각수-사회주의와 영국 국민의 천부적 재능』을 썼다. 이 작품은 2쇄까지 출판하는 동안 1만 2천 부나 팔렸는데, 『위건 부두로 가는 길』에 이어 두 번째로 많이 팔린 책이었다. 사자와 일각수는 영국을 상징하는 국장(國章)이자 민요에 자주 등장하는 요소다. 그런데 주의할 점이 있다. 민요의 경우엔 그 의미가 영국을 상징하는 것이 아니기 때문이다. 영국인들에게는 익숙한 노래이나 우리는 그 노래를 모르므로 여기서 잠시 가사를 소개할까 한다.

사자와 일각수가
왕관을 두고 싸우네
사자가 일각수를 치네
마을을 돌면서
누구는 흰 빵을 주고
누구는 갈색 빵을 주고
누구는 과자를 주네
그래서 그들을 마을 밖으로 쫓았네

이 노래를 당시의 국제 상황에 대비해보면 오웰이 공산주의 소련과 파시즘 독일 및 이탈리아를 사자와 일각수에 비유했고, 영국은 그 모두를 쫓아내야 한다고 주장한 것임을 알 수 있다.

1부 「영국, 당신의 영국」은 "내가 쓰고 있는 지금, 고도의 문명을 갖는 사람들이 나를 죽이고자 머리 위를 날고 있다"(Essays, 138)라는 문장으로 시작되어 다음과 같이 이어진다.

그들은 개인적으로 나에게 원한이 있는 것이 아니고, 나도 마찬가지다. 그들은 '자기 의무를 수행하고 있을 뿐'이다. 그들 대부분은 사생활에서는 살인을 저지른다는 걸 꿈도 못 꿀 만큼 마음이 착하고 법을 지키는 사람들'임을 나는 의심하지 않는다. 반면에 그들 중 하나가 폭탄을 잘 떨어뜨려 나를 산산조각 내는 데 성공하더라도, 그가 그 때문에 특별히 잠을 못 이룰 리도 없을 것이다. (…) 기독교와 국제사회주의는 애국심 앞에는 하잘 것 없다. 히틀러나 무소리니가 그들의 나라에서 권좌에 오른 가장 큰 비결은, 그들은 이 사실을 파악했고 그들의 적들은 그러지 못했다는 데 있다.(Essays, 138)

여기서 오웰은 영국과 영국인은 무엇인가를 설명한다. 그가 보는 영국은 개인의 자유가 뿌리박혀 전제정치가 쉽게 발을 내릴 수 없는 나라였다. 오웰은 개인의 자유에 대해 이렇게 설명한다.

자기 집을 가질 수 있는 자유, 시간이 나면 자기가 하고 싶은 것을 할 수 있는 자유, 위로부터 즐거움에 대한 선택이 내려오는 것이 아니라, 각자 스스로 즐거움을 선택할 수 있는 자유.(Essays, 141)

이어 오웰은 영국인을 다음과 같이 설명했다. "영국인은 지적이지 않고, 추상적인 사고를 기피한다. (…) 그들에게는 생각하지 않고 행동할 수 있다는 종류의 힘이 있고, 그들의 세계적으로 유명한 위선성—가령 제국에 대한 이중의 기준—은 이와 연결된다"라고 말이다.

그러나 그들에게는 그들 나름의 대중문화가 있고, 위선과 지적 허영심을 극복하는 힘이 있다. 오웰은 영국인의 가장 큰 장점을 신사적인 경향, 즉 야만적인 세력을 숭배하지 않는 경향이라고 말한다. "영국 문명의 온화함이 필경 가장 뚜렷한 특징이리라. (…) 이곳은 버스 차장의 기분이 좋고, 순경이 총을 차지 않는 나라다"라고 표현하면서.

2부 「상점주인들의 전쟁」의 첫 부분에서 오웰은 "이 전쟁이 증명한 것은 (…) 사적 자본주의로서는 '안 된다'는 것이다"라고 못을 박는다. "전쟁은 가장 강력한 변혁의 원동력이다"라고 하면서 생활필수품의 배급제와 징병제가 계급 간의 불평등을 없애는 롤러 역할을 했다고 말한다. 즉, 전쟁 수행의 노력을 통하여 계획경제가 필요하고 가능해지며, 공통의 선을 위해 도움이 되고, 기본적 자유도 위협하지 않음이 증명되었다는 것이다. 또한 이러한 전쟁은 상점 주인들에게도 사회주의 계획의 가능성 및 필요성을 납득시킬 수 있다고 보았다.

3부 「영국 혁명」에서 오웰은 사회 혁명은 필요할 뿐만 아니라 이미 시작되고 있다고 주장하면서 그것을 새로운 문명에 속하며 사회주의를 지지하는 중산층의 등장 때문이라고 설명한다.

1918년 이래 그전에 영국에 존재하지 않은 새로운 것이 등장했다. 분명하지 않은 사회계층에 속하는 사람들이다. 1910년에는 의복, 태도, 발음에 의해 이 섬나라에 사는 모든 사람들을 즉석에서 구분할 수 있었다. 지금은 더 이상 그것이 불가능하다. (…) 그래서 낡은 계급의 구별은 붕괴하고 있다.

오웰은 전쟁이 국민적 일체감을 높이고, 그것이 필연적으로 사회주의 화를 추진할 것이라 보았다. 이 예언은 맞아 떨어졌다. 전시에 입안된 베버리지 계획과 전후 실시된 에틀리 정권의 사회복지국가는 사회주의의 압력의 결과였던 것이다. 러시아 사회주의는 제1차 세계대전, 영국 사회주의는 제2차 세계대전의 결과로 이루어졌지 않은가? 그는 영국 사회주의를 다음과 같이 보았다.

> 그것은 교의적이지도 않고 논리적이지도 않으리라. 상원은 폐지될 것이지만, 필경 국왕제는 폐지되지 않으리라. 그것은 웃기는 말 털로 만든 가발을 덮어 쓴 판사, 병사의 견장에 달린 라이온과 일각수의 국장(國章) 등, 여러 곳에 시대착오와 혼란은 남으리라. (…) 그것은 결코 타협의 전통과 단절되지 않고, 법은 국가 위에 있다는 신념을 버리는 것도 아니리라. 그것은 반역자를 총살하여도, 그전에 장중한 재판을 행하고, 때로는 무죄 방면 시키리라. (…) 그것은 과거를 동화시키는 능력을 보여 외국인을 놀라게 하고, 혁명이 참으로 일어났는가 그들을 의심하게도 하리라.

오웰은 영국이 급진적인 개혁에 의해 바뀌어 중요한 사업들과 토지는 국유화될 것이며, 수입은 한정되어서 최고 부자의 수입과 최저 가난뱅이 수입의 차이는 십 대 일을 넘지 않을 것이고, 교육제도는 민주적인 방침에 의해 운명될 것이며, 대영제국은 인도에는 자유를, 그리고 다른 식민지들에게는 더 많은 대표를 뽑도록 허락할 것이라고 예언한다.

영국은 자신에게 진실해야 한다. (…) 그것은 테틀러와 바이스텐더와 작별하고 롤스로이스 차를 타는 부인에게 작별을 고한다. 상원에는 넬슨과 크롬웰의 후계자가 없다. 그들은 들판과 거리, 공장과 군대, 싸구려 술집과 교외 주택의 뒤뜰에 있고, 이제 그들은 유령의 세대에 의해 지배받고 있다.

오웰은 이것이 참된 영국, 본래의 영국이라 주장하면서 다음과 같이 글을 맺었다. "참된 영국을 표면에 들어내는 과제에 비하면, 이 전쟁에 이기는 것조차―분명 이길 필요는 있으나― 2차적인 일이다. 혁명에 의해 우리는 더욱 우리 자신이 된다. (…) 나는 영국을 믿는다. 그리고 우리는 전진하리라고 믿는다."

이상은 오웰이 영국을 보는 눈이 바뀌어졌음을 보여주는 글이다. 그전까지는 영국의 계급적 허영심과 위선을 공격했는데 말이다. 그런 견해에 의하면 새로운 중산층의 허위도 비판되어야 마땅했고, 오웰 자신도 비판해야 했다. 그러나 이제 그는 그런 비판을 멈춘 것이다. 나아가 그는 그 계층을 허영을 붕괴시키는 세력으로 적극 평가하기 시작한다.

물론 오웰이 계급적 허영심이나 위선을 찬양한 것은 아니다. 하지만 그것을 악보다는 나은 것으로 평가하고, 그 속에서도 선의 싹이 튼다고 보았다. 그리고 시간이 지나 사람들이 관용을 갖게 되면 그 싹은 더욱 자랄 것으로 보았다. 계급이 완전히 없어지지는 않겠지만, 시간이 흐르면 그다지 중요하지 않은 것으로 받아들여질 것을 예감한 것이다.

오웰은 『사자와 일각수』 출판 후 1941년 5월, 옥스퍼드 대학의 '영어 클럽'과 '민주적 사회주의 클럽'의 초청을 받아 〈문학과 전체주의〉라는 제목의 강연을 한다. 오웰은 여기서 "지난 4백 년간 유럽문학은 무엇보다도 지적 정직성을 중시했지만, 지금은 개인에게 어떤 자유도 허용되지 않고 그렇게 할 수도 없는 전체주의 시대이므로 문학이 위협을 받는 것이다"라고 하면서 전체주의에 반대하고 저항해야 한다고 주장했다. 당시 강연에 참석했던 학생의 회상을 들어보자.

> 글 잘 쓰는 어떤 명사들은 만나 보면 오히려 실망스러울 때가 있다. 그러나 조지 오웰은 예외다. 그는 사람들이 원하고 기대했던 바 그대로였다. 그는 자신의 이야기를 막연하게 일반화시켰다. 그런 경향은 논리적인 사고에 젖어 있는 학생들에게는 화가 날 것이지만, 사회주의적 소년 주간지로부터 대중에 대한 마르크스주의 선전에 이르기까지 다양한 질문에 답하면서 그는 중요한 비평가임을 명백히 보여주었다.

인도 방송

처칠은 영국만으로도 전쟁에 이길 수 있다고 호언장담하면서도 내심 미국과 소련의 도움 없이는 이길 수 없다고 생각했다. 반면 히틀러는 단기에 소련을 분쇄하고, 그 결과 극동에서 일본의 위협이 증대되면 미국은 영국을 원조할 수 없고, 따라서 영국은 굴복하게 되리라고 보았다. 그러나 미국과 소련은 영국 측으로 참전했고, 결국 영국은 전쟁에서 이긴다.

미국과 소련을 참전하게 만든 것은 영국이 아니었다. 미국과 소련은 모두 반제국주의의 입장을 표방했고, 이는 독일이나 이탈리아의 경우도 같았다. 그 적은 도리어 당시 대영제국이었던 영국이었다. 그러나 1941년 6월 히틀러가 소련에 침략하고, 같은 해 12월 일본이 진주만을 공격함으로써 미소는 참전하게 된다.

제국으로서의 영국, 특히 인도는 영국이 갖는 최대의 약점이었다. 오웰은 누구보다도 그 제국주의에 비판적이었다. 그런 오웰이 1941년 8월부터 BBC의 '전시 중요 업무'에 취직해 인도로 보내는 방송을 담당했다는 것은 매우 아이러니한 일이다. 물론 그전에 다시 군에 입대하고자 했으나 거절당하여 대신 얻은 일이었긴 해도 말이다.

전쟁 중 인도에 대한 선전은 독일의 경우 200만 명에 이르는 인도 병사들의 사기를 떨어뜨릴 필요가 있어 일찍부터 주목되었다. 또한 당시 인도에서는 간디나 네루만큼 중요한 정치 지도자였던 보스(Subhas Chandra Bose, 1897~1945)가 베를린에서 '자유 힌두 방송(Asad Hindu)'을 시작했다. 보스는 1941년 12월, 일본이 전쟁을 일으키자 도쿄에 가서 인도 선전방송을 시작했고, 말레이반도와 싱가포르에서 일본군에 항복한 인도병을 모아 인도 국민군을 결성했다. 그들은 일본군과 함께 미얀마로 진격하여 인도 국경까지 갔지만, 임바르 전투에서 모두 괴멸한다. 그러나 당시의 영국에게는 커다란 위협이 아닐 수 없었다.

당시 BBC는 42개 국어로 해외 방송을 했는데, 인도 방송은 영어로 가능했다. 오웰은 주로 인도에 보내는 뉴스 해설이나 문화 프로그램의 원고를 쓰는 일을 담당했다. 그는 아침부터 밤까지 열심히 일했고, 당시까지 받아보지 못한 높은 연봉인 640파운드를 받았다. 그러나 BBC 2년간 그는 사실 누구도 듣지 않고 누구에게도 영향을 미치지 못한 인도와 동남

BBC 근무 시절의 오웰

아시아 지식인을 향한 문화 프로그램을 쓴 것에 불과했다. 따라서 당시의 생활을 크리크나 쉘던처럼 '재능의 낭비'로 볼 수도 있다.

하지만 오웰 자신은 적어도 처음부터 그렇게 생각하지는 않았을 것이다. 오웰은 1938년 초 인도의 신문사로부터 초청 받은 적이 있었을 때 다음과 같이 썼다.

> 그것은 몹시 따분한 일이고 나는 그런 따분한 일을 하고 싶지 않다. 그러나 나는 그것이 흥미로운 것들을 볼 기회이고 만약 내가 가지 않으면 나는 후에 나 자신을 저주할지 모른다고 느꼈다.

사실 BBC에 근무한 것은 전쟁을 위해 무엇인가를 해야 한다고 여긴 책임감의 결과였다. 전쟁이 아니었다면 그는 결코 국영방송인 BBC에 근무할 생각조차 하지 않았을 것이다. 그러나 오웰은 체질적으로 거대한 관료적 조직에 맞는 사람이 아니었다. 그 자신이 그렇다는 것을 이미 미얀마에서 충분히 경험한 터였다. 게다가 전시였기 때문에 당연히 존재했던 온갖 검열이 그를 괴롭혔다. 당시의 검열에 대한 불쾌함은 오웰이 뒤에 쓴 『1984』의 '진실부'나 '뉴스피커'라는 선전용 어법 묘사에서 그대로 드러난다.

오웰은 BBC에서 당대의 뛰어난 문인들과 함께 일하는 데에 처음엔 흥미를 느꼈으나 곧 실망한다. 엘리엇, 포스터, 스펜더, 리드, 코놀리, 과학자인 버날 등은 오웰의 프로그램 대담자로 참여했던 인물들이다.

「나 좋은 대로」

오웰은 BBC에 근무하는 동안 글을 많이 썼다. 그중 골란츠가 1941년 3월에 출판한 『좌익의 배반: 공산주의자 정책의 조사와 반박*The Betrayal of the Left: An Examination and Refutation of Communist Policy*』에 실린 「파시즘과 민주주의*Fascism and Democracy*」라는 글에서 오웰은 공산주의를 통렬히 비판한다.

> 공산주의가 서유럽에서 실패할 것은 처음부터 뻔한 일이었다. 여러 나라의 공산당은 러시아 정권의 단순한 선전 앞잡이들로 일찍이 타락했다. (…) 러시아는 배워야 할 입장이고, 모방되어질 수 없는 퇴보하는 국가이며, 공산주의자들은 숙청, '타파' 등은 건강한 징조들이고, 그것들은 정신이 올바른 사람이라면 영국에서도 행해지기를 바라는 것이라고 가장하지 않을 수 없다.

오웰은 『사자와 일각수』에서 영국의 사회주의적 변화가 1년 내에 일어나기를 원했다. 그러나 1년이 지나도 변화는 없었다. 이에 대해 그는 《옵저버》에 기고한 「순간의 기분*Mood of the Moment*」이라는 글에서 좌절감을 느낀다며 다음과 같이 썼다.

> 영국은 과거의 케케묵은 사회제도에 너무 집착하고 있다. (…) 사람들은 2년간 전쟁을 겪은 나라가 감당할 수 없을 정도로 낭비와 호화로운 생활을 하고 있으며, 부의 불균형은 더욱 심화되었으며, 그 속에서 지성인들은 좌절하고 있고, 인척 등용과 특권이 난무하고 있다.

BBC 방송에서 오웰이 의도한 것은 나름의 애국적 사회주의화를 실현한다는 것이었고, 그 하나가 바로 인도의 독립이었다. 그러나 그런 의도 자체가 제국주의에 봉사하는 것이라는 비난도 충분히 가능했는데, 이에 대해 오웰은 파시즘이 승리한다면 인도의 독립 자체가 불가능하다는 이유를 들어 반박한다.

그러나 1942년 8월, 인도에서 폭동이 터진다. 폭동의 진압을 위해 당시 일본군에 대적하기 위한 군인들보다 많은 수의 군인들이 투입되었다. 폭동의 결과 인도인 1,060명이 군대와 경찰에 살해되었고, 91,836명이 체포된다. 간디를 비롯한 독립 지도자들은 1944년 5월까지 구속되었다. 또한 200개의 경찰소가 파괴되었고, 300개 이상의 역과 우체국이 파괴되었다.

당시 오웰은 이 사건을 심각하게 받아들였다. 미국의 《파티잔 리뷰 Partisan Review》에 보내는 「런던 통신London Letter」에서 영국이 결정적으로 틀린 방향으로 나아가고 있다고 비판하기도 했다. 결국 이러한 사건이 오웰로 하여금 BBC를 떠나게 만든다.

《트리뷴》의 문학 편집자로 일하다

오웰은 1943년 11월 의용군과 함께 BBC를 사직하고, 《트리뷴》의 문학편집자로 취직해 1년 3개월 동안 일한다. 오웰이 당시 가장 진보적인 잡지라고 본 《트리뷴》은 베번이 이끈 노동당 반주류 좌파의 기관지로서 처칠 정부를 철저히 비판했다.

소련에 맹종하는 공산당을 제외하면 그 잡지는 전쟁 지지파 중에서도 가장 좌파적인 입장에 있었다. 지상(誌上)에서는 줄곧 전쟁 지지파와 반대파가 논쟁을 벌였다. 그 잡지가 문예란에 아나키스트나 트로츠키파, 그리고 독립노동당과 같은 독자적인 입장에 있는 작가들의 글을 자주 실었기 때문이다. 특히 전쟁의 이론적 근거가 기본적 인권의 옹호에 있다면 국내에서도 기본적 인권은 존중되어야 한다는 태도를 관철하여 정부의 미움을 사기도 했으나, 당시의 전위적인 작가들로부터는 널리 지지를 받았다. 오웰도 그런 입장에 속했다.

오웰은 그 잡지에 정기 칼럼 「나 좋은 대로」를 실었다. 그 칼럼은 이미 다른 사람에 의해 시작된 것이었으나 그야말로 오웰에게 딱 맞는 것이었다. 아무런 형식 없이 자유롭게 자기 쓰고 싶은 것을 마음대로 쓸 수 있는 그 칼럼을 통해 오웰은 자신의 재능을 충분히 발휘한다. 잡지 편집인이었던 베번도 완전한 자유를 허락했다.

칼럼 수는 1947년까지 4년간 71편이었으나 그 글들 속에서 다루어진 화제는 232건에 이를 정도로 다양했다. 따라서 한 편의 글 속에도 여러 가지 화제가 등장한다. 가령 첫 번째 글에는 오랫동안 잊힌 옛날 소설가의 슬픈 운명, 정치적 팸플릿의 필요성, 런던 뒷거리, 시골 울타리의 아름다운 꽃이라고 하는 4개의 화제가 등장하는 식이었다.

이처럼 '시시한' 화제도 있었으나 '진지한' 것도 적지 않았다. 가령 유럽 대륙 공략을 위해 영국에 온 미군 병사들로 인해 반미 감정이 고조된 글을 다룬 것 등이 한 예이다. 그는 정부가 사태가 악화되리라는 두려움 때문에 자유로운 토론을 억제한다고 비판했다. 많은 독자들이 이 글을 읽고 오웰이 지나치게 반미적이라고 비판했지만 그는 대부분의 영국인보다

덜 반미적이라고 반박한다.

그러나 더욱 중요한 것은 '시시한' 화제에 있었다. 당시 오웰은, 아니 평생 오웰은 '시시한' 것이 우리의 삶을 풍요롭게 해준다고 믿었기 때문이다. 오웰의 그런 태도는 「도널드 맥길의 예술」에서 독자들에게 자신을 돈키호테로 보는지 산초 판사로 보는지를 묻고서 자신의 인생관을 양쪽으로 밝힌 데서도 찾아볼 수 있다.

이 시절에 쓴 에세이로 「T. S. 엘리엇」(1942)이 있다. 오웰에 의하면 「황무지」를 비롯한 엘리엇의 전반기 시는 죽어가는 문명에 대한 애가인 반면, 가톨릭에 귀의한 뒤 쓴 신앙을 주제로 한 후반기 시는 죽음과 불멸에 대한 명상으로서 후자보다 전자가 훨씬 활기에 넘친다. 엘리엇이 후기에 와서 그런 반동적 보수주의에 빠진 이유는 스탈린주의자들처럼 엘리엇이 도그마에 갇혀버렸기 때문이라고 오웰은 분석했다. 그는 엘리엇이 「황무지」를 헌정한 에즈라 파운드(Ezra Pound, 1885~1972)**도 파시스트라 비난했다.

비슷한 논지로 오웰은 「W. B. 예이츠」(1943)에서 예이츠를 귀족주의를 추구하는 파시스트라 비판한다. 예이츠의 신비주의는 지도자에 대한 맹종을 강요하는 파시즘의 정수로 민주주의에 반하는 것이고, 그의 작품에 나타나는 반(反)현대나 중세 환원도 몽매주의를 초래할 뿐이라고 말이다.(Essays, 233-238)

■ * 39~40쪽 참조
   ** 에즈라 파운드는 실제로 유대인에 대한 증오심에서 이탈리아 파시즘에 열광했고 1941년부터는 파시스트 정권을 옹호하는 방송을 시작했다.

오웰은 또한 오스카 와일드의 '예술을 위한 예술'도 비판한다. 나아가 오스카 와일드 식 사회주의를 비판하면서 사유재산의 철폐가 의식주를 자동적으로 해결하는 것이 아니라, 고통스럽고 불편하며 오래 지속할 이행기의 첫 단계일 뿐이라고 주장했다. 와일드만이 아니라 대부분의 사회주의자들이 사회주의가 오기만 하면 모든 행복이 주어진다고 말하지만 진리는 도리어 그것과 반대라고 오웰은 강조한다. 나아가 그러한 경제 환원주의는 현장을 모르는 지식인의 이론에 불과하다고 비판했다. 사실 당시의 러시아나 독일은 그들이 주장하는 프롤레타리아(노동자)의 독재가 아니라 지식인의 독재가 지배하는 나라였다.

가정과 사교 생활

《트리뷴》의 문학편집자로 일하면서 오웰은 새로 마련한 좀 더 큰집의 지하실에 목공 작업실을 만들고 닭도 몇 마리 키운다. 오웰은 이 시기 과거 어느 때보다 적극적으로 사교생활에도 관심을 가졌다. 그래서 형편은 어려웠지만 사람들을 초대하여 목공실을 보여주기도 했다.

1944년 6월 그는 그레이엄 그린(Graham Greene, 1904~1991)을 만나 의기투합한다. 그러나 오웰은 그린의 가톨릭을 좋아하지 않았다. 뒤에 그린의 『사건의 핵심The Heart of the Matter』에 대해 오웰은 다음과 같이 혹평했다.

원죄사상을 숭배하는 것은 나에게 바보 같이 보인다. 그 이면에는 아마 신앙을 약화시키게 하는 무엇이 있을지도 모른다. 왜냐하면 정말 지옥을 믿는다는 사람들이 죽기 바로 직전에 친절하게 굴지 않기 때문이다.

1943년 3월, 오웰의 어머니가 세상을 떠난다. 오웰은 아버지를 비롯한 모든 가족에게 그랬던 것처럼 어머니에 대해서도 글을 쓴 적이 거의 없었다. 유일한 예외가 「나는 왜 쓰는가」인데, 그 글에서 오웰은 그녀를 어린 아들이 시를 써서 읽어주는 것을 자랑스럽게 들어주는 관대한 어머니로 묘사했다.

어머니가 죽고 나서 오웰은 자식을 갖고 싶다는 강한 욕망을 느낀다. 그 어느 때보다 강렬하게 소망했지만 한편으로는 가난한 환경에서 자식을 제대로 키울 수 없을 것이라고, 그리고 자신이 불임이라고 생각했다. 결국 그해 6월에 오웰 부부는 갓 태어난 남자아이를 입양하고, 이름을 리처드 호레이쇼 블레어라고 지었다.

아이의 입양으로 오웰 부부는 다시 신혼을 맞은 것처럼 행복해했다. 오웰의 부부 생활이 결혼 내내 불행했다고 할 수는 없지만, 두 사람의 갈등은 결혼 후 그때까지 오웰이 아일린에게 단 한 번도 원고를 보여주고 평을 받은 적이 없었다는 점에서 어느 정도 짐작된다. 그러나 아이를 입양한 후 쓰기 시작한 『동물농장』은 달랐다. 오웰은 그녀에게 매일처럼 원고를 읽어주고 다음 날 쓸 원고에 대해 토론하며 그녀의 비평과 제안을 기꺼이 받아들였다. 그 결과 『동물농장』에 유머가 가능해졌다. 사실

---

* 스페인 시민전쟁에서 알았던 오웰의 동료와 아일린이 불륜을 저질렀다는 소문까지 돌았던 만큼 충분히 행복했다고 할 수도 없다. 또한 오웰 역시 두 여성과 불륜을 저질렀다. 각각 BBC와《트리뷴》에 근무한 여성들이었다.

아들과 산책 중인 오웰

『동물농장』은 오웰의 소설 중 유일하게 유머가 있는 작품이다. 아일린의 제안에 따라 만들어진 유머였을 것이다.

『동물농장』

스탈린 신화에 도전하다

오웰은 1937년 스페인에서 돌아온 뒤부터 구상하여 《트리뷴》에 들어간 1943년 11월부터 집필하기 시작한 『동물농장』을 1944년 2월 말에 완성한다. 4개월 만에 쓴 것이다. 이러한 사실을 밝히는 것으로 시작되는 『동물농장』의 서문은 1945년에 출판된 그 책의 초판에는 포함되지 않았으나, 1972년에 〈뉴욕타임스〉가 처음으로 공개하면서 드러났다.[*]

오웰이 1937년부터 『동물농장』을 구상했다는 것은 앞에서 말했듯이 그가 스페인에서 스탈린 신화를 목격했음을 뜻한다. 그 신화는 스페인 혁명가들만이 아니라 세계의 모든 선의의 사회주의자를 유혹했는데, 오웰은 우크라이나 판 서문에서 다음과 같이 말한다.

> 지난 10년간 나는 사회주의 운동의 부활을 원한다면 소련 신화의 파괴가 결정적으로 필요하다고 확신해왔다.
>
> 스페인에서 귀국하자 나는 대부분 사람들에게 쉽게 이해되고 다른 나라

[*] 서문의 제목은 '언론의 자유'로서 『동물농장』이 출판의 어려움을 겪은 그간의 사정을 밝힌 것인데, 이에 대해서는 뒤에서 살펴본다.

말로도 쉽게 번역될 수 있는 이야기를 통해 소련 신화를 폭로하고자 생각했다. 그러나 이야기의 세부는 금방 떠오르지 않았다. 어느 날 나는 (당시 나는 작은 시골에 살고 있었다) 열 살쯤 되어 보이는 어린 소년이 좁은 길에서 짐마차 말을 몰고 가는 것을 보았다. 말이 길에서 벗어나려고 하자 소년은 채찍을 휘둘렀다. 나는 돌연 이러한 동물들이 자신의 힘을 자각했다면 인간은 동물에 대해 권력을 가질 수 없게 되리라, 인간은 부자가 프롤레타리아를 착취하는 것과 꼭 마찬가지로 동물을 착취하고 있다는 생각을 하게 되었다.

그래서 나는 동물의 관점에서 마르크스주의 이론의 분석으로 나아갔다.

우리는 위 글에서 오웰이 "사회주의 운동의 부활을 원한다면"이라고 말했다는 데 주의해야 한다. 이는 사실 "사회주의 운동의 부활을 원하므로"라고 이해해야 하는데, 그것은 이 책을 반공산주의 책으로 보아서는 안 되기 때문이다. 오웰이 규정하는 적은 '축음기와 같은 심성(gramophone mind)'이라고 하는, 즉 자동적으로 돌아가는 기계적 심성을 갖는 전체주의다. 그 축음기에서 흘러나오는 내용에 동의하든 말든 그것은 문제가 되지 않으며, 같은 내용을 반복해서 들려주는 심성 자체에 이의를 제기하는 것이 오웰의 창작 의도였다. 그 레코드가 마르크스주의든, 파시즘이든, 심지어 자본주의든 문제가 아니라는 것이다. 또한 소련이든 스페인이든 문제가 되지 않는다는 것이다.

물론 이 소설을 쓰게 된 직접적인 동기는 위의 인용문에서 보듯이 '소련 신화'에 대한 비판이다. 그러나 그것은 동기이고 소재일 뿐 전부는 아니었다. 문제는 '신화 자체', 즉 합리적 사유를 억제하고 핏대를 세우며 슬로건을 외치는 것으로 모든 실질적 논쟁을 없애려는 야만이었다. 이러한 핏대와 슬로건은 언제 어디에나 존재한다. 지금 한국에서도 심하게 나타나는 현상이지 않은가? 그래서 나는 『동물농장』이야말로 고전이며 걸작이라 생각한다. 20세기 초 구소련에도, 21세기 초 한국에도 적용되는 이야기니까 말이다.

또한 '소련 신화'란 스탈린이나 그 하수인 자체가 아니라 어디까지나 '소련 신화'란 점에도 주의를 기울여야 한다. 즉, 오웰이 겨냥하는 적은 스탈린이나 그 하수인이 아니라 이성을 억압하고 자유로운 토론 대신 거창한 표어를 내세우는 정치적 신화의 힘이었다. 따라서 스탈린이 죽고 소련이 해체된 지금도 러시아에서는 그 책을 현실 분석용으로 읽을 수 있다. 중국이나 북한에서도 마찬가지다(물론 북한이나 중국에서는 이 책을 읽을 수 없겠지만).

우리는 앞에서 본 『사자와 일각수』에서 오웰이 영국에서 사회주의가 소련식이 아닌 영국식이어야 한다고 주장했음을 보았다. 그러나 제2차 세계대전 동안 사회주의자만이 아니라 영국인들도 여전히 소련을 지지했다. 가장 중요한 이유는 소련군이 독일군의 침략에 대항하여 싸웠다는 점이다.

당시 서양 문명의 존속 여부는 '영웅적인 소련 인민'의 저항에 달려 있는 것처럼 보였다. 얼마 전까지만 해도 히틀러에 '속아' 서양 좌익을 배반하여 신용을 실추 당한 스탈린이 이제는 신문 지상에 '조 아저씨'(스탈린의 이름인 조지프의 애칭인 조)로 불리며 칭송을 받고 있다. 또한 영국 좌익은 소련의 군사력을 낳은 것이 사회주의 경제정책과 공산당 지배의 성과라고 입을 모아 찬양했다. 평소 이데올로기에 무관심했던 우익도 동맹국 소련에 대해 비판적으로 발언하는 것을 신사적이지 않다고 생각했다.

이처럼 별안간 높아진 소련 지지의 분위기는 소련을 비판하지 못하게 만들었다. 특히 그들은 스탈린의 숙청을 혁명 과정에 없어선 안 될 필요악이라 보고 그마저 지지했다. 오웰의 『동물농장』은 그러한 친소(親蘇)라는 신화적 분위기에 정면으로 도전한 셈이었다. 문제는 비단 이것만이 아니다. 그러한 정치적 신화는 언제나 조작되고 악순환 되니까. 결국 오웰은 자유, 평등, 박애, 정의와 같은 혁명적 가치들이 실제로 얼마나 쉽게 파괴될 수 있는지를 이 책을 통해 보여주고자 한 것이다.

소련의 현대사

잠시 『동물농장』과 관련된 범위 안에서 소련의 현대사를 살펴보려고 한다. 마르크스가 공산주의 사상을 만들었다는 것은 소련 이전의 이야기고, 1917년 2월 혁명, 그리고 10월 혁명으로 소비에트 정부가 구성되는 것으로부터 소련 현대사는 시작된다. 마르크스와 엥겔스가 1848년에 쓴 『공산당 선언』이 소설에서는 메이저의 연설로 나타나고, 10월 혁명은 동물 반란으로, 러시아 제국의 마지막 황제 니콜라스 2세는 반란 후 사라진 농장주인 존스로 나타난다고 볼 수 있다. 하지만 혁명의 주인공인 레닌이 『동물농장』에 나오는지 아닌지에 대해서는 여러 가지 논의가 있다.

여하튼 1918년부터 1921년까지 볼셰비키 적군에 대항한 백군과의 시민

전쟁이 계속된다. 이 전쟁은 『동물농장』에서 직접 묘사되지 않고, 암말 몰리가 백군을 상징한다고 보는 견해도 있지만, 프티부르주아 또는 러시아 혁명 전의 귀족을 상징한다고 보는 것이 옳다.

레닌이 1924년 죽은 뒤 그에게 의지했던 신참 볼셰비키 트로츠키는 당에서 점점 고립된다. 그전부터 그는 경제정책을 호되게 비판한 후 '서기국 관료주의'를 '당내 민주주의'로 바꿔야 한다고 주장했는데, 레닌이 죽은 후 노동자들이 대거 공산당에 가입하여 2년 사이에 당원이 35만 명에서 60만 명으로 늘어나고, 그 과정에서 당 기구를 관장하는 서기국의 권한이 강화되면서 서기장 스탈린에게 권력이 집중된다.

1927년, 스탈린이 집권하고 트로츠키는 결국 추방된다. 그 둘은 소설에서 나폴레옹과 스노볼로 등장한다. 스탈린이 공업화를 선언한 '5개년 계획'은 소설에서 풍차건설 운동으로 나타났는데, '5개년 계획'은 평등의 원칙하에 축적과 소비, 공업과 농업, 생산재와 소비재 사이의 균형을 지키며 공업화를 추진한다는 내용이다. 제1차 5개년 계획이 수립된 후 계획 기간 중 1,500개 이상의 새 공장이 건설되었고, 거대한 공업단지가 조성되는 등 대성공을 거두었으며, 이어 1933년부터의 제2차 5개년 계획, 1938년부터의 제3차 5개년 계획이 실행에 옮겨져 소련은 총생산 규모로 유럽 제1의 공업국, 세계적으로는 미국에 이은 2위의 공업국으로 부상한다.

1936년부터 대숙청이 시작되어 1938년까지 공식적 사상자는 총 681,692명, 실제로는 최대 200만 명 이상이 처형당한 것으로 추산되며, 죽지는 않았지만 고문이나 시베리아 유형으로 고통 받은 인원은 이보다 훨씬 많았다.

1939년에 독소불가침 조약이 체결되면서 소련은 독일의 폴란드 침략을 묵인한다. 소설에 나오는 목재 매매 흥정은 불가침협정에 의한 거래를 뜻한다. 그러나 1941년 독일이 소련을 침공하여 레닌그라드를 포위하자 소련은 제2차 세계대전에 참가하고, 1944년엔 레닌그라드 봉쇄가 해제되고, 1945년 5월 8일 독일이 항복함으로써 2차 대전에서 승리한다. 1953년에는 스탈린이 사망한다. 소설에서는 독일이 이웃 농장주인 프레드릭으로, 자본주의 진영은 필킹턴으로 각각 나타났다. 소설 마지막의 카드 장면은 제2차 대전에 뒤따른 테헤란 회담을 반영한 것이다.

메이저의 연설

『동물농장』의 줄거리는 다음과 같이 시작된다. 이야기의 배경은 매너 농장(Manor Farm)이다. 우리말 번역본에서는 보통 '장원' 농장이라고 '직역'하지만 이는 고유명사의 번역**으로는 잘못된 것이다. 오웰은 거드름을 피우는 이름으로 조롱 삼아 중세 봉건 영주의 거대한 소유지인 장원(莊園)을 뜻하는 이름을 선택한 것이다. 매너 농장의 주인 존스는 대단히 무책임한 자이다.

■   * 장원을 흔히 '아름다운 정원'을 의미하는 것으로 오해할 수 있으므로 번역자는 역주를 붙여야 한다.
  ** 소설에 등장하는 동물 이름에서도 번역 문제가 제기된다. '올드 메이저(Old Major)'는 번역본에서 '메이저 영감'으로 번역되나, 직역하려면 보다 완벽하게 '소령 영감'으로 하는 것이 옳다. 오웰은 책에서 보통 그를 그냥 '메이저'라고 쓰므로 이 책에서도 메이저라고 표기한다. 메이저는 보통 수퇘지라고 번역되나, 그 원어인 boar란 수퇘지 중에서도 종돈(種豚)을 말한다. 종돈이 아닌 정육용 수퇘지는 상품 가치를 유지하기 위해 생후 바로 거세시켜 키우다가 6개월 정도에 도살시킴이 보통이다. 그러나 메이저는 종돈이기 때문에 지금 12살이다.

이 농장의 큰 창고에 다양한 동물들이 모여든다. 소설에서 오웰은 동물 묘사에 뛰어난 재주를 보여주는데, 그 모습이 뒤에 나오는 여러 가지 행동으로 그대로 연결된다. 물론 그 동물들은 다양한 인간의 모습을 상징하는 것이기도 하다. 동물과 인간이 동시에 인식되는 것이다.

농장에서 평소 존경을 받던 종돈 메이저는 동물들에게 간밤에 꾼 기묘한 꿈 이야기를 들려준다. 인간의 지배가 끝나고 새를 포함한 모든 동물들이 평등하게 사는 사회에 대한 이야기였다. 그는 먼저 자기 목숨이 다되어 자신이 "체험에서 얻은 지혜"를 들려주는 것이 도리라고 말한다.(동물, 339)

> 우리들의 생활이란 비참하고 고생스럽고 짧다. 우리들은 태어나서 겨우 목숨만 유지할 정도로 먹이가 주어지고, 능력이 있는 놈은 힘이 다할 때까지 일하도록 강요받고 있다. 그리고 우리들은 나중에 쓸모없게 되면 그 순간 처절한 죽음을 당하게 된다. 영국에서는 어떠한 동물도 태어나서 1년이 지나면 행복이나 여가란 말의 뜻을 모르게 된다. 영국에 있는 동물에게는 자유가 없고, 불행과 예속이 전부이다.(동물, 339-340)

위 글에서 우리란 바로 동물처럼 살아가는 노동자를 의미한다. 마르크스와 엥겔스가 함께 쓴『공산당 선언』에서도 그렇게 말했지만, 위 글에서 언급되는 영국 노동자의 비참한 실상은 엥겔스가 쓴『영국 노동자 계급의 상태』(1845)를 연상하게 해준다. 물론 레닌이 쓴 여러 책이나 혁명 전후의 연설을 가져와도 무방하지만 말이다.

『동물농장』의 초판들. 왼쪽은 영어판 초판 표지이고, 오른쪽은 독일어판 초판 표지이다.

이어 메이저는 그것이 자연의 섭리나 생활의 여유가 없기 때문이 아니라 도리어 "영국은 땅이 기름지고 기후가 따뜻해서 현재 살고 있는 숫자보다 훨씬 더 많은 동물들에게 넉넉히 식량을 줄 수도 있다"라고 주장한다. 그럼에도 동물들이 비참하게 사는 것은 동물들이 노동하여 생산한 것을 인간들이 착취하기 때문이라고 말한다. 따라서 "인간이 우리의 유일한 적"이고 "인간을 여기서 추방"하면 "기아와 과로의 근원은 영원히 없어"진다고 한다.(동물, 440)

> 인간은 생산도 하지 않고 소비만 하는 유일한 동물이다. 그들은 젖도 알도 낳지 못하고 힘이 약해서 쟁기도 끌지 못하며 토끼를 잡을 만큼 빨리 뛰지도 못한다. 그런데도 그들은 동물의 왕인 것이다. 동물들을 부려먹고 동물에게는 겨우 연명할 수 있을 정도의 식량만을 주며 그 나머지는 자신들을 위해서 쌓아둔다.(동물, 340)

이어 여러 동물들에게 그 착취의 현실을 열거하며 자신의 주장을 설득한 뒤 반란을 일으켜야 한다고 주장한다. 그러면서 다음과 같은 주의사항을 당부하는데, 이는 인간의 감언이설에 속지 말라는 내용이었다.

> 인간과 동물은 공통의 이해관계를 가지고 있다든지, 인간의 번영이 바로 동물의 번영이라고 유혹할 때 절대로 거기에 귀를 기울이지 맙시다. 그것은 모두가 거짓입니다.(동물, 342)

그리고 "인간과 인간의 모든 행실에 대해 적개심을 품는 것이 여러분의 의무"임을 명심하라고 주의를 준다. 바로 그때 소동이 벌어진다. 메이저가 연설하는 중간에 "모든 동물은 동지들이다"라고 하자 커다란 들쥐 네 마리가 구멍에서 기어 나온 것이다. 그러자 개들이 쥐*들을 쫓고 이들은 구멍 속으로 뛰어든다. 들쥐는 소련 북부의 원주민들을 상징했다.

여하튼 그 소동으로 메이저는 즉각 쥐나 토끼 같은 들짐승이 동지인지 아닌지를 표결하자고 주장한다. 압도적인 다수가 찬성의 뜻을 밝힌 가운데 개 3마리와 고양이만 반대한다. 그런데 고양이는 찬반 양쪽에 투표한 사실이 나중에 밝혀진다.(동물, 342) 소설에서 고양이는 소나 말에게 있는 공공심을 찾아볼 수 없고 제멋대로 구는 불성실의 대표로 묘사된다. 소설 서두 메이저의 연설장에 고양이는 마지막으로 입장하여 다음과 같이 행동한다.

> 여느 때와 마찬가지로 가장 따뜻한 장소를 찾아 사방을 둘러보더니 마침내 복서와 클로버 사이로 비집고 들어갔다. 거기서 고양이는 메이저의 연설은 한마디도 듣지 않으면서 연설을 하는 동안 줄곧 기분 좋은 듯이 목을 가르랑거렸다.(동물, 339)

고양이에 대한 묘사는 대개 혁명이든 무엇이든 다양한 사회 변화에 교

■ * 우리는 쥐를 쫓는 것이 고양이라고 생각하지만, 영미권에서는 집쥐는 고양이, 들쥐는 개가 쫓는다고 생각한다. 따라서 우리나라에서 들쥐를 그냥 '쥐'로 번역하는 것은 문제다.(동물, 342)

활하게 기회주의적으로 대처하는 이기적인 유형을 상징한다. 오웰은 그런 존재가 있다는 정도로 묘사하는 데 그치고, 그것을 크게 비난하지는 않았다. 도리어 자연스러운 반응으로 묘사한다. 오웰은 그런 모습이 돼지로 상징되는 정치악에 비해 훨씬 인간적이라고 여겼다.

고양이와 함께 혁명 전선에서 게으름을 피우다 몰락하는 존재는 언제나 아름다운 리본을 달고 뽐내며 다니는 암말 몰리다.(동물, 339) 뒤에서 보겠지만, 혁명 후에도 몰리는 고양이처럼 게으름을 피운다.(동물, 335/365) 심지어 그녀는 인간의 유혹에 넘어간다는 점에서 고양이보다 더욱 나쁘다.(동물, 366) 그러나 오웰은 몰리도 비난하지 않는다. 도리어 혁명의 극단적인 도덕성이 아름다움까지 몰아내곤 하는 야만성을 비판했다. 여하튼 메이저는 모든 동물은 친구이고 모두들 평등하다고 선언한다.

> 두 다리로 걷는 놈은 전부 적이고 네 다리나 날개를 가진 자는 모두 우리의 친구이다. 그리고 인간과 싸울 때 그들을 닮아서는 안 된다는 것도 명심해야 하겠다. 여러분이 인간을 정복하더라도 인간의 악습을 배워서는 안 되겠다. 어떠한 동물도 집에서 살거나 침대에서 자거나, 옷을 입거나 술을 마시거나 담배를 피우거나 돈에 손을 대거나 장사를 하거나 해서는 안 되겠다. 인간의 습관은 모두 나쁘다. 그리고 무엇보다 어떠한 동물이든 같은 동물을 탄압해서는 안 된다. 강하든 약하든, 현명하든 우둔하든 우리는 모두 형제들이다. 어떠한 동물도 다른 동물을 죽여서는 안 된다. 모든 동물은 평등하다.(동물, 343)

〈영국의 동물들〉

이어 메이저는 꿈 이야기, 즉 "인간이 없어졌을 때의 이 지상에 대한 꿈"
을 말한다. 그 꿈은 아래에서 보는 〈영국의 동물들〉이라는 노래로 집약
되는데, 이는 메이저가 어린 시절에 부르던 노래였다.

> 영국의 동물들아, 아일랜드의 동물들아,
> 모든 지방과 나라의 동물들아,
> 즐거운 내 소식을 들어라,
> 장차 황금시대가 찾아온다는 것을.
>
> 언젠가 그날이 오리라,
> 폭군인 인간이 전락하고,
> 영국의 비옥한 들판에서,
> 동물들만이 활보하는 그 날이.
>
> 우리들의 코에서는 코뚜레가 사라지고,
> 우리들의 등에서는 멍에가 벗겨지며,
> 재갈과 박차(拍車)는 영원히 녹슬고,
> 가혹한 채찍질도 더 이상 없으리라.
>
> 상상도 할 수 없는 재산이,
> 밀과 보리, 귀리와 건초,

클로버와 콩과 당상치가
그날이 오면 모두 우리의 것이리라.

영국의 들판은 밝게 빛나고,
강물은 한층 맑게 흐르며,
미풍은 더욱 감미로우리라,
우리가 자유로워지는 그 날에는.

그날을 위해 우리 모두 일해야 하리라,
비록 그날을 못 보고 죽더라도.
암소도 말도 거위도 칠면조도
자유를 위해 모두 힘껏 일해야 하리라.

영국의 동물들아, 아일랜드의 동물들아,
모든 지방과 나라의 동물들아,
내 소식 잘 듣고 온 누리에 전하라,
장차 황금시대가 찾아온다는 것을.(동물, 344)

종래 이 노래에 대해서는 〈인터내셔널가〉의 패러디라는 등 여러 가지 학설이 제시되었으나 소설에서는 "오래 전에 동물들이 불렀던 것"(동물, 343)으로 설명된다. 14세기 초엽부터 영국 민중 사이에서 불린 〈과자의 나라(Cokaygne)〉라는 민요에서 비롯되었다고 보는 견해도 있는데, 특히 제

4연의 물질적 부에 대한 희망이 그렇다고 본다.

그런데 소설에서는 다시 그 노래가 〈클레멘타인(Clementine)〉과 〈라 쿠카라차(La Cucaracha)〉*와 비슷하다고 한다. 우리가 잘 아는 〈클레멘타인〉이라는 아일랜드 민요의 영어 가사와 〈영국의 동물들〉은 각 연이 4행씩으로 되어 있고, 음절의 강약 리듬도 4단위여서 비슷한 느낌을 준다. 또한 〈라 쿠카라차〉는 멕시코 민요로서 그 말은 1910년에서 17년 사이의 멕시코 혁명에서 여성 병사 또는 군대를 따르는 여성을 뜻하는 말이었다. 오웰은 『사자와 일각수』에서 영국 사회주의 혁명을 대망하면서 프랑스 혁명에서 나온 〈라 마르세이유〉나 멕시코의 혁명에서 나온 〈라 쿠카라차〉 같은 혁명가가 영국에는 없음을 개탄한 적이 있다. 오웰은 시보다도 유행가를 선호했다.

동물주의

소설 1장에서 메이저는 동물들에게 일장 연설을 하여 "동물들에게 전혀 새로운 가치관을 심어주고"(동물, 345), 2장 서두에서 연설을 하고 사흘 뒤인 3월 초순에 죽는다. 그 뒤 석 달 동안 돼지들을 중심으로 비밀활동이 진행되는데, 돼지들이 "동물들 중에서 가장 현명하다고 정평이 나 있"(동물, 345)는데 특히 나폴레옹과 스노볼이 뛰어났다. 두 마리 모두 메이저처럼 종돈이지만 서로 대조적이기도 하다.

■   * 오웰은 'La Cucuracha'라고 표기하나 틀린 표기이다.

나폴레옹은 몸집이 크고 꽤 사나운 얼굴을 한, 이 농장 유일의 버크셔 종 수퇘지로 말재주는 별로 없었지만, 자신의 의지를 관철시킨다는 평판을 듣고 있었다. 스노볼은 나폴레옹보다 쾌활하고 말재주도 있고 창의력도 더 많았지만, 나폴레옹처럼 성격이 깊지 못한 것으로 알려져 있었다.(동물, 346)

검은 색이고 털이 많아 무서운 느낌을 주는 버크셔는 메이저 같은 흰색의 요크셔와는 대조적이다. 나폴레옹이란 이름이나 그것이 상징하는 스탈린에 맞아떨어지는 이미지다. 반면 트로츠키를 상징하는 스노볼은 무슨 종인지 분명하지 않으나 이름으로 보나, 농장에 버크셔 돼지는 한 마리뿐이라는 설명으로 보나, 메이저 같은 흰색의 요크셔임을 알 수 있다.

메이저 사후 종돈은 그 두 마리뿐이고, 나머지는 모두 거세당한 식용 돼지(poker)다. 그중에서 중요한 역할을 하는 것이 스퀼러라는 '번쩍이는 눈에다 행동은 민첩하고 목소리는 날카로운' 놈으로 '검은 것도 흰 것으로 바꿀 수 있는' 놈이다. 이 표현은 스위프트가 『걸리버 여행기』 4부에서 법률가에 대해 설명하는 것을 오웰이 빌려온 것이다. 스퀼러를 소련 공산당 기관지 〈프라우다〉*를 상징한다고 보는 견해가 있으나 도리어 그

■ * 러시아어로 '진리'를 뜻하는 〈프라우다〉는 러시아 모스크바에서 발행된 대표적인 일간신문으로 1912년 5월 페트로그라드에서 혁명 세력의 기관지로 창간된 이래 1991년 소비에트 연방의 붕괴 이전까지 공산당의 기관지였다. 과학·경제·문화 등 여러 분야에 관한 기사를 제공하고, 당 노선의 해설에 역점을 두어 독자들의 사상통일을 높이는 데 주력했다.

편집장인 부하린[*]이나 소련의 외교관 몰로토프[**]에 해당된다고 보는 것이 옳다. 하지만 부하린은 1938년에 숙청당했으니 소설에 나오는 스퀼러가 끝까지 살아남는 것과는 다르다. 물론 그것은 나치 독일의 선전부 장관이었던 괴벨스를 연상시키기도 하고, 우리의 보수 반공 선전이나 언론을 상기하게 하는 것처럼 언제 어디에나 존재하는 사이비 언론인 내지 지식인이기도 하다. 스퀼러는 소설의 마지막에서 인간들과 상담하는 중요한 일을 맡지만 소설 전체에서는 돼지들의 이권을 확대하고 옹호하기 위해 지능이 낮은 동물들을 궤변으로 농간하는 힘을 계속 발휘한다.

나폴레옹, 스노볼, 스퀼러라는 세 마리 돼지는 메이저의 사상을 완전히 정립하여 '동물주의'라고 명명한다. 동물주의는 공산주의로서 아무런 계획 없이 제도화되는 것으로 나타나는데, 돼지들은 1주에 몇 번씩 동물들에게 설명하지만 반발도 있다. 가장 바보 같은 질문은 몰리가 한 것이다. 러시아 혁명 시 볼셰비키에 대항한 백군 또는 프티부르주아 또는 러시아 혁명 전의 귀족을 상징하는 "존스의 이륜마차를 끄는, 어수룩하면서도 예쁘장한 암말 몰리"(동물, 339)는 "반란 후에도 설탕이 있"느냐고 묻는다. 이에 스노볼이 단호하게 "없다"고 하자 몰리는 "갈기에 리본을

■　[*]　부하린(1888~1938)은 일국사회주의를 주장했고, 이는 후에 스탈린의 정책이 되어 트로츠키의 영구명론과 대립했다. 그러나 뒤에 부하린은 스탈린을 비판하면서 급격한 집단화와 중화학 공업보다는 점진적으로 추진할 것을 당내에서 이를 강하게 주장하여 결국 당내에서 권력을 빼앗기고 자아비판을 하고 숙청당하게 된다.
　　[**]　몰로토프(1890~1986)는 1926년 정치국원이 되었고, 1930년부터 1941년까지 수상을 역임하였고, 1939년부터 1949년, 1953년부터 1956년까지 외상을 지냈다. 1939년 그가 외상이었을 때 독소 불가침 조약을 체결, 세계를 깜짝 놀라게 한다. 특히 제2차 세계대전 중 스탈린의 오른팔로서 소련의 외교정책을 주도했다. 스탈린 사망 후, 탈(脫)스탈린화를 추진했던 흐루쇼프와 대립하였다가 좌천당하고, 후에 당적을 박탈했다가 1984년 당적을 회복한다.

매는 것은 되"느냐고 재차 묻는다. 스노볼이 리본은 예속의 상징이라고 답하자 몰리는 충분히 납득하지 못하면서도 공감한다.(동물, 346)

또 돼지들은 "길들인 큰 까마귀" 모지스가 퍼뜨린 거짓말을 막는다고 고충을 겪었다. 모세의 영어 발음인 모지스는 러시아 정교 또는 라스푸틴*을 상징한다고 보는 게 일반적이지만, 라스푸틴이 혁명 직전에 죽는 점이 혁명 뒤에도 오래도록 살아남는 모지스와 다른 점이다. 따라서 종교 일반을 상징한다고 보아도 무방하다. 모지스는 "존스의 특별한 귀여움을 받고 있었고 첩자로 고자질쟁이였지만 또한 능란한 연설자"인데, 그는 동물이 죽으면 모두 간다고 하는 '얼음사탕 산'이라는 이상한 나라를 안다고 주장한다.(동물, 347) 돼지들은 동물들이 그런 모지스의 이야기에 현혹되지 않도록 했으나, 그 뒤에는 모지스가 아무 일도 하지 않는데도 배급을 하고 살도록 하는 '이해할 수 없는 일'을 한다는 장면이 9장에 나온다.(동물, 412)

반면 돼지들의 충실한 제자도 있다. 바로 말이다. 동물 중에서 오웰이 가장 사랑한 말이다. 오웰이 『동물농장』을 쓰게 된 계기가 채찍을 맞으며 끌려가는 말의 모습을 보게 된 것이었음은 앞에서도 말했다. 말이 코끼리처럼 열대 동물이어서 우리에게 익숙하지 않은 것은 아니지만, 우리나라에서 말을 보는 것이 그다지 흔한 일이 아니다. 반면 영국을 비롯한 유럽에서는 마차를 비롯하여 승마나 경작 등에 사용되는 말을 언제 어

■　*　라스푸틴(1869~1916)은 1903년 혈우병으로 고생한 황태자를 기도 요법으로 낫게 하고 극심한 신경쇠약에 시달린 알렉산드라 황후의 측근이 되어 니콜라이 2세를 허수아비로 만들며 폭정을 일삼았다.

디에서나 쉽게 볼 수 있다.

　서양인이 말에 대해 갖는 느낌은 우리가 소에 대해 갖는 느낌과 비슷하다. 물론 소와 말은 다르다. 특히 전쟁이 잦았던 유럽에서 말의 징발은 전쟁을 상징했다. 오웰도 제1차 세계대전을 말을 징발당한 마부의 슬픔으로 묘사했고, 앞에서 본 『숨 쉬러 올라오기』에서도 고향이 황폐했다고 느끼는 계기를 말이 사라진 것으로 묘사했다. 오웰이 말을 얼마나 사랑했는가는 웰스를 비판하는 글인 「웰스, 히틀러, 세계국가*Wells, Hitler, World State*」에서 웰스가 말을 비난한 것을 '인생의 투쟁적, 수렵적, 허세적 측면'을 무시한 것으로 시작하는 점에서도 볼 수 있다.(Essays, 191)

　그러나 말에 대한 오웰의 사랑은 『동물농장』에서 복서를 통해 가장 뚜렷하게 드러난다. 돼지에 비해 머리가 나쁘지만, 농장에서 가장 힘이 세고 착하며 부지런하고 끝내는 비극적인 종말을 맞는 복서는 어떤 동물보다 슬프게 묘사된다. 소설의 첫 부분에서 복서는 함께 마차를 끄는 클로버와 등장한다.

> 쌍두마차를 끄는 말 복서와 클로버는 짚더미 속에 가려진 자그마한 동물들이 다칠까 봐 천천히 무척 조심해가며 그 커다란 털투성이의 발굽을 내딛으면서 함께 들어왔다. 클로버는 중년기에 가까워진 살지고 인자한 암말로 넷째 번 망아지를 낳고 나서부터는 전과 같이 날씬한 몸매로 되돌아가지 못했다. 복서는 키가 자그마치 72인치에 가까운 거한으로 보통 말 두 마리 분의 힘이 있었다. 코밑으로 난 그의 흰 줄무늬는 어딘가 좀 모자라는 듯한 인상을 주었으며 사실 지능도 썩 좋은 편은 아니었다. 그렇지만

착실한 성격에다 굉장한 노동력 때문에 누구한테서나 존경을 받고 있었다.(동물, 338)

그러나 말은 "어떤 일이든 자기들 스스로의 머리로 생각해내는 것은 딱 질색이"고, "일단 돼지들을 스승으로 모신 이상은 돼지들의 말은 무엇이든지 받아들이고 그것을 간단히 요약해서 다른 동물들에게 전하는" 돼지들에게 "가장 충실한 제자"가 된다.(동물, 347) 그리고 혁명 후 모든 어려운 일들을 극복하는 데 앞장서고 "더 열심히 일하자!"를 좌우명으로 삼아 언제나 누구보다도 열심히 일한다.(동물, 354) 클로버는 작은 동물들이 다칠까 봐 조심스럽게 걸을 정도로 모성적인 평화주의자다. 한편 복서는 머리가 나쁘지만 그렇다고 해서 바보는 아니었다.

혁명의 성공과 실패

그렇게 3개월이 지난 6월 24일 저녁, 먹이를 먹지 못한 동물들은 하나로 뭉쳐 인간들을 향해 돌격하여 동물들을 혹사한 농장주인 부부와 일꾼들을 농장에서 쫓아낸다. 농장주가 먹이 주기를 게을리 한 탓에 동물 혁명이 매우 자연스럽게 발생한 것이다. "사전에 계획을 세웠던 것은 아니었지만, 동물들은 일제히 학대자들에게 덤벼들었"(동물, 348)고 "그리하여 자신들도 무슨 일이 일어났는지를 거의 모르는 사이에 '반란'은 성공적으로 수행되었다"(동물, 349)라고 한다. 모지스만이 큰 소리로 울면서 농장주인 아내를 따랐을 뿐, 다른 동물들은 모두 반란에 참가하여 성공한 것이다. "처음 몇 분 동안, 동물들은 자신들의 행운을 거의 믿을 수가 없었다. 처음 그들은 한패가 되어 농장의 경계를 한 바퀴 돌아보며 마치 농장에는 한 사람도 없다는 것을 확인하려는 것 같이 보였다"(동물, 349)라는 표현은 오웰이 혁명 자체를 풍자의 대상으로 삼는 대신 도리어 긍정적으로 보았음을 보여준다. 오웰은 뒤에 혁명이 배신당하는 모습을 그리면서도 존스 시대보다는 언제나 좋았다고 말하므로 기본적으로 러시아 혁명은 물론 소련 체제 전부를 긍정한다고 보아도 좋다. 즉, 오웰은 어디까지나 사회주의 혁명을 전제로 하여 그것을 참으로 사회주의적인 것으로 만들고자 비판하는 것이지, 공산주의를 무너뜨리고 자본주의를 세우고자 한 것이 아니었다.

돼지들의 지도자인 스노볼은 말갈기와 꼬리에 다는 리본을 불속에 집어던지는 등 동물들을 괴롭힌 도구들을 모두 없애버린다. 그리고 나폴레옹은 동물들에게 정량의 두 배인 옥수수를 나누어준다. 존스 부인의 화장대에 있던 리본에 황홀해하는 몰리처럼 혁명을 제대로 이해하지 못한 동물도 있었지만 혁명은 결국 성공한다.

그러나 혁명은 처음부터 극단적인 양상을 보였다. 인간의 것은 모두 불살라지고, 특히 동물들을 학대하던 도구들은 모두 파괴된다. 혁명 뒤에 이러한 행위가 뒤따르는 것은 당연하다고 보아야 할 테지만, 뒤에 이어질 행위들에 대한 불안한 예상도 짐작 가능하다.

혁명에 대해 메이저가 당부한 것, 즉 인간을 닮지 말라는 당부를 최초로 위반한 것은 돼지들이 지난 3개월간 "존스 씨의 아이들이 쓰다가 쓰레기통에 버린 낡은 철자 교본을 가지고 독학으로 읽고 쓰는 법을 배웠다"라고 하는 점이다.(동물, 351) 이는 혁명에 불가피한 것일지는 몰라도 결국 돼지들에게 지배권을 확립하게 하는 근거가 되어준다. 여하튼 농장의 이름도 매너에서 동물로 바뀐다.(동물, 351) 그리고 혁명 헌법에 해당되는 다음 '7계명'이 제정된다.(동물, 352)

1. 두 발로 걷는 자는 적이다.
2. 네 발로 걷거나 날개가 있는 자는 친구다.
3. 어떤 동물도 옷을 입어서는 안 된다.
4. 어떤 동물도 침대에서 자서는 안 된다.
5. 어떤 동물도 술을 마셔서는 안 된다.
6. 어떤 동물도 다른 동물을 죽여서는 안 된다.
7. 모든 동물은 평등하다.

혁명 직후 제정되는 헌법과 같은 '동물주의'의 본질을 밝힌 '7계명'은 "모든 동물들이 앞으로 살아가는 데 영구히 목표가 되는 불변의 율법"이었다.(동물, 351) 그러나 바로 그때부터 혁명은 배반되기 시작한다. 돼지들이 우유를 먹어치웠는데도 그 사실이 밝혀지지 않는 것처럼.(동물, 353)

앞에서 본 메이저의 연설에 나왔듯이 모든 동물이 평등하게 일하는 것이 혁명의 원칙이었으나, 영리한 돼지는 계획을 세우고 감독하는 것을 자기 일로 삼는다. "그들은 훌륭한 지식을 가지고 있었기 때문에 지휘를 하는 것은 당연한 일이었다"(동물, 353)는 것이다. 이처럼 혁명은 처음부터 불평등한 것으로 변질되었으나, 여름 내내 혁명은 별 어려움 없이 진행되고 모든 동물들은 행복해한다. 특히 노동자 복서가 칭찬을 받는다. 이는 소련 경제발전에서 노동자의 기여가 대단했음을 우회적으로 보여주는 묘사다.

물론 동물들이 복서처럼 바보 같이 열심히 일하는 프롤레타리아로만 묘사되지는 않는다. 몰리나 고양이는 여전히 꾀를 피운다. 또한 작가 자신이나 소련에 사는 유대인 등 허무주의적인 지식인으로 묘사되는 당나귀 벤저민은 특이하다. 벤저민은 가장 나이가 많고 성미마저 까다롭다. "게다가 말이 별로 없는 편이었다. 어쩌다가 말을 하게 되면 항상 비꼬기만 했다"(동물, 338)라고 나오는데, 서양에서는 당나귀가 바보의 상징으로 여겨지나 『동물농장』에 등장하는 벤저민은 반드시 그렇지만은 않다. 복서보다 머리도 좋고, 복서가 돼지들에게 순종하며 인간의 지배를 받을 때보다 더욱 열심히 일하는 것과 대조적으로 변함이 없는 모습이다. 그렇다고 해서 고양이처럼 꾀를 피우지도 않고, 혁명에 열광하지도 않는다.

반면 혁명은 더욱 강화되어 의식화가 진행된다. 영국의 푸른 들판을 상징하는 녹색 배경에 동물을 상징하는 발굽과 뿔을 그린 깃발이 매주 게양되고, 동물들은 총회를 연다. 스노볼과 나폴레옹이 토론에 가장 적극적이지만 둘은 매사에 대립한다. 스노볼은 한편으로 각종 위원회와 운동을 조직하지만 대부분 실패하는데(동물, 356), 이는 트로츠키의 위원회의 활동이 실패하는 것을 상징한다.

그러나 성인 교육만은 성공적이었다. 특히 양을 비롯한 몇 동물들에게는 그것이 어렵다는 이유에서 '7계명'을 요약한 "네 다리는 좋고 두 다리는 나쁘다"라는 단 하나의 구호가 '7계명' 위에 추가된다.(동물, 357)

동물농장의 깃발. 말발굽과 뿔을 소련의 낫과 망치와 유사하게 배치했다.

어느 날 밤, '7계명'이 쓰인 창고벽 바닥에서 부러진 사다리와 함께 발견된 스퀼러. 옆에는 페인트를 칠하는 붓과 하얀 색 페인트 통이 놓여 있다(8장). 노먼 페트와 도널드 프리맨이 그린 삽화이다(1950).

양들은 일단 이것을 암기하고 나자 무척 마음에 들었다. 그래서 들판에 누워 있을 때면 "네 다리는 좋고 두 다리는 나쁘다! 네 다리는 좋고 두 다리는 나쁘다!"고 외치기 시작했고 계속해서 몇 시간이나 외치고도 지칠 줄 몰랐다.(동물, 357)

반면 나폴레옹은 스노볼의 위원회에 무관심했다. 교육도 성인교육보다 아동교육을 중시했다. 그래서 개들인 제씨와 블루벨이 새끼를 아홉 마리나 낳자 지붕 밑 다락방으로 데려가고, 다른 동물들은 그 존재조차 잊고 만다.(동물, 358) 그때 돼지들이 우유를 먹는다는 비밀이 밝혀지고, 떨어진 사과마저도 돼지에게 가져오라는 명령이 떨어진다. 몇몇 동물들이 투덜거렸지만 이에 대해서는 스노볼과 나폴레옹을 포함한 모든 돼지의 의견이 일치한다. 스퀼러는 궤변으로 이를 합리화한다.

여러분은 우리 돼지들이 이기심과 특권 의식으로 이런 일을 하고 있다고 생각하지 않겠지요? 우리들 중 상당수가 실제로 우유와 사과를 좋아하지 않습니다. 나 자신도 그래요. 우리가 이것들을 먹는 단 하나의 목적은 우리의 건강을 유지하자는 겁니다. (…) 우리 돼지들은 머리를 쓰는 일꾼들입니다. (…) 우리들이 우유를 마시고 사과를 먹는 것은 다 여러분을 위해서 입니다. 우리 돼지들이 의무를 수행하지 못한다면 여러분들은 어떻게 되는지 알고 있습니까? 존스가 되돌아옵니다! (…) 여러분 중에서 존스가 돌아오기를 바라는 자는 아무도 없겠지요?(동물, 358-359)

동물들은 적어도 옛 농장주 존스가 돌아오기만은 바라지 않기에 그에게 복종한다. 스퀼러를 비롯한 돼지 지배층의 이러한 어법은 소설이 끝날 때까지 시종일관 동일하게 유지되는데, 그들은 무슨 일이 벌어지든 존스가 돌아온다는 위협으로 불만을 묻어버렸다.

그런데 돼지의 행태를 묘사하는 장면이 매우 흥미롭다. 위 연설을 하는 스퀼러는 "이리저리 깡총깡총 뛰며 꼬리를 흔들면서 거의 호소하듯이 외친다"(동물, 359)라고 묘사되고, 특히 돼지의 발이 풍자적으로 그려진다. 가령 '7계명'을 쓰는 스노볼이 "사다리에서 균형을 잡는 것이 쉬운 일이 아니"라고 하는 장면이나, 돼지발톱으로 암소의 젖을 짜는 장면(동물, 351-352) 등이다.

여하튼 돼지들의 최초 특권은 모든 동물에 의해 승인되고, 이것은 체제를 굳히는 데 결정적으로 기여한다. 만일 동물들이 그 특권을 인정하지 않았다면 동물농장의 이상은 확보될 수 있었을 터이나, 그것이 묵과되는 탓에 결국 혁명은 실패한다. 혁명은 돼지들이 배반하기 전까지만 해도 "더할 나위 없이 행복하였다"고 말한다. 그러나 혁명이 소련과 같은 독재 권력의 모델이거나 소련 지도자 같은 독재자들을 배출하면 그 혁명은 실패하기 마련이라고 오웰은 주장하는 것이다. 즉, 문제는 독재이지 사회주의나 혁명이 아니라는 것이다.

혁명의 확대와 갈등

스노볼과 나폴레옹은 비둘기를 사자로 보내 동물 혁명을 영국 전역에 확대하고자 하는데(동물, 359) 이는 소련의 국제공산주의 운동을 뜻한다. 한편 존스는 술집에서 불평만 늘어놓는다. "다른 농장주들은 원칙적으로 그에게 동정을 했지만, 처음에는 그에게 그다지 원조를 해주지 않"고 자기들에게 유리하게 이용할 궁리만 한다.(동물, 360) 이는 실제의 역사에서 러시아 망명자들과 주변 국가를 뜻하지만 차르가 망명하지 않은 것과는 조금 다르다.

'동물농장'의 이웃인 폭스우드 농장은 영국이나 미국 또는 자본주의 국가 모두, 그 주인인 필킹턴은 영국 수상 처칠이나 미국 대통령 루스벨트, 그리고 핀치필드 농장은 독일, 그 주인인 프레드릭은 독일 수상 히틀러를 상징한다고 보는 것이 일반적이다. 그러나 폭스우드 농장은 동물농장과 가깝고 "넓지만 제대로 돌보지 않은 구식 농장으로 나무들이 무성하게 자랐고 목장 전체가 황폐해졌으며 울타리는 볼품없이 엉성하"(동물, 360)고 핀치필드 농장과 사이가 좋지 않은 점을 감안할 때 농장은 영국으로, 농장주는 처칠로 보는 편이 옳다. 그러나 두 농장의 주인들이 동물 반란 소식을 듣고 놀란 나머지 자신들의 동물에게는 숨기려 했다는 점, 동물들이 서로 싸워 굶어죽은 탓에 동물 혁명 역시 금방 끝날 거라고 믿었다는 점에서는 현실과 일치한다.

하지만 혁명은 금방 끝나지 않았고 그곳의 잔학성에 대한 소문만 무성해진다. 서로 잡아먹고 "빨갛게 단 편자로 서로 고문을 하며 암놈들을 공동 소유"하는데 이는 자연의 법칙에 반한 탓이라고 한다.(동물, 361) 그러나 다른 농장의 동물들도 사나워지고 '영국의 동물들'이라는 노래가 널리 퍼져나간다. "이 노래를 부르다 발각만 되면 즉석에서 채찍을 맞았"

지만 "막을 수가 없었다"(동물, 361)라는 것이다.

10월 초, 존스와 일꾼들은 폭스우드와 핀치필드에서 온 6명의 남자를 데리고 동물농장을 공격한다. 평소 농장에 있던 카이사르의 전기를 읽고 만반의 준비를 한 스노볼은 3분 만에 인간을 물리친다. 이어 승전 축하회가 열리고 무공훈장이 스노볼과 복서에게 수여된다. 그리고 그 전투는 '외양간 전투'로 명명된다.(동물, 364)

겨울이 되면서 몰리는 더욱 귀찮은 존재가 되고 결국 존스에게 간다. 이듬해 1월에 맹추위가 닥치자 돼지들은 봄철의 계획을 짜는데 스노볼과 나폴레옹은 항상 대립각을 곤두세운다. 나폴레옹과 스노볼의 갈등이 심해지면서 나폴레옹은 양들을 선동하는 데 성공한다. 양들은 항상 "네 다리는 좋고 두 다리는 나쁘다"라고 소리를 질러 회의를 방해하는데, 특히 스노볼이 연설할 때 중요한 대목에 이르면 그렇게 외쳐댔다.(동물, 366-367, 371, 393)

스노볼은 획기적으로 풍차를 만들고 발전기를 돌리자고 제안하나, 나폴레옹은 그런 짓은 쓸데없다고 반발한다. 스노볼은 비둘기를 사자로 보내 동물 혁명을 영국 전역에 확대하고자 하나, 나폴레옹은 도리어 군대를 강화하려 한다. 다른 동물들은 늘 이야기하는 편에 동의했는데, 이는 민중의 무지를 풍자한 묘사이다. 풍차는 흔히 소련의 신경제 5개년 계획을 말하는 것이라고 하나, 이는 돈키호테의 풍차처럼 거짓되고 망상적인 영웅적 투쟁이나 '지상의 천국'을 지향하는 헛된 유토피아를 상징하는 것이기도 하고, 나폴레옹이 주민 이탈을 통제하기 위한 수단으로 이용하는 것이기도 한다.

풍차 문제를 의논하고자 모인 집회에서 나폴레옹은 그때까지 은밀하게 길러온 개들을 풀어 스노볼을 추방한다. 그러고는 매주 일요일 아침이면 중의를 모으던 일요회의를 폐지하고, 모든 일을 나폴레옹과 그의 측근들인 돼지들만 모인 자리에서 비밀리에 임의로 결정한다. 스노볼이 추방되고 나폴레옹이 권력을 장악하자 양들은 자진 시위의 가장 열성적인 지지자들로서, 누군가가 불만을 터뜨리면 어김없이 그 구호를 외쳐 입을 다물게 해버린다.(동물, 371) 스퀼러는 "규율, 철통같은 규율"을 표어로 내세우고 "존스가 돌아오기를 바라지 않겠지"라고 위협하면서 다른 동물들을 제압한다. 또한 돼지들은 특권계급이 된다. 결국 종래의 "더 열심히 일하자"라는 표어에 "나폴레옹은 항상 옳다"라는 금언까지 붙게 된다.(동물, 372)

봄갈이가 시작되자 나폴레옹 곁에 미니머스라는 시인이 등장한다. 미니머스는 러시아의 경우 구소련의 시인 마야코프스키나 소설가 고리키를 의미하지만 넓게는 권력에 빌붙은 모든 어용 예술가를 뜻한다.

스노볼이 추방되고 3주 뒤에 그가 추진한 풍차를 짓기로 하자 동물들은 매우 놀란다. 그러나 나폴레옹은 왜 그렇게 결정이 달라졌는지 이유를 설명하지 않는다. 스퀼러는 풍차 설계 아이디어를 낸 것은 스노볼이 아니라 나폴레옹이며, 스노볼이 그것을 훔쳤던 것이고, 나폴레옹은 스노볼을 배제하기 위해 일부러 풍차에 반대했던 거라고 주장한다. 더불어 스노볼이 혁명에 앞장섰다는 것도 거짓이며, 스노볼은 처음부터 끝까지 인간과 공모했다는 거짓말을 퍼뜨린다.

그리고 1년, 동물들은 노예처럼 열심히 일한다. 그러던 어느 날 갑자기 나폴레옹이 필요한 원자재를 얻으려면 인간과 무역을 해야 한다고 역설한다. 인간들과 거래하지 않고 돈을 사용하지도 않는다는 것이 혁명 후 첫 회의에서 결정되었음을 기억하는 동물들은 마음이 심히 불안해진다. 그러나 개와 양의 위협으로 불만은 사그라지고, 변호사인 인간 대표가 농장을 찾아와 교섭을 시도하며, 돼지들은 농장 집으로 이사하여 인간처럼 부엌에서 식사하고 응접실을 오락실로 사용하며 침대에서 잠을 잔다. 이에 대해 의심하는 클로버에게 스퀄러는 7계명이 금지한 것은 인간이 만든 시트이며, 자신들은 시트가 아닌 담요를 덮고 자니 문제가 없다고 궤변을 늘어놓는다.(동물, 380) 이윽고 나폴레옹에게는 '지도자'라는 칭호가 붙는다.(동물, 379)

11월, 남서풍이 휘몰아치면서 풍차가 쓰러지자 나폴레옹은 스노볼이 그렇게 했다고 주장하면서 그에게 사형을 선고한다.(동물, 381) 겨울 내내 풍차 재건 사업을 벌이지만 식량은 턱없이 부족해지고, 인간들은 동물농장에 대한 새로운 거짓말, 즉 동물들이 굶어죽기 직전이라는 소문을 만들어 퍼뜨린다. 나폴레옹은 동물들에게 식량은 충분하다고 인간 대표에게 말할 것을 종용한다.

반항, 학살, 숭배

어느 일요일, 스퀄러가 암탉에게 계란을 바치라고 하자 농장에서 최초의 반란이 일어나고, 나폴레옹은 암탉들에게 먹이 지급을 중단하는 무자비한 조치를 단행한다.(동물, 384) 암탉들은 9마리가 죽고 난 뒤 닷새 만에

항복한다.(동물, 385)

그동안 소식이 없던 스노볼이 밤에 농장을 찾아와 온갖 나쁜 짓을 한다는 소문이 들린다. 그 뒤로 동물들은 나쁜 일이 생기면 무조건 스노볼 탓으로 돌리고, 스퀼러는 스노볼이 처음부터 존스와 공모한 간첩이었다고 주장한다.

혁명에 앞장섰던 스노볼이 인간의 비밀 첩자라고 선전되자 "거의 의심을 하지 않는 복서조차 당황해" 의문을 제기하기에 이른다.(동물, 387) 당연한 결과인 양 며칠 뒤 숙청이 벌어지고, 복서도 숙청의 대상이 되지만, 다행히도 복서는 힘으로 개들을 물리칠 수 있었다.(동물, 389) 이어서 나폴레옹이 일요집회를 폐지했을 때 항의한 네 마리의 돼지에 대한 재판도 열린다. 그들은 스노볼과 내통하여 풍차를 파괴했고, 프레드릭에게 농장을 넘기로 협정을 맺었다는 혐의를 받고 있었는데, 결국 그들은 암탉 반란자 등과 함께 학살을 당한다. 자백과 처형은 계속되고, 시체가 산더미 같이 쌓인다. 존스 추방 이래 최초의 일이었다.(동물, 390)

이는 혁명의 배반을 상징한다. 나폴레옹이 불만 세력을 스노볼 앞잡이로 재판하는 것은 역사적으로 스페인의 트로츠키파 추방, 그리고 그것과 함께 진행된 모스크바 재판을 상징한다. 그 후 나폴레옹이 스노볼을 모함하는 소문을 낸 것은 소련에서 트로츠키를 모함하여 역사를 날조한 일을 상징한다. 그런데 복서는 그런 숙청이 나폴레옹의 명령에 의한 것임을 전혀 깨닫지 못한다. 도리어 그런 일이 자신들에게 결함이 있기 때문이고, 따라서 그 해결책이란 더욱 열심히 일하는 길뿐이라고 생각한다.(동물, 391) 하지만 결과는 참혹했다. 복서는 결국 과로 때문에 폐기처분을 당하고 팔려 간다.

오웰은 복서를 통해 우둔한 프롤레타리아를 비판했다. 동물 중에서 가장 힘이 센 복서야말로 돼지의 독재를 저지할 수 있었다. 실제로 숙청을 당할 뻔 했던 순간 개를 물리치기도 했다. 그러나 복서는 그 개를 어떻게 할 것인가에 대해서도 나폴레옹의 지시를 받아 결국은 살려준다. 끝까지 체제에 순응한 것이다.(동물, 389)

어느 날 '영국의 동물들'이 금지곡이 되었다고 스퀼러가 통지한다.(동물, 393)

> 동무, 그건 이제 필요 없다. '영국의 동물들'은 반란의 노래였다. 그러나 반란은 이제 끝났다. 오늘 오후의 반역자 처형이 그 마지막 행동이었다. 이제 안팎의 적들은 모두 패배하고 말았다. '영국의 동물들'에서 우리들은 장차 좋은 사회에 대한 염원을 표현했던 것이다. 그러나 그 사회가 이제 건설되었다. 이 노래는 이제 아무런 의의도 없게 된 것이다.(동물, 391)

대신 미니머스가 매일 아침 조회 때 부를 시를 짓는다. "동물농장, 동물농장,/ 그대들을 우리가 지켜주리라!" 이듬해 미니머스는 '나폴레옹 동지'라는 제목의 시도 짓는다.

> 아버지 없는 자들의 친구!
> 행복의 샘!
> 여물통의 주여! 아, 내 영혼은 하늘의 영혼처럼

그대의 조용하고 위엄 있는

눈을 바라볼 때

불타오르나니

나폴레옹 동지여!

그대 모든 동물들이 사랑하는

그 모든 것을 주는 자여,

하루에 두 번 배불리고 깨끗한 짚더미에 잠자리를 제공하니

크고 작으나 모든 동물들은

편안히 그들 우리 속에서 잔다.

그대 모든 것을 돌봐주시니

나폴레옹 동지여!

내가 젖먹이 새끼 돼지를 낳으면

대두병이나 국수방망이만큼

크게 자라기 전에

그대에게 충성을 다할 것을

가르칠 것이니

그렇다, 그가 제일 먼저 외칠 소리는

'나폴레옹 동지여!'

이제 나폴레옹은 공식적으로 '우리들의 지도자 나폴레옹 동지'라고 불

린다. 한편 돼지들은 '모든 동물들의 아버지', '인류의 공포', '양 떼들의 수호자', '우리들의 친구' 등으로 불렸다.(동물, 391)

나폴레옹은 간교한 스퀼러를 대변자로 내세워 동물들을 설득하고 조작도 하며 개 9마리를 앞장세워 공포분위기를 조성한다. 그야말로 완전한 독재체제를 정립한 것이다. 존스가 다시 쳐들어온다는 위협과 스노볼에 대한 반동 낙인을 통해 동물들의 내적 불만을 외적인 공포 분위기로 제압한 것이다. 돼지들은 불평하거나 항의하는 동물을 첩자로 몰아 숙청하거나, 옛날처럼 작업량을 늘이거나, 식량배급을 줄이는 등 갖은 방법으로 핍박한다. 이런 지배 체제에서 피지배 동물들은 스스로 나폴레옹의 먹이가 되도록 자신들을 너무나도 쉽게 바치고, 나폴레옹은 그들의 나약함을 이용하여 절대적인 권력을 행사한다. "권력을 장악한 당파는 자기가 속했던 좌익을 짓밟고, 혁명을 시작할 때 가졌던 희망이 실망으로 바뀌는 순간은 찾아오게 마련이다."

음모와 학살이 이어지는 가운데 나폴레옹을 지키기 위한 보안은 더욱 철저해진다. 외부와의 교역이 쉽게 이루어지지 않자 외부 세력이 습격한다는 소문을 비롯하여 스노볼이 여전히 숨어 있다는 소문도 나돌게 되는데, 이때 프레드릭의 잔인한 학살 이야기마저 들려온다.(동물, 397) 이는 600만 명의 유대인 학살을 암시한다. 이어 '인간 타도'라는 구호는 곧 '프레드릭 타도'로 바뀌고, 그 와중에 풍차가 완성되고 '나폴레옹 풍차'라는 이름이 붙여진다.(동물, 399) 나폴레옹은 프레드릭에게 목재를 판다고 발표하여 동물들을 놀라게 하는데, 이는 독소불가침 조약을 풍자한 것이다. 한편 폭스우드와의 외교는 단절된다. '프레드릭 타도'는 '필킹턴 타도'

로 바뀌고, 프레드릭에게 목재를 팔고 받은 돈이 위조임이 밝혀지자 나폴레옹은 프레드릭에게도 사형선고를 내린다.(동물, 401) 그러나 다음날 프레드릭이 선수(先手)를 친다. 먼저 동물농장을 습격한 것이다. 이는 독일이 러시아를 침략한 것을 의미한다. 풍차는 폭파되고(동물, 403) 이에 동물들은 처절하게 적에게 대항하여 승리를 거둔다.

며칠 뒤 스퀼러는 나폴레옹이 위독하다고 발표한다. 울음바다가 된 가운데 스노볼이 나폴레옹 음식에 독약을 넣었다는 소문이 퍼진다. 그러나 나폴레옹은 건강을 회복하고, 풍차의 재건 사업도 다시 추진된다. 식량배급에서 평등 원칙이 깨어지고 돼지들은 더 많이 받게 된다.(동물, 408) 돼지와 마주치면 다른 동물은 길을 비켜주어야 하고, 모든 돼지는 일요일에 녹색 리본을 다는 특권이 허용된다는 새 규칙도 생긴다.(동물, 409) 더불어 강요되는 '자진 시위'도 벌어진다.(동물, 410)

체제가 바뀌다

4월, '동물농장'은 '공화국'을 선포한다. 그런데 대통령 후보자로 나선 것은 나폴레옹뿐이어서 그가 만장일치로 선출된다. 여름이 되자 7년간 사라졌던 모지스가 등장하여 '얼음사탕 산'에 대해 알려준다. 많은 동물들은 그의 말을 다시 믿게 되고(동물, 411), 평생 일만 한 복서는 정년퇴직 직전에 도살장으로 끌려가 죽음을 맞는다. 하지만 농장 동물들에게는 그가 나폴레옹을 찬양하다가 병원에서 죽은 것으로 전해진다.(동물, 417)

다시 몇 년이 흐른다. 나폴레옹의 독재는 더욱 강화되고, 동물들은 "메이저가 예언한, 영국의 푸른 들판이 인간들의 발에 짓밟히지 않을 '동물 공화국'"이 올 것을 여전히 믿고 있다.(동물, 422) 그러던 중 동물들은 충격적인 장면을 목격한다. 혁명이 독재로 변하는 최종 단계에서 돼지들이 두 발로 걷는 가장 그로테스크한 장면을 보게 된 것이다. 선두주자는 역시 스퀼러였다.

> 그런 자세로 그 커다란 몸뚱이를 지탱하는 데는 아직도 단련되지 않은 것처럼 약간 뒤뚱거렸지만, 그래도 완전히 균형을 잡고 마당을 천천히 걷고 있었다.(동물, 423)

혁명이 변질되면서 돼지들이 과거의 지배자 인간처럼 두 발로 걷기 시작한 것이다. 이에 몇 동물이 항의하려 하자 '무슨 신호라도 받은 것처럼' 양들이 외쳐댄다. "네 다리는 좋고, 두 다리는 더욱 좋다."(동물, 423) 이는 앞에서 보았듯이 "모든 동물은 평등하다"는 원칙이 "일부 동물은 다른 동물보다 더욱 평등하다"는 것으로 바뀐 것을 뜻한다. 뿐만 아니라 7계명도 바뀐다.

1. 네 발은 좋고, 두 발은 더 좋다.
2. 변동이 없다.
3. 변동은 없으나 돼지들이 옷을 입고 다녔다.
4. 변동은 없으나 돼지들이 침대에서 잤다.
5. 어떤 동물도 술을 '지나치게' 마셔서는 안 된다.

6. 어떤 동물도 다른 동물을 '이유 없이' 죽여서는 안 된다.

7. 모든 동물은 평등하다. 그러나 몇몇은 다른 동물보다 더 평등하다.

돼지들은 인간을 닮아서는 안 된다는 혁명의 원칙을 깨뜨리고 침대에서 잠을 자고(단 시트 없이), 술을 마신다(과음이 아니면 음주가 아니라고 하면서). 마침내 돼지들은 인간처럼 두 발로 서게 되고, 신발도 신는다. "모든 동물은 평등하다"는 원칙이 "일부 동물은 다른 동물보다 더욱 평등하다"는 것으로 바뀐 것이다.

다른 동물들이 불만을 드러내자 돼지들은 농장 주인이 돌아오게 된다고 위협하고(스노볼이 개발한 논리), 동물농장은 인간들에게 포위되었으며, 스노볼이 인간과 협력하여 파괴활동을 하려 한다고 겁을 준다. 잡초가 많은 것도, 수확량이 적은 것도 스노볼의 음모라고 선전하면서 말이다. 불만분자는 모조리 스노볼의 앞잡이로 간주되어 잡혀가고, 죄를 자백한 후 개에게 물려 죽는다.

이제 동물들은 파이프를 물고 정원을 산책하는 나폴레옹을 보아도 이상하게 생각하지 않는다. 농장주들은 동물농장을 찾아와 서로의 번영을 기원하며 돼지들과 건배한다. 인간 대표는 돼지가 다른 동물에게 적은 배급으로 장시간 노동을 철저히 시키는 것을 극찬하며, 인간도 하층계급을 부리기 위해 이런 방식을 배워야 한다고 주장한다. 그러자 나폴레옹은 그 답례로 농장 이름을 '매너 농장'으로 다시 바꾼다. 그러나 인간과 돼지가 카드놀이를 하면서 싸움이 벌어지고 만다.

열두 개의 소리가 화를 내며 소리를 버럭버럭 지르고들 있었다. 그리고 그 소리들은 다 똑같은 것 같았다.

이제 돼지들의 얼굴에 무슨 변화가 있었는지는 의심할 여지가 없었다. 밖에서 엿보고 있던 동물들은 어안이 벙벙해져 인간과 돼지의 얼굴을 몇 번이고 번갈아 쳐다보았다. 그러나 어느 쪽이 인간이고 어느 쪽이 돼지인지 분간할 수 없었다.(동물, 429)

『동물농장』과 실제 역사

『동물농장』 이야기를 역사에 대입해보자. 동물농장에 나오는 동물들은 지배자인 돼지와 돼지의 앞잡이가 되는 개를 비롯한 몇몇 동물, 그리고 피지배자인 나머지 동물로 구분된다. 흔히 수말인 복서가 프롤레타리아 인민을 상징하는 것으로 해석하지만, 복서를 소련 초기에 숙청당한 투하체스키 원수 등 특정인을 상징한다고 보는 견해도 있다. 프롤레타리아는 복서만이 아니라 대부분의 동물임에 주의해야 하고, 또한 오웰이 여러 동물을 통해 프롤레타리아, 즉 민중의 모습을 다양하게 표현했다는 점역시 주목해야 한다.

피지배자로서의 동물들 중에서 중요한 것은 복서와 함께 암말인 클로버와 당나귀 벤저민이다. 이 세 마리는 나름으로 독재자에게 대항해 혁명을 완성시킬 수 있는 존재들이나 하나같이 약점을 지니고 있다. 여기서 복서는 프롤레타리아, 클로버는 중산층, 벤저민은 지식인을 각각 상징한다.

그런데 이들 세 마리를 비롯한 프롤레타리아를 지배하는 지배자도 세 마리다. 모두 돼지인데, 먼저 나폴레옹은 스탈린, 스노볼은 트로츠키를 상징한다. 오웰을 스탈린에 반대하는 트로츠키파라고 비판하는 의견도 있지만, 위의 요약만으로도 알 수 있듯이 오웰은 스탈린은 물론 트로츠키조차 비판하고 있다는 점에 주의해야 할 것이다.

스노볼은 '눈덩이'라는 뜻이다. 이는 트로츠키가 혁명이 자연스럽게 전개되는 것을 그냥 놓아두지 않고 혁명의 속도를 끝없이 가속화하고, 그 능률을 증대시키려고 한 탓에 붙여진 이름이다. 가령 그는 암소들의 '깨끗한 꼬리 연합'이나, 쥐나 토끼를 길들이려고 만든 '야생동지 재교육위원회' 등의 동물위원회를 조직한다. 이 같은 참견은 그가 사다리를 어렵게 올라가 발의 두 관절 마디 사이에 솔을 끼워 헛간에 혁명의 7계명을 쓸 때에도 나타난다.

한편 메이저에 대해서는 마르크스나 레닌 또는 그 둘을 합친 인물로 보는 등 다양한 견해가 있다. 그러나 레닌은 혁명이 터지고 7년 뒤인 1924년에 죽었으므로 혁명 전에 죽는 메이저와는 다르다. 한편 마르크스는 혁명 전에 죽는다는 점에서 메이저와 같으나, 러시아 혁명과 직접적인 관련은 없었다. 따라서 러시아 혁명과 관련되어 어느 경우든 문제가 지적된다. 혁명과 직접 관계가 있든 없든 혁명의 아버지를 상징한다는 의미에서 마르크스, 엥겔스, 레닌을 합성한 것이 메이저라고 볼 수도 있으나, 이는 너무나 두루뭉술한 시각이다. 히친스는 유독 레닌 돼지만이 없다고 하고, 『1984』에도 스탈린을 상징하는 빅브라더와 트로츠키를 상징하는 골드스타인밖에 없다고 했다.

소련 볼셰비키를 상징하는 돼지와 인간이 혼동되는 마지막 장면은 종래 소련과 유럽의 화해를 상징하는 것으로 해석되었으나, 오웰의 의도는 화해와 동시에 벌어진 반목, 즉 냉혹한 타산에 근거한 협력을 풍자하는 것이었다. 여기서 인간이란 인간 모두를 말하는 것이 아니라 본래의 농장주를 말한다. 따라서 농장주 존스를 볼셰비키 혁명이 터지기 전의 러시아 황제 니콜라이 2세로 보는 견해에도 문제가 있다고 본다. 여하튼 농장주에게는 하층계급에 대해 돼지만큼의 동정심도 없다. 그가 돼지들에게 관심을 갖게 된 것은 돼지들이 착취를 위한 엄격한 조처를 취했을 때뿐이다.

그때 농장주는 다음과 같이 선언한다. "돼지와 인간 사이에는 어떤 종류의 이해관계든지 그 관계의 마찰이 없었으며 있을 필요도 없다." 오웰이 『동물농장』을 1943년 11월에 쓰기 시작했을 바로 그때 테헤란회담, 즉 영국의 처칠, 미국의 루스벨트, 소련의 스탈린 사이의 최초 회담이 이루어졌는데, 소설이 완성된 1944년 2월의 꼭 1년 뒤인 1945년 2월의 얄타회담에서 세계는 초강대국에 의해 분할되었고, 그 분할이 전후 반세기의 냉전을 초래한다. 그것을 다룬 소설이 바로 『1984』이다.

동물과 인간의 묘사

『동물농장』은 위와 같은 상징을 여러 동물에 대한 묘사를 통해 절묘하게 표현한 작품이다. 오웰이 어린 시절 탐독한 포터 등의 책이 동물을 주인공으로 삼았고, 어린 시절 그가 들은 동요에도 그런 소재가 흔하게 나타났으므로 『동물농장』은 그런 독서를 비롯한 일상의 경험에서 비롯되었다고 볼 수 있다.

오웰 자신 어린 시절과 20세 무렵까지의 즐거운 추억이 모두 동물과 관련되었다고 회상한 적이 있다. 앞에서 보았듯이 그는 1936년부터 월링턴에 살면서 닭과 양을 키우고 스스로 젖을 짰다. 도시를 벗어나 시골에서 밭을 갈고 낚시를 하며 동물을 돌보는 것이 오웰의 이상 생활이었다. 그런 생활에서 오웰은 동물들의 생태를 언제나 주의 깊게 관찰했다.

『동물농장』에는 많은 동물이 이름을 가지고 등장한다. 중심은 볼셰비키를 상징하는 돼지들이지만, 피지배 민중을 상징하는 여타의 많은 동물도 있고, 그 사이에 러시아 혁명 과정의 특정인들을 연상하게 하는 동물도 등장한다. 가령 개들은 비밀경찰(NKVD) 또는 내무인민위원회, 오리들은 선전대, 미니머스는 시인 마야코프스키나 소설가 고리키를 뜻한다는 해석이 있다. 이런 상징을 머리에 두고 소설을 읽는 것도 재미있겠으나, 오웰이 그 각각의 동물들을 그 동물들의 생태에 맞게 절묘하게 묘사했다는 점 역시 주목해야 한다.

가령 지식인을 상징하는 당나귀 벤저민을 보자. 벤저민은 혁명 전후의 논쟁에 대해 시종일관 관심이 없다. 염세주의자이자 허무주의자로서 혁명의 진행 과정을 꿰뚫어 보고 있을 뿐이다. 가령 8장 마지막 장면에서 혁명 헌법에 해당되는 '7계명'이 바뀌자 다른 동물은 그 영문을 모르지만 벤저민은 바로 알아차린다.(동물, 407) 하지만 벤저민은 친구인 복서를 항상 걱정한다. 특히 복서가 도살장으로 끌려가는 순간, 그 사실을 모르는 다른 동물들과 달리 도살당하려 가는 것임을 알아채고서 격렬하게 저지하면서 그 진실을 밝혀 무지한 동물들을 일깨운다.(동물, 415) 즉, 벤저민은 오웰이 밀러나 영국 지식인을 비판하면서 비유적으로 사용한 '고래 뱃속'에서 살아가는 무책임한 수동적 인간인 동시에 영국 지식인과는 달리 밀러처럼 현실을 직시하는 태도를 상징한다. 그러나 오웰이 밀러의 태도를 이해하면서도 그것에 결코 찬성하지 않은 것처럼 벤저민에게 동조한 것으로 보아서는 안 된다.

소설에 등장하는 양들은 선전부대 같은 역할을 하는 의식 없는 대중으로 묘사된다. 소련의 경우에 대입하면 스탈린 우상 숭배에 앞장선 '볼셰비키 청년공산주의 동맹'을 가리킨다고 볼 수 있다. 그러나 무엇보다도 우리는 오웰이 양 떼의 습성을 절묘하게 묘사했다는 점에 주목해야 한다. 영국의 시골에서는 수백 마리의 양 떼가 이동하는 모습을 흔히 볼 수 있는데, 양들은 떼를 지어 갈 때 맨 앞에 있는 양의 모습을 그대로 흉내 내며 이동하는 독특한 버릇을 지닌다. 영국에서는 양 떼가 우는 소리를 'baa-baa'로 표기한다. "네 다리는 좋고 두 다리는 나쁘다(Four legs good, two legs bad)", "네 다리는 좋고, 두 다리는 더욱 좋다(Four legs good, two legs better)"에서 각각 마지막에 나오는 bad와 better는 양 떼 소리를 형용한 것이다. 영국인들은 이 문장을 읽으면서 곧바로 그 사실을 알아차렸을 것이다.*

양이 떼로서 등장하는 것과 달리 『동물농장』에서 고양이는 단 한 마리만 나온다. 이름도 없이 말이다. 혁명 전후로 동물들이 열심히 일할 때

■　* 이 느낌을 살리자면 번역할 때 우리식 양 떼 소리인 '메메'를 넣어 "네 다리는 좋고 두 다리는 나쁘다메메"라든지 "네 다리는 좋고, 두 다리는 더욱 좋다메메"라고 하는 것이 옳을 것이다.

고양이는 게으름을 피운다.

> 고양이는 몇 시간 동안이나 사라졌다가 식사 때나 일이 끝난 저녁때면 천 연덕스럽게 나타났다. 그렇지만 고양이는 항상 그럴듯한 변명을 하였고 무 척 다정스럽게 목을 가르랑거렸기 때문에 고양이의 선의를 믿지 않을 수 없었다.(동물, 355)

그 선의는 곧 정체를 드러낸다. 들쥐와 토끼를 길들이기 위한 '야생동 지 재교육위원회'에서 며칠 반짝 일하면서 참새들을 유혹했기 때문이다. 잡아먹으려고 말이다.(동물, 356) 고양이가 이런 유혹을 즐긴다는 것은 영 국의 동요에 흔히 등장하지만 우리에게는 그다지 익숙한 비유가 아니다.

우여곡절이 따른 『동물농장』 출판

앞에서 말했듯이 오웰은 전체주의라고 하는 '축음기와 같은 심성' 자체 를 비판하고자 했으나 정작 축음기 소리가 너무 소란스러워 오웰의 메시 지는 전혀 들리지 않았다. 그래서인지 아무도 그 책을 출판하려고 하지 않았다.

오웰의 소설을 출판하는 데 최초의 선택권을 가졌던 골란츠는 한때 철 회한 소련에 대한 지지를 다시 회복하는 중이어서 당연히 출판을 거부 했고, 다른 두 출판사도 마찬가지였다. 당시 오웰은 그런 출판사들의 태 도에 대해 '베일을 덮어 쓴 검열'이라고 부르면서 다음과 같이 비판한다.

서커스단의 개들은 조련사가 채찍을 내리 칠 때만 펄쩍 뛰지만, 정말 훈련이 잘 된 개는 채찍이 없을 때 재주를 더 잘 부린다. 그리고 이것이 우리가 이 나라에서 도달한 상태이다. 내란 없이 3백년간 살아온 덕분이다.

출판이 거부된 1944년 6월부터 독일 공군의 런던 공습은 더욱 심해진다. 오웰이 살던 집도 큰 피해를 입었으나 원고는 가까스로 구할 수 있었다. 그는 다시 엘리엇이 근무하는 출판사에 원고를 보냈지만, '필요한 것은 공산주의가 아니라 공공정신이 고취된 돼지들'이라는 비판과 함께 거절의 편지가 온다.

오웰은 돈을 빌려 자비로 이 책을 출판하려고 했다. 그리고 자비 출판을 하게 된 이유와 출판사의 자기검열제에 항의하는 서문 「출판의 자유 *The Freedom of the Press*」를 쓴다. 서문에서 오웰은 4개 출판사로부터 거부당한 이유를 밝히고, 정보부의 의견을 포함한 출판사의 편지까지 인용하고, 독일과 소련의 개전 이래 소련의 위신을 손상시키는 발언은 '신사적이 아닌 것'으로 억압당했다고 주장한다. 처칠을 공격하는 것은 가능하나 스탈린을 비판하는 것은 불가능하다는 취지였다. 그 결과 '역사의 진실이나 지적인 차원의 인간적 품위'를 무시하고 소련을 옹호하는 것만이 횡행한다고 말이다.(동물, 102) 가령 BBC는 소련군 25주년 기념방송을 하면서 소련군의 창립자인 트로츠키에 대해서는 일언반구도 말하지 않았는데, 오웰은 이를 "넬슨의 이름을 거론하지 않고 트라팔가 해전을 축하하는 것과 거의 같은 것"이라고 지적했다.(동물, 107)

과거 10년 동안, 나는 현존 소련 체제는 가장 나쁜 체제라고 믿어왔다. 그리고 나는 그렇게 발언할 권리를 요구한다. 우리나라가 소련과 동맹하여 싸우고, 나는 그 전쟁에 이길 것을 희망함에도 불구하고. 나의 입장을 정당화하는 문장을 선택하지 않을 수 없다면, 나는 '전통적인 자유라고 하는 주지의 룰에 따라'라는 밀턴 시의 한 줄을 선택하리라.(동물, 106)

이어 마지막으로 오웰은 영국 지식인이 지성을 배반했다고 비판한다.

영국 지식인의 비겁과 부정직에는 수많은 이유가 있음을 나는 알고 있고, 또한 그들이 자기 입장을 정당화하여 말한 논의는 보지 않고도 말할 수 있는 정도이다. 그러나 적어도 파시즘에 대해 자유를 방위한다고 운운하는 난센스는 이제 그만두자. 만일 자유에 어떤 의미가 있다고 한다면 그것은 사람들에게 그들이 듣고 싶지 않은 것을 말하는 권리이다.

보통 사람들은 지금도 막연하게 이 이론을 지지하고 그것에 따라 행동하고 있다. 우리나라에서는—모든 나라에서 그런 것은 아니다. 공화제 프랑스에서는 그렇지 않았고, 지금 미국에서도 그렇지 않다— 자유를 두려워하는 것이 자유주의자이고, 지성을 더럽히는 것이 지식인이다. 내가 이 서문을 쓴 것은 이 사실에 주의를 환기시키기 위해서이다.(동물, 106)

그러나 자비 출판도 어려웠다. 어쩔 수 없이 오웰은 전에 『카탈루냐 찬가』와 『사자와 일각수』를 어렵게 출판했던 작은 출판사에 원고를 보낸다. 전시에는 종이가 몹시 부족했기 때문에 작은 규모의 출판사로서는 출판이 매우 어려웠으나, 그 출판사는 종이를 구하면 출판한다는 조건으로 출판을 약속한다.

『동물농장』의 현대적 의미는 무엇일까?

『동물농장』이 출간된 뒤 그 책이 반공의 선전으로 이용되는 것을 본 오웰은 자신은 소련이 망하기를 원하고 않고, 소련의 간섭 없는 사회주의가 전개되어야 하며, 서구에서 민주적 사회주의가 건설되어 러시아가 갱생하기를 바란다고 말한다. 1989년 소련이 해체되고 소련식 사회주의가 포기되었지만 사회주의 자체가 세상에서 완전히 사라진 것은 아니었다. 그 뒤 신자유주의의 물결이 전 세계를 휩쓰는 가운데 다시 사회주의에 대한 검토가 시작되고 있는 만큼 오웰의 꿈은 여전히 살아 있었다.

『동물농장』은 작가인 오웰의 의도와 상관없이 우화나 동화로 읽어도 괜찮다. 소설의 부제가 '동화(A Fairy Story)'이니 더욱 그렇다. 그는 친구들에게 자녀들이 자신의 책을 좋아한다는 이야기를 듣고 특히 기뻐했는데, 아마도 이 책은 당분간 동화로서도 계속 읽힐 것이다. 아이들 때부터 동물과 자연에 대한 사랑, 그리고 폭정에 대한 분노를 배우는 것은 매우 중요하다. 특히 민주사회에서는 말이다.

『동물농장』은 현대에도 살아 있다. 히친스에 의하면 중국에서 덩샤오핑이 중국식 자본주의 개혁을 발표할 때 농민이 부유해져야 하지만 일부 농민은 더 부유해질 것이라고 말했다고 한다. 바로 『동물농장』에서 "일부 동물들은 더 평등하다"고 바꿔서 외친 구호처럼. 북한에서도 그런 이야기가 나왔는지 알 수 없지만 현실은 분명 그렇다. 그래서 중국에서나 북한에서나 오웰의『동물농장』은 물론 어떤 책도 번역되지 않았나 보다. 히친스에 의하면 미얀마 사람들도『미얀마의 나날』은 물론『동물농장』과『1984』도 미얀마와 관련된다고 말하지만 그곳에서도 오웰의 책은 번역되지 않았다. 이슬람이나 아프리카 일부 나라에서도 마찬가지다. 그러니 언젠가 그런 곳에서 오웰의 책이 번역될 때 그곳 사람들이 충격을 받으리라는 점도 오웰의 현대적 의의라고 할 수 있겠다.

『동물농장』은 동물의 권리나 해방과 연관될 수 있다는 점에서도 의미가 깊다. 스티븐 하트가 쓴『동물의 언어』(1996)는 동물이『동물농장』에서처럼 실제로 의사소통을 한다고 본다. 그런 점에서『동물농장』을 단순히 우화로 보는 것이 옳지 않고, 그것을 인간 중심주의에 대한 비판으로 읽어야 한다고 보는 견해도 있지만(김욱동, 109) 오웰 자신이 그렇게 생각했다고 보기는 어렵다. 게다가 그런 점을 과도하게 강조하면 전체주의적 폭정에 대한 비판이라는『동물농장』본래의 주제가 무시될 여지도 있다.

『비판적 에세이』

오웰은 1944년 말부터『비판적 에세이*Critical Essays*』를 쓰기 시작해 다음해 1월에 완성했으나 책은 1946년 2월에 출판된다. 그전에 나온 에세이집『고래 뱃속에서』가 절판되었기 때문에 디킨스와 소년 주간지에 대한 글들과 함께, 다른 잡지에 발표했던 그림엽서, 키플링, 케스틀러, 웰스, 예이츠에 대한 글 등을 재수록하고, 새로이 화가 달리와 외설에 대한 글을 추가한 것이어서 빨리 완성되었다.

이 책의 주제는 '인간의 마지막 동기는 무엇인가'이다. 그전에 그는 「웰스, 히틀러, 세계국가」라는 글에서 욕망의 충족을 인간의 동기라고 보는 쾌락주의가 지극히 불충분하다고 비판했다. 히틀러의 저서 『나의 투쟁』에 대한 서평에서는 히틀러와 처칠이 성공한 이유가 쾌락이 아니라 전쟁과 죽음, 피와 땀에 호소했기 때문이라고 말했다. 또한 그는 「래플스와 블랜디시 양Raffles and Miss Brandish」에서 반세기를 사이에 두고 나온 그 두 대중소설의 차이를, 누가 이기든 옳은 것은 옳고 틀린 것은 틀리다라든가, 약함은 존중되어야 한다는 종래의 형태가 소멸했다는 점으로 본다. 보통 사람은 지금도 '절대적인 선과 악의 세계'에 살고 있으나, 지식인은 그런 세계에서 도망쳐 '권력과 잔혹 행위를 예찬하고 있'으니까.

오웰은 이러한 모순을 받아들이면서 그 양극 중의 어느 하나를 해소하려는 것에 현대의 퇴폐가 있다고 보았다. 중세 사제는 본래부터 악을 행하지 않는다고 상정된 성직자의 이익을 가졌고, 현대의 지식인이나 예술가는 예술과 지성을 위해서는 모든 것이 허용된다는 이익을 갖는다는 것인데, 그 보기로 오웰은 20세기 퇴폐를 상징하는 화가 달리를 들었다.

> 달리는 훌륭한 화가이지만 동시에 혐오스러운 인간이라는 두 가지 사실을 동시에 염두에 두도록 하지 않으면 안 된다. 이 두 가지는 하나가 다른 하나를 부정하는 것이 아니라, 어떤 의미에서는 서로 무관하다.(Essays, 253)

■　* 래플스와 블랜디시 양은 각각 호닝(Ernest William Horning, 1866~1921)과 체이스(William Chase)가 쓴 베스트셀러 대중소설의 등장인물이다.

오웰은 달리가 "좋아하는 것이면 무엇이든 자유롭게 그릴 수 있어야 한다"라고 주장했다면서 "무엇이든 억압적인 것은 의심스러운 정책이다"라고 강조했다. 그러나 동시에 오웰은 예술가들이 예술가라는 이유에서 하고 싶은 말이나 일을 멋대로 하는 것은 일종의 '성직 재판권의 남용'이라고 비판했다. 예술가는 '시민이자 인간'이기 때문이라는 것이다. 그리고 1944년, 그는 케스틀러를 논한 글의 마지막 부분에서 다음과 같이 결론을 내린다.

> 그 밑바닥에는 그의 쾌락주의가 있고, 그는 그것을 위해 지상의 천국이 바람직하다고 생각한다. 그러나 바람직한가 아닌가는 차치하고, 필경 지상의 천국은 불가능하리라. 필경 어느 정도 고통은 인간의 생활에서 제거할 수 없으리라. 필경 인간의 선택은 언제나 악 속에서 선택할 수 있을 뿐이리라. 필경 사회주의 목적조차 세계를 완전한 것으로 만드는 것이 아니라, 그것을 '더욱' 좋은 것으로 만드는 것이리라. 모든 혁명은 실패한다. 그러나 그것은 모든 것이 똑같이 실패한다는 것은 아니다. 이를 인정하고 싶지 않다고 생각하는 사람을 위해 케스틀러의 정신은 일시적으로 골목길로 방랑하게 한다.(Essays, 278)

사람들은 당위로서의 사회관에 촉발되지 않으면 정치적 행동에 나서지 않는다. 그러나 그런 사회를 완전히 실현하거나 파괴할 수는 없다. 완전한 사회를 구하는 혁명은 반드시 실패하게 마련이다. 오웰은 인간과 사회가 완성된다는 것을 전제하지 않는 사회주의만이 가능하다고 보았다.

종군 특파원으로 활동하다

전쟁이 끝날 무렵 오웰은 《옵서버》의 종군 특파원으로 프랑스의 해방과 독일 점령을 취재하기 위해 파리와 쾰른으로 간다. 파리에서 그는 같은 호텔에 묵었던 헤밍웨이와 잠깐 만났고, 철학자 에이어도 만난다.

그 후 곧 병이 들어 「나의 문학에 대한 유언 집행자에게 보내는 각서」를 써서 『목사의 딸』과 『엽란을 날려라』와 같이 '어리석게 돈을 벌고자 쓴 작품'은 재판을 찍지 말라고 당부한다. 그러나 오웰 대신 아일린이 먼저 세상을 떠난다. 37세라는 젊은 나이였다. 오웰은 아내의 죽음을 '참으로 끔찍한 충격'이었다고 말했다. 아일린과 오웰 모두 결혼생활 중 불륜의 경험이 있었다고 앞에서 소개했는데, 오웰은 뒤에 자신의 결혼에 대해 다음과 같이 회상했다.

> 나에게는 육체적인 의미에서의 질투심은 거의 없다. 누가 누구와 잤다고 해서 신경 쓰지 않는다. 중요한 것은 감정적, 지적인 의미에서의 충실이라고 생각한다. 나는 아일린에게 충실하지 않은 적이 있다. 그녀를 심하게 대한 적도 있다. 그리고 때로는 그녀도 나를 심하게 대했다고 생각한다. 그러나 엄청난 전쟁을 함께 체험하고 그녀는 나의 일을 이해해주었다는 등의 의미에서 그것은 참된 결혼이었다.

오웰은 장례식을 마치고 다시 유럽에 가서 전쟁 상황, 특히 독일의 전후 참상을 취재한다. 그는 독일에 대한 무참한 보복 행위에는 반대하는 입장이었기에 「복수는 싫다Revenge is Sour」라는 에세이에서 "그렇게 함으로

써 보복은 단지 슬프고 역겨운 일로 변한다"라고 썼다.

5월 초, 독일군이 항복하자—아니 그전부터— 영국, 미국, 프랑스에 대해 소련은 힘겨루기에 들어가 더욱 유리한 지위를 차지하고자 한다. 오웰은 독일의 분단에 반대하면서 영미가 소련에 대처해야 한다고 생각했다. 처칠처럼 소련에 대해 '철의 장막'을 쳐야 한다고 제안했던 것이다. 뒤에 그는 좌익집회에서 미소 어느 쪽이 원자폭탄의 힘을 믿고 전쟁을 시작한다면 미국 편에 서서 싸워야 한다고 주장했다.

6월 영국에서 총선이 행해지자 오웰은 영국으로 돌아온다. 그는 정치가들에게는 무관심한 채 길거리나 술집에서 민중의 움직임을 주시했다. 그러나 "선거에 대해 자발적인 비평을 들은 것은 단 두 번뿐"이어서 보통 사람들에 대한 그의 기대는 실망으로 끝난다. 그는 6년간의 전쟁에도 불구하고 영국은 기본적으로 변하지 않았다고 보았다. "엄청난 위험과 황금 같은 호기를 앞에 두고서도 국민들은 오직 평소대로 생활을 계속했다." 그는 『엽란을 날려라』나 『숨 쉬러 올라오기』에서는 전쟁이 영국의 한 시대를 끝낼 수 있고, 『사자와 일각수』에서는 전쟁에 이기려면 혁명이 터져야 한다고 기대했지만, 그의 바람은 빗나가고 말았다.

> 나는 우리가 패배하지 않기를 바랐다. 그리고 계급 차별과 제국주의 착취와 같은 부끄러운 일이 다시 생기지 않기를 바랐다. 나는 전쟁의 반파시스트적 성격을 지나치게 강조했고, 실제로 일어나고 있던 사회변화들을 강조했으며, 그 반동 세력이 가진 힘을 과소평가했다.
>
> 6년 가까이 전쟁을 경험하면 사회주의나 파시즘에 빠지게 마련이고, 영국

의 시민적 자유가 거의 아무런 손상 없이 남아 있으리라고는 예상하지 않
았다. 영국 국민이 살아가고자 하는 한 이처럼 반 정도 마쳐된 상태는 많
은 관찰자가 그렇게 믿었듯이 퇴폐의 징조인가, 아니면 본능적인 현명함이
라고 말해야 하는 것인가, 나는 모른다.

총선에서 노동당이 압승해 창당 이래 처음으로 정권을 잡고, 이어
1950년과 1951년의 총선에서도 압승해 영국은 사회복지국가로 나아갔다.
영국에서 말하는 사회주의의 승리였다. 영국 국민은 처칠에게 감사했지
만, 그로 상징되는 제국의 영광, 대국의 위신보다는 생활의 안정을 선택
했다.

그러나 오웰은 대중에게 노동당은 사회주의가 아니라 노동시간 단축,
무료 의료, 보육원, 학교 급식의 무료 우유 등을 제창한 정당에 불과했다
고 보고, 노동당 정책을 단호하게 비판하면서 더욱 근본적인 사회적 변
화가 필요하다고 주장했다.

노동당이 안전하게 정권을 잡고 있을 동안, 또 앞으로 몇 번 연임할 동안,
우리는 평화적으로 필요한 변화를 초래할 수 있을 것이다.

문제는 그 평화가 '정말 평화적이어야 한다'는 것, 즉 꾸준한 변화의 진
행이 필요하다는 점이었다. 그것은 억제와 무용을 모두 요구하는 것이었
다. 억제가 지나치면 보수당처럼 되고, 무용이 지나치면 독재정권이 될
테니까.

자유방어위원회

전시라는 비상사태 아래 소수의견자는 탄압을 받았고, 많은 평화주의자, 아나키스트, 좌익 사회주의자들은 투옥을 당했다. 이에 대해 보수파와 공산당은 영국이 현재 싸우고 있는 더 큰 자유를 확실하게 확보하려면 국내의 비판과 항의의 자유는 일시적으로 포기되어야 한다고 주장했다. 이에 대해 오웰을 비롯한 몇몇 지식인들은 언론과 표현의 자유는 가장 중요한 것으로 그것은 한 번 상실되면 절대 돌이킬 수 없다고 주장하며 대항했다.

1944년 말, 경찰청은 아나키스트 기관지 《전쟁 비평 *War Commentary*》 사무실을 습격하고 모든 자료를 압수한다. 리드를 비롯하여 포스터, 스펜더, 엘리엇 등이 이에 항의하는 문서에 서명했는데, 당시 아나키스트를 공격한 오웰도 아나키스트 비판을 중단하고 다른 항의 문서에 서명한다. 그러나 1945년 독일이 항복하기 직전, 아나키스트 기관지 편집진 네 명이 '반전 선전 규제 전시 특별법'에 위반되었다는 혐의로 재판을 받게 된다. 이에 리드를 위원장, 베번을 부위원장으로 하는 인권옹호위원회가 설치되어 항의했으나, 피고 세 명은 금고형을 선고받는다. 이 사건을 《트리뷴》에서 언급한 오웰은 딜런 토마스 등과 함께 판결에 반대할 뿐 아니라, 종전이 가까워졌음에도 불구하고 재판을 진행한 정부의 처사에 항의하는 성명을 발표했다. 그 재판이 전후 평화 시의 표현의 자유에도 제한을 가할 징조라고 보았기 때문이다.

당시 그런 문제에 당연히 이의를 제기해야 할 조직이 바로 '시민적 자유를 위한 전국평의회(NCCL; National Council for Civil Liberties)'였다. 하지만 이 조직은 공산당의 선전 기관으로 전락해 공산당을 비판하는 아나키스트들의 인권을 옹호하는 운동에 나서지 않았다. 그래서 오웰은 1945년에 창설된 '자유방어위원회(FDC; Freedom Defence Committee)'에 참가해 1949년 조직이 해산될 때까지 적극적으로 활동한다. 표현의 자유를 수호하고 공산당에 반대하기 위한, 그가 평생 단 한 번 참여했던 자발적 결사였다. 이 단체의 위원장은 아나키스트 예술비평가인 리드였고 오웰은 부위원장이었다. 후원자로는 당시 노동당 위원장인 래스키를 포함한 몇 명의 국회의원도 있었으나 중심은 포스터, 러셀, 코놀리, 그리고 조각가인 무어(Henry Moore, 1898~1986), 작곡가인 벤저민 브리튼(Benjamin Britain, 1913~1976) 등을 주축으로 한 예술가와 학자였다.

그가 《트리뷴》에 발표한 「공원의 자유*Freedom of the Park*」는 그 위원회의 원칙을 지지한 것이었다. 내용은 하이드 공원 밖에서 평화주의와 아나키즘 신문을 팔다 그곳을 떠나라고 한 경찰의 명령에 불복하여 체포된 뒤 경찰 업무방해죄로 6개월 형을 선고 받은 다섯 명을 옹호하는 것이었다.

> 그것을 보면 경찰이 떠나라고 말할 때 즉시 떠나지 않으면, 거리에서 신문을 파는 것도 전문적 용어로 말하자면 '업무방해'이다. (⋯) 만약 그들이 〈트루스〉나 〈태블릿〉 또는 〈스펙테이터〉, 심지어 〈처치 타임스〉를 파는 사람도 체포한다면, 그들의 처사는 공평한 것이 될 것이다.

〈트루스〉 등은 우익 신문인데 그런 신문을 판다고 해서 경찰이 체포하는 일은 없다고 오웰은 말한다. 오웰은 특히 총선으로, 노동당이 보수당에 이긴 뒤에 그런 사건이 발생했다는 사실에 괴로워했다. 공무원은 변하지 않는다면서.

내가 알고 싶은 한 가지 사실―그것은 우리가 거의 모르는 일인데―은 새 정권이 들어설 때 행정직원도 교체되느냐 하는 것이다. '사회주의'란 법에 위배되는 것이라고 생각하는 경찰관이 있다고 하자. 그런데 사회주의 정부가 들어서면 그는 어떻게 행동할까?

그래서 그는 근본적인 변화가 필요하다고 생각했다. 언론의 자유는 '법이 보호하지 않기 때문에' 민주국가에서도 언제나 위협을 당하고 있다고 주장한 것이다. 나아가 그는 어떤 법이 있어도 진정한 보호는 여론의 힘뿐이라고 주장한다.

만약 많은 사람들이 언론의 자유에 관심을 보인다면, 설령 법이 그것을 금지한다고 해도 언론의 자유는 보장될 것이다. 그러나 만일 대중의 힘이 모아지지 않는다면, 법이 대중을 보호하기 위해 존재한다고 해도, 성가신 소수는 박해를 받을 것이다.

그 조직의 영향으로 미국에서 케스틀러 등에 의해 문화자유회의가 결성되었고, 더욱 뒤에는 엠네스티(International Amnesty) 등으로 발전한다.

『동물농장』을 출판하다

유럽에서는 전후 독일·오스트리아 점령 정책을 둘러싼 소련의 힘겨루기가 더욱 심해졌다. 전선에서 영국군은 소련군의 만행과 불결함을 목격하면서 환멸을 느꼈고, 아시아에서는 얄타회담의 결과 소련군이 대일 전쟁에 참전해 아시아, 특히 홍콩, 상해, 싱가포르에 거점을 둔 영국의 기득권을 위협했다.

1945년 8월 17일, 일본이 항복한 이틀 뒤 드디어 『동물농장』이 출판된다. 초판 4,500부는 즉시 팔렸다. 11월에는 2쇄 1만 부가 나왔다. 당시의 급변하는 반소적 분위기로서는 그 작품이 반공소설로 오해될 가능성이 충분히 있었다. 심지어 서점에서는 아동도서로 분류되기도 해서 오웰 자신이 직접 책을 옮기기도 했다. 그러나 미국은 달랐다. 종전 직후 미국에서는 소련에 대한 지지와 공산당에 대한 동조가 1, 2년 전 영국에서와 같이 거셌다. 루스벨트는 처칠을 제국주의자라 부르면서 "스탈린은 적어도 제국주의자는 아니다"라고 말했다. 따라서 소련을 공격하는 영국 소설가는 대영제국주의를 옹호한다는 의심을 받게 마련이었다. 게다가 미국에는 노동당과 같은 비공산주의적 좌익 정당이 없었고, 영국 보수당과 같이 국가적 이익을 따지는 세력도 없었다.

미국에서는 반소와 친소가 양극화 현상을 보였다. 일본에 대해서도 원자폭탄의 힘을 과시하는 세력과 죄의식에 젖는 양극화 현상을 보였다. 그런 분위기인 만큼 『동물농장』의 출판은 어려웠다. 그러나 1946년 8월 일단 출판되자 영국에서보다 두 배 이상 팔렸다. 그 결과 오웰은 더 이상 생활을 걱정할 필요가 없어진다.

『동물농장』에 대한 서평은 주로 스위프트와 비교하여 그 문체를 찬양한 것이 주류였다. 하지만 내용에 대해서는 반소 반공이라는 이유에서 찬양과 비판이 엇갈렸다. 특히 미국에서 그랬다. 이에 대해 오웰은 다음과 같이 답한다.

물론 나는 기본적으로 러시아 혁명에 대한 풍자를 의도했다. 그러나 그것이 더욱 큰 교훈-'그런' 종류의 혁명(무의식적으로 권력을 갈망하는 사람들이 지도하는 음모적인 폭력 혁명)은 지배자를 바꿀 뿐이라고 하는 교훈만을 포함하고 있다고는 생각하지 않았다. 그것에서 끌어내야 할 교훈은 혁명이 근본적으로 개선을 낳는 것은 대중이 경계심을 갖고, 지도자가 그 역할을 다하면 바로 추방하는 방법을 알고 있는 때뿐이라고 생각했다. 이야기의 전환점은 돼지가 우유와 사과를 자신들만의 것으로 삼은 때였다고 생각되리라(크론슈타트 요새의 수병들이 탄압받은 것에 대응된다). 만일 다른 동물들이 그 시기에 확고하게 반대했다면 잘 되었으리라. 내가 현재의 상태를 옹호한다고 생각하는 사람들이 있다면 그것은 그들이 비관적이 되어, 독재나 자유방임적인 자본주의밖에는 선택의 여지가 없다고 전제하기 때문이라고 생각한다. (…) 내가 말하고자 한 것은 '스스로 하지 않으면 혁명은 불가능하다는 것, 자비에 가득 찬 독재체제 따위는 있을 수 없다'는 것이다.(쉘던, 451-452 재인용)

『1984』

정직한 에세이들

『동물농장』으로 오웰은 비로소 '유명 작가'가 되었으나 그의 생활은 변함이 없었다. 『1984』를 본격적으로 쓰게 되는 1947년까지 2년간 그는 130편에 이르는 에세이를 썼다. 이미 '유명한' 작가여서 큰 잡지에 글을 보내면 더 많은 돈을 벌 수 있었으나 그는 원고료를 지불하기조차 어려운 가난한 잡지에도 글을 보냈다. 그 글의 대부분은 아직도 단행본으로 출판되지 않았다.

그중 가장 유명한 글은 앞에서 몇 번 인용한 「나는 왜 쓰는가」일 것이다. 그의 문학론과 정치론을 함께 보여주는 자서전적인 글로서 오웰은 글쓰기의 네 가지 동기로 순전한 이기심, 미적 열정, 역사적 충동, 정치적 목적을 꼽았다.

순전한 이기심이란 "남들에게 똑똑해 보이고, 입에 오르내리고, 죽고 나서도 기억되고, 어린 시절 자기를 무시한 어른들에게 보복하려는 욕망"이다. 미적 열정은 "외부 세계의 아름다움이나 말의 아름다움, 그리고 말을 적절하게 배열한 것에서 오는 아름다움을 깨닫는 것"이었다. 역사적 충동이란 "사물을 있는 그대로 보고 참된 사실을 발견하여 뒤에 후

손들이 사용할 수 있도록 보존하고자 하는 욕망"이다.(Essays, 3) 마지막으로 정치적 목적이란 "세상을 특정 방향으로 몰고 나가 반드시 성취고자 하는 유형의 사회에 대해 타인의 생각을 바꾸려는 욕망"으로서, 예술은 정치와 무관해야 한다는 주장도 하나의 정치적 태도라고 오웰은 말한다.(Essays, 4)

오웰 자신은 앞의 세 가지 동기가 네 번째 동기를 능가하는데도 시대의 요구에 의해 팸플릿 저자가 되었다고 밝혔다. 그 시대적 요구란 앞에서 본 미얀마와 빈곤 및 좌절의 경험으로 인한 권위에 대한 반감, 그리고 노동계급의 존재와 제국주의에 대한 인식, 히틀러의 등장과 스페인 시민 전쟁에 참전했던 경험이었다.(Essays, 4)

그 뒤 1936년부터 오웰은 전체주의에 반대하고 민주적 사회주의를 지지하는 글을 쓰면서 항상 당파성을 감지했다. 그러면서 기발하게 쓰기보다는 정확하게 쓰려고 노력해왔다고 말하는데, 결국 자신도 작가로서 네가지 동기를 다 갖지만 더 근본적인 동기는 신비한 어떤 절대적인 힘이라고 하면서 무엇보다도 정치적 목적이 결여되었을 때 가장 형편없는 글이 나온다고 고백한다.(Essays, 5-7)

대중문화에 대한 관심도 여전했다. 1945년에 쓴 「좋은 대중소설Good Bad Books」에서 코난 도일의 셜록 홈스 이야기를 비롯한 대중소설을 실제의 삶과는 무관한 '도피'문학이라고 논했다.(Essays, 318) 반면 '좋은' 대중소설은 현실을 다루는 『엉클 톰스 캐빈』처럼 깊은 감동을 담고 있으며 본질적으로 진실한 작품이라고 보았다. 뒤에 오웰은 마크 트웨인의 작품들도 귀중한 사회적 역사를 담고 있기 때문에 후세까지 읽혀지고 있다고 말한다. 그러면서도 도피적 대중문학이 살아남을 것으로 예언했는데, 이따금 기분 전환 거리가 필요해지는 문명이 계속되는 한(Essays, 320) 그런 문학도 존재할 것이라고 보았다.

역시 1945년에 쓴 「스포츠 정신*The Sporting Spirit*」도 대중문화인 스포츠에 대한 비판이다. 스포츠 물신주의는 민족주의에서 비롯되며, 특히 가장 폭력적인 축구와 권투에 영미를 비롯한 많은 나라가 엄청난 재정을 쏟아 붓고 있다고 비판한다. "중요한 스포츠 경기는 페어플레이와 관계가 없다. 그것은 증오, 질투, 자랑, 규칙의 무시, 폭력을 목격하는 가학적 즐거움 등과 관계가 있다. 즉 그것은 총성 없는 전쟁이다."(Essays, 323) 오웰에 의하면 고대 그리스부터 19세기까지 그런 경쟁은 심하지 않았지만 19세기 후반 영국 사립학교에서 경기를 시작하면서 달라졌다고 한다.(Essays, 321-324)

그러나 오웰은 보통 사람의 문화에 대한 자부심을 존중했다. 가령 「영국 요리에 대한 옹호*In Defence of English Cooking*」(1945)에서 흔히들 영국 요리를 최악이라고 하지만 도리어 그것은 외국에서 구하거나 찾을 수 없는, 대중적 습속을 구성하는 것이라고 반박한다. 그렇다고 해서 오웰이 무조건 영국을 예찬하는 사람은 아니었다. 특히 그는 영국이 속물적인 쇼비니즘, 즉 자민족 중심주의에 빠져 있다고 자주 비판했다. 그리고 1946년 8월에 쓴 「서평자의 고백*Confession of a Book Reviewer*」에서 오웰은 서평을 의뢰받은 대부분의 책은 시시하기 짝이 없었다고 고백하면서 그래도 영화평을 쓰는 것보다는 낫다고 말한다.

이 세상 모든 사람들은 각자 누군가를 경멸한다. 서평과 영화평 모두를 써 본 나는 그래도 서평자가 되는 것이 영화 비평가가 되는 것보다 낫다고 할 수 있다. 그것은 영화 비평가는 한두 번 예외가 있겠지만 대부분 집에서 일을 할 수 없고, 아침 11시면 시사회에 참석해야 하며, 싸구려 셰리주 한 잔에 그의 명예를 팔아야 하기 때문이다.(Essays, 370)

글쓰기의 규칙

오웰은 1946년 초에 쓴 「정치와 영어*Politics and English Language*」라는 글에서 영어가 위기에 처했다는 진단으로 이야기를 시작한다.

현대 영어, 특히 문어체 영어에는 나쁜 습관이 너무 많고 그것이 모방되어 퍼져나가고 있는데, 이는 필요한 수고를 기꺼이 감당하려 한다면 피할 수 있다. 그런 잘못된 습관을 제거하면 더 명료한 사고가 가능하고 명료한 사고는 정치적 쇄신을 위한 첫걸음이다. 따라서 나쁜 영어에 대한 투쟁은 하찮은 일이 아니고 전문가들만의 배타적인 관심사여서도 안 된다.(Essays, 349)

이어 오웰은 "사상이 언어를 부패시킨다고 한다면 언어 또한 사상을 부패시킬 수 있다"라고 하면서 '잘못 쓴' 글의 대표로서 정치적 문장, 특히 공산당의 팸플릿이나 래스키의 문장을 예로 들었다.(Essays, 349-350)

현대에 정치적 연설이나 저술은 오직 옹호하기 어려운 것만을 옹호하고 있다. 영국의 인도 통치의 계속, 러시아의 숙청과 유형, 일본에 대한 원자폭탄 투하 등을 옹호하고자 한다면 대부분 사람들에게는 받아들여질 수 없는, 그리고 각 정당이 공약하고 있는 목표와 일치하지 않는 잔혹한 논의를 할 수밖에 없다. 그리하여 정치적 용어는 오직 완곡어법이나 논점의 회피, 그리고 마치 구름을 잡는 것 같이 막연한 표현법만으로 성립되지 않을 수밖에 없다.(Essays, 356)

위에서 언급한 것과 같은 표현법은 영어에서만 볼 수 있는 게 아니다. 가령 지금 우리 사회에서도 모든 비민주적인 작태가 민주주의라는 이름으로 호도되고 있지 않은가? 명예롭지 못하고 무자비한 대량의 정리해고를 '노동의 유연화'에 의한 '명예퇴직'이라고 말하는 것도 그중 하나다. 지극히 반개성적이며 강제적인 주입교육을 일삼는 학교에서 언제나 '개성 존중'이라는 구호를 외치고, 가장 비민주적인 군대에서 '민주 군대'라는 표어를 애창하는 것도 마찬가지 경우다.

특히 오웰은 작가가 글을 '잘못 쓰는 것'은 미학적인 차원에서만이 아니라 정치적, 도덕적으로도 잘못을 범하는 것이라고 하면서 작가의 책임을 강조한다. 그가 말하는 '잘못 쓴' 글이란 당의 노선에 따르는 글로서, 자신의 생각을 개성적이고 독창적으로 표현하려 하지 않고, 케케묵은 단어나 구절을 이용하여 믿을 만한 목소리로 대화하지 않는 것을 말한다. 따라서 오웰은 작가는 당의 노선이 아니라 개인 의견을 표출하는 반란자여야 한다고 주장했고, 이를 위해 다음과 같은 여섯 가지 규칙을 내세웠다.

1. 당신이 인쇄물에서 흔히 보는 은유나 직유 또는 다른 비유적 표현을 쓰지 말 것

2. 짧은 낱말을 사용할 수 있는 경우에는 긴 낱말을 쓰지 말 것

3. 낱말 하나를 삭제해도 좋다면 언제나 삭제할 것

4. 능동형을 쓸 수 있으면 수동형을 쓰지 말 것

5. 그 말에 해당하는 일상 영어를 생각할 수 있으면 외국 표현이나 학문적 용어나 전문어를 쓰지 말 것

6. 아주 조잡한 말을 쓸 바에야 위의 모든 규칙을 버릴 것(Essays, 359)

이상의 규칙은 우리의 글쓰기에서도 반드시 최고의 원칙으로 삼아야 할 것들이다.

오웰의 작가론

이 시기에 쓴 에세이 중에는 작가론도 있다. 먼저 1946년 전반기에 쓴 「정치와 문학: 『걸리버 여행기』에 대하여*Politics and Literature: An Examination of Gulliver's Travels*」이다. 오웰은 이 글에서 스위프트에 대해 정치적으로나 도덕적으로는 찬성하지 않지만 여덟 살 이후 여섯 번이나 그 책을 읽었을 정도로 그를 좋아하며, 이 세상에 단 여섯 권의 책을 남겨야 한다면 그중 하나는 『걸리버 여행기』일 것이라고 말했다.(Essays, 384) 오웰은 스위프트가 부정과 압제를 고발하지만 민주주의자는 아니고, 『걸리버 여행기』 3부에서는 전체주의를 비판하고, 톨스토이와 마찬가지의 아나키즘까지 보여주

지만, 그가 이상으로 삼는 휴이넘의 나라는 전체주의적인 측면을 보인다는 등 여러 측면에서 『걸리버 여행기』를 분석했다.(Essays, 371-383)

오웰은 스위프트를 '토리 아나키스트(Tory anarchist)'라고 일컫다. "권위를 경멸하는 동시에 자유를 불신하는, 아울러 귀족주의적 사회관을 견지하는 동시에 기존의 귀족주의가 타락한 경멸스러운 것임을 분명히 인정하는" 탓이었다.(Essays, 380) 그러나 적어도 귀족을 거부하는 오웰은 그런 입장이 아니다. 따라서 오웰이 1930년대 중반까지 토리 아나키스트를 자처했다는 말(김욱동, 45)은 잘못된 것이다.

스위프트에 대한 비판적 친화라는 오웰의 태도는 톨스토이에 대한 글에서도 볼 수 있다. 1946년에 쓴 「톨스토이와 셰익스피어Tolstoy and Shakespeare」에서 오웰은 셰익스피어에 대한 톨스토이의 도덕적이고 비미학적인 비평을 언급한다. 톨스토이는 그의 셰익스피어론에서 그를 혹평했는데, 오웰은 그의 견해가 일부 타당하지만 셰익스피어가 대중적 인기를 누리고 있다는 점을 부정할 수는 없다고 보았다.

1947년에 쓴 「리어, 톨스토이 그리고 어릿광대Lear, Tolstoy and the Fool」에서 오웰은 이 작가를 더욱 상세히 논의한다. 오웰에 의하면 톨스토이가 셰익스피어 작품에서 느낀 것은 "반감과 지루함과 당혹감"이었다.(Essays, 401) 즉, "바보스럽고, 수다스러우며, 부자연스럽고, 이해하기 어렵고, 과장되고, 조야하고, 지루하다"라고 말했다.(Essays, 402) 그러나 오웰은 앞의 글에서처럼 "셰익스피어가 톨스토이가 말하는 그대로라면 어떻게 그렇게 숭배 받을 수 있는가?"라고 반문한다.(Essays, 403) 톨스토이는 그것이 집단 최면에 의한 것이라고 하지만 오웰은 이를 인정하지 않고 도리어 긴 생명력이야말로 예술의 유일한 가치 판단 근거라고 주장하면서 톨스토이 예술론을 완전히 무가치하다고 통박한다.(Essays, 404) 물론 오웰도 톨스토이의 셰익스피어 평을 일부 인정했다. 『리어왕』의 경우 "너무 늘어지며, 인물과 서브플롯도 너무 많다"(Essays, 406)고 말이다. 그러나 "문제는 노인이 잃어버린 감각을 아이는 팔다리로 느낀다는 점"이다.(Essays, 407) 그래서 "사람들은 셰익스피어에게서 더 많은 즐거움을 발견할수록 톨스토이의 말을 들으려 하지 않는" 것이다. 물론 톨스토이가 경찰에게 셰익스피어 작품을 압수하라고 말한 것은 아니지만 결국 그의 비판은 소용없는 짓이라고 오웰은 주장한다.(Essays, 415)

주라 섬

앞에서 말했듯이 오웰은 런던을 싫어했다. 특히 리처드를 입양한 후 아이를 자연 속에서 키우고 싶다는 소망이 강해졌는데, 덕분에 런던을 떠나 시골로 가고 싶은 욕망도 더욱 커졌다. 오웰은 스코틀랜드 서쪽 해안 끝자락에 있는 주라(Jura) 섬의 반힐(Barnhill)로 간다. 이사 직전 그는 미국에 있는 양심적 병역 거부자 3,000명의 사면을 위한 탄원서에 서명했다. 평화주의자를 혹독하게 비판하면서도 양심의 자유를 수호하는 문제에 대해서는 누구보다도 먼저 나선 것이다. 버나드 쇼, 러셀, 엘리엇, 케스틀러 등 20명의 작가가 이 서명에 동참했다.

반힐에서 오웰은 정원을 가꾸고, 낚시와 사냥을 하며, 계란과 우유를 사고자 멀리 있는 마을까지 다녀오는 등 바쁜 가운데서도 1946년 8월부터 『1984』를 집필하기 시작한다. 소설의 구상은 몇 년 전부터 '유럽 최후의 남자(The Last Man in Europe)'라는 제목으로 시작되었는데, 오웰은 그 제목을 마지막까지 고민했다고 한다.

초고는 1947년 10월에 완성되었다. 그 후 각혈을 동반한 질병이 찾아오자 오웰은 크리스마스이브에 부근 병원에 입원한다. 처음으로 폐결핵임이 확인되었고, 오웰은 막 발명되어 영국에서는 아직 시판되지 않았던 스트렙토마이신을 미국에서 구입하여 복용했다. 1948년 7월, 오웰은 퇴원하여 다시 섬으로 돌아가 『1984』 제2원고를 11월에 완성하고 스스로 타이핑해 12월에 출판사로 보냈다. 그 사이 병은 더욱 심해져 다시 입원했는데, 오웰이 북쪽 주라 섬에 가서 『1984』를 쓴 것이 죽음을 희망한 탓이라고 보는 견해가 있으나 오웰은 결코 그런 감상에 젖을 사람이 아니었다.

『1984』의 결론은 분명 어둡다. 그러나 건강 상태 때문에 그렇게 쓴 것은 결코 아니었다. 그가 건강할 때 쓴 소설, 가령 『숨 쉬러 올라오기』도 어둡다. 『숨 쉬러 올라오기』에서 전쟁 이전 저지대의 황금빛 콩밭 흔적을 히틀러의 폭탄이 모두 파괴하지 말기를 기원했듯이 오웰은 『1984』에서도 권력과 무관한 것들, 누구의 주의 주장을 발전시키거나, 재산을 축적하거나, 타인에게 자기 의지를 따르라고 고집하는 것과 무관한 것이 있어야 한다고 요구한다. 가령 종이 누르는 것, 낚싯대, 1페니짜리 사탕 등이다. 또한 오래된 교회 뜰을 밟고, 진한 차를 만들며, 사랑해야 한다고 역설했다. 그런 일을 할 시간이 없는 지식인들은 그것이 감상적이고 하찮은 일이라고 비웃지만, 그런 것이야말로 삶의 진정한 요소들이 아닐까?

주라 섬 반힐에 있는 오웰의 집. 오웰은 이 집에서 『1984년』을 집필했다.

『1984』는 그런 것이 없는 삶이 얼마나 허무한 것인지를 보여준다. 동시에 그것은 희망이 된다. 전체주의를 상징하는 빅 브라더 이상으로 그에게 저항하는 윈스턴이 종이를 누르는 광경과 황금빛 시골도 강한 이미지를 전달하기는 마찬가지다. 사람들이 그런 시시한 것들을 위해 기꺼이 싸우고 그런 것을 즐기려는 자유가 어떤 '주의'나 지도자보다 중요함을 알게 될 때 비로소 희망도 숨을 쉰다.

『1984』

『1984』는 소설이 쓰인 1948년의 48을 84로 뒤집은 숫자에 불과하다. 무슨 심오한 의미를 갖는 게 아니다. 오웰이 소설을 쓰던 당시보다 수십 년 뒤면 충분했고, 그것이 우연히 1984년으로 자리 잡았을 따름이다. 그러니 1984년에 오웰이 다시 논의되고, 우리나라에서도 『1984』가 베스트셀러가 되었다느니 하는 것은 우스운 현상이다.

『1984』는 『동물농장』에서 묘사된 것처럼 혁명이 배반되어 전체주의가 완전하게 성립된 사회이다. 주인공 윈스턴 스미스는 윈스턴 처칠의 윈스턴에다 영국에서 가장 흔한 이름인 스미스를 붙인 것으로 이런 류의 사회에서 가장 흔한 보통 사람이라는 의미다. 동시에 그는 혁명 전 사회와 연관된 유일한 인간이자 혁명 전 사회를 유지하고자 하는 유일한 인간이다. 따라서 우리와 같은 유일한 인간, '최후의 인간'이다. 오웰 자신 처음에는 그렇게 제목을 붙이려고 했다.

스미스는 전쟁(언제, 무슨 전쟁인지는 모른다)에서 가족을 잃어 죄의식을 갖고 있다. 과거를 간직하고자 일기를 쓰지만 그것은 사상범죄에 해당한다. 따라서 그는 '진리부(Minitrue)'에서 일하며 역사를 국어인 뉴스피크(Newspeak)로 고쳐 쓴다.

인구의 13%를 차지하는 '외부당'의 당원인 그는 나머지 85% 대중과 전혀 접촉하지 않는다. 정사는 인간 감정의 연결을 회복시키는 가장 자연스러운 방법이므로 당원에게 섹스는 금지되고, 대중을 위해서는 외설문학이 대량으로 생산된다. 윈스턴은 줄리아와 섹스를 하지만 그것은 하반신만의 반역에 불과하고, 결국 윈스턴은 모든 인간적인 연관을 단절당하고, 오직 최고 독재자 빅 브라더만 매일 TV로 마주본다. 그 후 윈스턴은 체포되어 '내부당(Inner Party)' 오브라이언의 지휘 아래 고문을 당하고 반항 의지를 상실한다. 그런데 이 나라에서는 침묵의 복종도 범죄에 해당한다. 따라서 체제에 대해 침묵할 수 없었고, 오히려 체제를 열광적으로 지지해야 했다.

이처럼 『1984』는 권력의 소설이다. 그러나 그 권력은 단순히 전체주의의 절대적인 권력을 말하는 것이 아니라 모든 권력을 말하는 것이다. 이점을 특히 주의해야 한다. 오브라이언에 의해 권력은 다음과 같이 설명된다.

> 당은 완전히 그 자체의 이익을 위해서 권력을 추구하는 거야. 우리는 타인의 행복에는 관심이 없고, 단지 권력만이 관심거리지. 재산이나 사치나 장수나 행복도 아니야. 오로지 권력, 순수한 권력이야.(동물, 280)
>
> 우리는 혁명을 보장하기 위해서 독재정권을 세운 것이 아니고, 독재정권

「1984」 초판 표지

1947년에 쓴 「1984」의 초고. 교정 흔적이 보인다.

을 세우기 위해서 혁명을 일으킨 거야. 박해의 목적은 어디까지나 박해야. 고문의 목적은 고문이고, 권력의 목적은 권력이야.(동물, 281)

한편 『1984』는 사랑의 소설이기도 한다. 권위주의가 철저히 통제하는 섹스는 유일한 해방구이자 저항이며 자유의 추구인데, 외부당 당원들은 성행위를 육욕적 쾌락이나 상상적 유희와 분리시키기 위해 성욕을 극소화하고 부인하도록 조직적인 훈련을 받는다. 여기서 사랑, 특히 섹스는 권력에 대항하는 유일한 방법이다.

소설에는 학교 시절의 추억도 나타난다. 앞에서 이야기했듯이 예비학교에서 어린 그가 교활한 교장 부인을 증오하면서도 그것에 대한 죄의식을 가졌던 경험은 『1984』에서 윈스턴이 강력한 권력에 대해 증오심을 포기하고 도리어 사랑하려는 유혹에 빠지는 이중심리로 묘사된다. 나아가 강력한 식민지 경찰의 지배, 정부가 POUM을 탄압한 스페인 시민전쟁, 전시 동안의 검열 등에서 권위주의적 권력의 모델을 찾기도 했다. 물론 소설에 묘사된 권위주의는 그런 경험보다 더욱 과장되어 있다.

소설에 나오는 고문 장면은 그가 예비학교에서 당하고 미얀마에서 목격한 것에 근거한다. 폭탄이 매일 터지는 장면은 제2차 세계대전의 공습 경험을 바탕으로 한 것이며, 식량 부족과 나쁜 음식에 대한 묘사는 1940년대 영국 사회상을 반영한 것이다.

소설의 시작이 보여주는 분위기

『1984』는 심각한 정치소설인 동시에 아름다운 소설이다. 소설의 첫 문장은 "4월, 날씨가 쌀쌀하고 화창한 어느 날이었다. 벽시계가 13시를 알리고 있었다"로 시작된다.(동물, 13) 이야기를 시작할 때 흔히 사용되는 평범한 문장인데, 원문을 보면 영국의 전통적인 발라드처럼 매우 시적인 3음각의 운율로 대구(對句)를 이루고 있음을 알 수 있다.

It was a bright cold day in April, and the clocks were striking thirteen.

(동물, 13)

그런 발라드 기분으로 번역한다면 "4월, 맑고 찬 어느 날, 시계는 열세 번 울리고"라는 식으로 해야 할지도 모르겠다. 그런데 '13시'라는 시각이 우리를 당황하게 만든다. 지금 우리가 가진 시계에는 13이란 숫자가 없기 때문이다. 원어인 'thirteen' 자체도 발라드 운율에 맞지 않아 어색하다. 운율에 맞추려면 'two'와 같은 단음절어가 와야 하니까. 또한 13이란 숫자는 우리에게 4라는 수가 그렇듯이 서양인에게 가장 불길한 숫자이다.

4월에 맑고 추운 날을 볼 수 없는 우리에게도 첫 문장은 어색하지만, 영국에서 4월은 엘리엇이 「황무지The Wasteland」에서 표현했듯이 겨울 기운이 아직 남아 있고, 소나기가 곧잘 퍼붓는 '가장 잔인한 달'이기에 영국인에게는 더욱 어색할 수 있다. 따라서 오웰의 첫 문장은 적어도 제1차 대상이었던 영국의 독자들에게는 영국의 이야기가 아님을 느끼게 해주었을 것이다. 최소한 뭔가 잘못된 기후임을 느끼게 말이다. 이어 나오는

'모래바람'이 불어 닥친다는 표현도 음울하기 그지없다. 그런데 'a swirl of gritty dust'를 '모래바람'(동물, 13)으로 옮기는 데엔 문제가 있다. '모래 먼지 회오리'라고 해야 뭔가 잘못된 감이 오기 때문이다. 게다가 '먼지'라는 단어는 이 소설에서 끊임없이 반복된다.

사실 첫 문장은 우리에게 아무것도 의미하지 않는다. 그곳에서는 당이 시간과 자연의 움직임까지 관리하기 때문이다. 아니, 그곳에서는 모든 것이 당에 의해 움직였다. 따라서 1984라는 연대나, 4월, 또는 기후조차 당이 부여하는 의미 외에는 다른 무엇도 뜻할 수 없다. 물론 1984란 연대조차도 확실하지 않다.(동물, 14)

독자들은 소설을 몇 줄 더 읽자마자 배경이 영국임을 알게 된다. 첫 문장 뒤에 등장하는 윈스턴 스미스가 바로 영국식 이름인 덕이다. 물론 영국인이 나온다 해도 장소는 다른 나라일 수 있지만, 그다음 쪽에 '영국 사회주의(England Socialism)'의 약자인 INGSOC이라는 말이 나오고,(동물, 14) 이어 지명이 런던으로 표기되니 말이다.(동물, 15) 그러나 나라 이름은 영국이 아니라 오세아니아이다.(동물, 15)

윈스턴이 사는 곳은 '빅토리 맨션'이었다. 이를 번역판에서는 '승리 맨션'이라고 옮기는데, 고유명사를 그렇게 옮기는 것은 적절하지 않아 보인다. 빅토리 술, 빅토리 담배도 마찬가지다. 여하튼 소설 첫 부분에 묘사되는 공간은 "대형이 당신을 주시하고 있습니다"라는 표제의 포스트와 송수신이 동시에 가능한 텔레스크린으로 장식되어 있었다. 그 밖에는 "색채라고는 전혀 눈에 띄지 않았"(동물, 14)다고 표현된다. 무채색의 분위기는 전체주의에서 색이 사라지고 없음을 뜻한다. 그러나 오웰은 다시 영국을 연상하게 만든다. 사실 영국 길거리만큼 무채색의 풍경 일변도인 곳은 다시없으리라. 우리의 길거리에는 최소한 울긋불긋한 간판이라도 있지만, 영국에는 그것조차 없다. 1년 내내 안개가 끼고 비가 추적추적 내리는 공간이므로 그야말로 색이 없는 곳이라 할 수밖에 없을 것이다.

소설에 나타나는 윈스턴의 옷은 푸른 제복이다. 영국은 어디를 가나 제복의 거리 같다. 영국에서 조금이라도 살아본 사람이라면 누구나 쉽게 느끼겠지만, 영국인들의 옷 색깔은 천편일률적이다. 거의가 무채색이다. 이 점은 요즘 한국도 마찬가지다. 과거의 흰색 옷도 마찬가지였다.

이러한 시간과 공간의 묘사는 이 소설이 철저히 통제되고 관리되는 사회임을 분명히 드러내준다. 악몽처럼 도저히 벗어날 수 없는 분위기 말이다. 따라서 여기서는 모든 일이 무의미하다. 사는 것도 죽는 것도 무의미하다. 어떤 일도 특별하지 않고 다른 것과 아무 차이가 없다. 개성적인 사고나 행위란 있을 수 없다. 즉, 차이를 인식하지 못하게 만드는 이중사고다. 그런데 여기서 이중사고란 말 자체가 모순으로 보인다. 사고란 본질적으로 차이를 전제로 하는 것인데, 이중사고란 그것을 부정하기 때문이다. 이러한 무의미함과 차이 없음, 그리고 무개성이야말로 당이 추구하는 것이었다. 신어(newspeak)도 마찬가지였다.

신어란 "영국 사회주의의 이념적인 필요에 부응해 창안되었다." 즉, "그 신봉자들에게 어울리는 세계관과 사고 습성에 대한 표현 수단을 제공함과 동시에 영국 사회주의 이외의 다른 사고방식을 갖지 못하게 하는 데 있다."(동물, 320) 가령 'free'라는 말은 자유를 뜻하는 것이 아니라 '없습니다'를 뜻하는 것으로만 고정된다. 왜냐하면 '자유'란 개념 자체가 이제 존재하지 않기 때문이다. 그래서 신어에서는 낱말 수가 적어진다.(동물, 321) 신어는 3개 어군으로 나누어져, A어군은 생활용어, B어군은 정치용어, C어군은 기술용어로 구분된다.

이런 분위기에서 주인공은 탈출을 시도한다. 하나는 고물상에서 옛것을 구하는 것이고, 또 하나는 일기를 쓰는 것이었다. 그 두 가지 행위 모두 당에 의해 금지되었지만, 윈스턴은 소설에서 끝없이 그 두 가지를 추구한다. 이어 그것은 애인 줄리아와 시골에서 섹스를 하는 것으로 나아간다.

시골과 육체는 죽음의 도시와 대비되는 살아 있는 시간과 공간이다. 시골에 가는 것은 당에 의해 금지되지 않고, 도리어 욕망을 없애기 위해 장려된다. 육체도 마찬가지로서 사람들은 타인의 육체를 제복 속에 쌓인 물체로 느낄 뿐, 무관심하다. 그러나 윈스턴은 시골을 도시와 다르게 느끼고 육체에 탐닉한다. 그리고 그 속에서 본능적으로 국가가 썩었음을 느낀다. 그런 윈스턴과 대조적인 인간이 바로 체제를 상징하는 오브라이언이다.

황금의 나라

소설의 제1부 제3장에서 윈스턴은 어머니 꿈을 꾸다가 황금의 나라 (Golden Country)와 누드의 여인을 본다.

갑자기 장면은 바뀌어서 햇빛이 비스듬히 비치는 어느 여름 저녁, 그는 짧게 깎은 푹신한 잔디밭에 서 있었다. 그가 바라보고 있는 경치는 꿈속에서 너무 자주 보았기 때문에 실제 세상에서 그런 곳을 보았는지조차 알 수 없었다. 꿈속에서 깨어나 생각할 때는 이곳을 '황금의 나라'라고 불렀다. (…) 검은머리의 여자가 들판을 가로질러 그가 있는 방향으로 걸어오고 있었다. 그녀는 단 한 번의 동작으로 옷을 벗어 오만하게 옆으로 던져버렸다. 그녀의 몸은 희고 매끄러웠다. (…) 그 동작의 우아함과 거리낌 없음은 모든 문화와 모든 사상 체계를 무색하게 만드는 것 같았고, '대형'이나 '당'이나 '사상경찰'이 단 한 번의 멋있는 팔의 동작에 무시당하는 것만 같았다.(동물, 42)

윈스턴 스미스가 '황금의 나라' 초록빛 황야에 대해 갖는 열망은 오웰의 어린 시절, 과거 세계에 대한 오랜 애착을 반영한 것이다. 그러나 그것은 단순히 추억에 그치지 않는다. 그리고 바로 이 점이야말로 『1984』를 단순한 정치소설이 아니라 새로운 세계를 보여주는 것으로 이해하게 해주는 모티브가 된다.

윈스턴이 꿈에서 본 것은 곧 현실로 나타난다. 소설 2부의 주제가 되는 윈스턴과 줄리아의 사랑이 바로 그것이다.

꿈속에서 본 그대로였다. 모든 문명이 그에 의해 전멸될 것 같은 그 똑같은 의미심장한 몸짓으로 거의 그가 상상했던 것만큼 재빨리 그녀는 옷을 벗어 옆으로 내동댕이쳤다. 그녀의 육체는 햇빛 속에서 하얗게 빛났다.(동물, 137-138)

그들의 사랑은 급속하게 진행된다. 첫 만남에서 윈스턴이 줄리아에게 묻는다. "전에도 이런 짓을 했소?", "물론이지요. 몇 백 번, 아니 몇 십 번은요." 그 소리에 그는 환호한다. "나는 순결을 증오하고 선을 증오하오. 그리고 어떤 곳에도 도덕이 존재하길 원치 않소. 나는 모든 사람이 철저하게 썩어빠지길 바라오."(동물, 138)

> 사람을 사랑하는 것뿐 아니라 상대를 가리지 않는 단순한 동물적 본능. 이런 것이야말로 당을 산산조각 낼 수 있는 힘이었다. (…) 모든 것이 공포와 증오와 함께 섞여 있기 때문에 순수한 감정이라는 것은 존재하지도 않는다. 그들의 포옹은 일종의 전투였으며, 절정에 이른 순간은 승리의 순간이었다. 그것은 당에 대한 치명적인 일격이었으며 정치적 행동이기도 했다.(동물, 139)

윈스턴은 성적 방종이 당을 박살내는 힘이라고 믿었다. 그래서 줄리아가 옷을 벗는 것을 당의 가치관 위에 선 모든 문명을 박살내는 것인 양 묘사한다. 그리고 다시 만날 약속을 하는데, 항상 감시를 받기 때문에 언제 어떻게 바꾸어 만날 것인지를 상세하게 정할 만큼 줄리아는 능률적인 여인이었다.

자유를 향한 그들의 마지막 꿈은 함께 오브라이언의 집을 방문하여 형제단(Brotherhood)이라는 가상의 저항조직에 가입하는 것이었다. 그 만남에서 오브라이언은 자신이 국가권력의 대표 중 하나임을 암시한다. 결국 그들은 골동품 상점 위층 방에서 사상경찰에게 체포되는데, 그 사이 경찰 하나가 윈스턴의 유리 문진을 집어던져 산산조각을 낸다. 경찰은 그것을 쓸모없는 물건, 즉 오세아니아 사회에 적대적인 것이라 판단한 것이다.

옛것과 옛 노래의 상징성

새로운 빅 브라더의 세계에서 과거는 쓰레기로 취급된다. 그러나 윈스턴은 그 몇 개를 간직하고자 했는데, 이는 1940년대 오웰이 런던에서 좋아하는 고물상에 자주 들렀던 점과 관련된다.

> 나는 그것이 한 번도 사용된 적이 없다고 생각한다. 그 때문에 나는 그것을 좋아한다. 그것은 그들이 잊어버리고 바꾸지 않은 역사의 일부이다. 또한 백 년 전의 메시지를 간직하고 있다.

윈스턴 역시 고물상에서 바람에 날리지 않게 종이를 눌러 놓는 아름다운 문진을 발견하고 "현재와는 아주 다른 시대에 속해 있다는 분위기를 가지고 있는"(동물, 107) 그것에 애착을 보인다. 이어 그는 "조상에 대한 추억인 향수를 일깨워준"(동물, 108) 옛날의 방을 방문하고, 그곳 벽에 걸린 그림에서 이미 파괴된 성 클레멘트 교회를 본다. 그때 고물상 노인 차링턴이 "오렌지와 레몬이여, 성 클레멘트의 종이 말하네"라고 말하는데, 이에 윈스턴이 무엇이냐고 묻자 노인은 자기가 어렸을 때 부른 노래라고 답한다. 그리고 노래의 중간 내용은 잊었지만 끝은 "여기 그대 침실 밝혀줄 촛불이 오네, 여기 그대 목을 자를 도끼가 오네"라고 말하고, 다시 그 중간을 "그대는 나에게 서 푼 빚을 졌지, 성 마틴의 종이 말하네"임을 기억해낸다.(동물, 110-111) 그 후 이 '기이한 노래'가 윈스턴 머리에서 떠나지 않는다.

> 이 노래는 기이했다. 그러나 혼자서 중얼거리다 보면 어딘가 여전히 남아 있거나 아니면 변형되고 잊혀진, 사라져버린 런던의 종소리가 실제로 들리는 것 같은 착각이 들었다.(동물, 111)

윈스턴은 그 후 만난 줄리아가 노래의 가사 일부를 기억하는(그녀는 할아버지에게 배웠다) 장면에서 다시 소설에 등장한다.(동물, 160) 이어 오브라이언의 기억 덕분에 중간 부분도 완전하게 재현되는데, 여기에 차링턴이 기억한 끝 부분을 합치면 노래의 전부는 다음과 같다.

> 오렌지와 레몬이여, 성 클레멘트의 종이 말하네
> 그대는 나에게 서 푼 빚을 졌지, 성 마틴의 종이 말하네
> 언제 빚을 갚으려나? 올드 베일리의 종이 말하네,
> 내가 부자가 되면, 쇼어디치의 종이 말하네.
> 여기 그대 침실 밝혀줄 촛불이 오네,
> 여기 그대 목을 자를 도끼가 오네(동물, 194)

오브라이언은 윈스턴이 근무하는 진리부 기록국(Records Department)의

동료이지만, 체제 전복을 도모하는 형제단의 일원으로 가장하여 윈스턴을 수렁에 빠뜨려 체포하고 결국 파멸하게 만든다. 체포 시에 오브라이언은 다시 그 노래 끝부분을 부른다.(동물, 237) 또한 그 노래를 처음 가르쳐준 차링턴도 사상경찰로서 윈스턴을 사상범으로 체포한다. 『1984』의 제2부 마지막에서 윈스턴은 줄리아와 함께 고물상 2층에 있다가 사상경찰에게 체포된다.

이 기이한 전승 동요에 소설의 비밀이 숨어 있는 듯 생각할 필요는 없다. 그러나 현실을 부정하고 과거에 집착하는 주인공을 상징하는 것이자 그것이 주인공을 사랑하거나 파멸시키는 작중 중요 인물들에 의해 주인공에게 알려진다는 점에서 그 노래가 갖는 상징성은 결코 무시될 수 없다. 따라서 우리는 그 노래를 좀 더 살펴볼 필요가 있다. 영국인이라면 그 노래를 당연히 알 것이나, 우리는 잘 모르기에 이해를 위해서라도 몇 가지 설명할 필요가 있다.

노래에 나오는 네 종이 있는 지명은 모두 런던 시내의 큰 교회들이다. 그 교회들의 위치나 역사에 대해서는 굳이 공부할 필요가 없다. 노래 내용과 각 교회가 특별하게 관련되는 게 아니기 때문이다. 다만 모든 교회 종들이 '오렌지와 레몬'이라는 노래의 멜로디를 울린다는 점만 기억하자.

노래 내용은 그다지 난해하지 않다. 하지만 마지막 두 구절에는 설명이 필요하다. 즉, '촛불'이란 '촛불을 든 사람'을 줄인 말이고, '침실'이란 단두대나 묘지를 상징한다는 점이다. 곡은 빠른 무도곡이며, 아이들이 노래를 부르면서 두 아이(오렌지와 레몬)가 팔을 뻗쳐 만든 아치 밑을 지나가다가 마지막에 해당되는 아이들이 잡히는 놀이에 사용된다.(동물,

110) 이런 사정을 감안한다면 사실 이 노래는 아이들이 즐겨 부르기엔 적합하지 않아 보인다. 대단히 잔인해서, 자칫 두 아이가 만든 아치는 단두대를 뜻하고, 노래는 마치 살인을 즐기는 것처럼 들린다.

소설은 아이들이 그 노래를 부르면서 놀이를 하는 구조처럼 전개된다. 이러한 구조에 특별한 의미가 있다고는 할 수 없다. 그러나 윈스턴이 그런 노래에 사로잡혀 있다는 것은 그가 과거에 사로잡혔다는 것과 함께 오웰의 보수주의(Conservatism)를 상징하는 것으로 해석된다.

오웰의 보수주의

우리는 보수주의라고 하면 대단히 부정적인 이미지로 받아들인다. 현재의 체제나 정권에 부화뇌동한다는 이미지로 말이다. 그러나 우리의 전통을 지키려는 전통주의에 대해서는 그다지 부정적이지 않다. 그래서 진보주의자가 전통, 특히 민족 고유의 민중의 전통을 지키려는 태도는 당연한 것으로 여기는 경향이 있다. 그러나 보수주의란 바로 그런 전통을 지키려는 태도를 말하는 것에 불과하다.

오웰의 보수주의는 그것과 다르다. 『1984』의 체제는 과거를 전면적으로 부정하는 것을 자기보존의 근본 수단으로 삼는 체제다. 따라서 그 주인공이 과거로 돌아가고자 함은 그런 현 체제에 대한 부정이지 현 체제에 대한 지지를 뜻하는 것이 아니다. 그 점에서 오웰의 보수주의는 가장 급진적인 진보주의이다. 가령 작은 문진 하나를 소유하는 것도 "화를 자초하는 일"이었고(동물, 17), "오래 된 물건은 무엇이나 그리고 아름다운 것은 무엇이나 항상 의심을 받게 마련"(동물, 107-108)이었다. 그런 체제에서는 옛 노래는 물론 모든 노래가 금지되기 일쑤이다. 당원들은 노래를 부르지 않았고, 따라서 윈스턴이 옛 노래에 집착하는 것도 반체제에 속한다.

윈스턴이 줄리아와 함께 임대하여 사랑을 나누는 중고품 가게 위층의 방은 그들이 당에 대해 장벽을 구축하고 역사를 복원하려는 곳이다. 거기에서 사랑을 나눈 윈스턴은 건강을 되찾지만, 사상경찰이 그곳을 급습하여 벽난로 바닥 위로 문진을 던져 박살낸다.

오웰이 문진이나 옛 노래를 좋아하고 과거의 세계로 되돌아가려 하는 것은 모두 그런 반체제적 태도의 하나에 불과하다. 따라서 그런 전통주의가 그의 사회주의와 모순된다고 보아서는 안 될 것이다. 이를 하우는 다음과 같이 정확하게 지적한다.

이러한 감정의 보수주의는 오웰의 초기 작품에서도 이미 나타난 바 있는데, 일부 독자들에게는 민주사회주의적 신념과 갈등을 겪도록 만들기도 한다. 그것은 관료적 엘리트가 테러를 통해 '유토피아'를 강요하기 위해 사용하는 수단으로 과거를 완전히 삭제하는 것으로 사회주의를 볼 때—독재적 좌익과 보수적 우익 모두가—만 맞는 말이다. 그러나 오웰은 민주사회주의가 과거에 합당했던 것을 확장시켜 우리의 자유를 넓히고 문화를 심오하게 만들기 위한 노력임을 알고 있었다. 오웰이 『1984』에서 나타내는 보수적인 감상들은 그의 사회주의적 의견에 일치할 뿐 아니라 오히려 그것을 지탱하고 있는 것으로 볼 수 있다.

『1984』에 나타난 전체주의 문화

오웰이 묘사하는 『1984』의 전체주의 문화는 노래를 억압할 뿐 아니라 과거와 관련된 모든 전통을 단절시키고자 한다. 대신 윈스턴이 근무하는 진리부는 노동자들이 즐길 만한 새로운 문학, 음악, 연극, 영화, 오락 전반을 생산한다.

> 이곳에서는 스포츠, 범죄, 점성술에 관한 기사가 들어 있는 쓰레기 같은 신문과 소설 및 섹스가 난무하는 선정 영화 그리고 작시기(作詩器)로 알려진 독특한 만화경에서 기계적인 수법으로 작곡한 궁상맞은 노래 따위를 만들어냈다. 심지어는 소분과—신어로는 춘화계(春畵係)라고 부름—라는 것이 있는데, 이곳에선 가장 저질의 음화를 제작해서 밀봉된 소포로 발송하기 때문에 이 일에 종사하는 사람 이외에는 당원들도 볼 수가 없었다.(동물, 54)

오웰이 상상한 춘화계란 오늘의 포르노 산업, 특히 인터넷에 의한 그것을 연상하게 한다. 그가 말한 쓰레기 같은 신문과 소설, 영화나 노래는 그러나 현재 우리 주변의 그것들과 별로 다르지 않다. 여하튼 그렇게 작시기로 만든 쓰레기 같은 노래는 『1984』에서도 대 히트를 친다.(동물, 151-152) '증오 주간'의 주제가인 '증오의 노래(Hate Song)'라는 군대식 행진곡도 유행했는데, 이처럼 철저하게 관리되는 관제문화가 지배하는 곳에서 윈스턴이 옛 노래를 듣게 된 것은 그야말로 기적에 가까운 일이었다. 그러나 그런 노래조차 지배계급이 체제 저항자인 주인공을 '사상범죄

(thoughtcrime)'로 옭아매기 위한 수단으로 사용했다는 점이 소름을 돋게 한다. 그러한 지배체제가 얼마나 강고한 것인지 느낄 수 있으니까. 이런 체제에서는 과거의 역사조차 지배 수단의 하나로 전락할 뿐이다.

전체주의 문화 속의 민중

전체주의 문화는 쓰레기다. 그러나 이것을 향유하는 민중은 쓰레기가 아니다. 오웰이 우리에게 보여주는 것은 이 같은 역설이다. 바로 주인공 윈스턴과 줄리아가 체포되기 전, 고물상 2층에서 윈스턴이 바라본 민중의 모습을 통해서다. 그곳은 그들의 유일한 도피처이자 희망이었다. 윈스턴은 그곳 창을 통해 진리부가 만든 쓰레기 같은 유행가를 부르며 기저귀를 널고 있는 중년의 아낙을 본다. "그러나 이 부인은 무척 시시한 쓰레기 같은 노래를 멋들어지게 불러대는 것이었다."(동물, 152) 여기서 우리는 지배체제가 민중의 옛 노래를 사상범죄 체포의 수단으로 전락시킨 것과 반대로, 지배체제의 노래를 자신의 노래로 변화시키는 민중의 힘을 볼 수 있다. 즉, 새로운 민중문화 발생의 계기를 발견하게 되는 것이다. 그 부인의 노래는 윈스턴과 줄리아가 체포되기 직전의 고물상 2층 장면에서 다시 흘러나온다. "지치지도 않는지 그 목소리는 노래를 계속했다."(동물, 233) 윈스턴은 "황홀한 마음"으로 그녀를 보고 "처음으로 그녀가 아름답다는 생각이 떠올랐다."(동물, 234)

그녀의 생활은 30년 이상을 계속해서 처음에는 자식을 위해, 다음에는 손자를 위해 빨래하고 걸레질하고 꿰매고 비질하고 닦고 수선하고 빨래하는 등의 연속이었을 것이다. 이런 생활 끝에도 그녀는 여전히 노래를 부르고 있다. 그가 그녀에게 느끼는 신비스러운 존경심이 굴뚝 뒤로 무한히 멀리 쭉 뻗쳐 있는 티 하나 없이 푸른 하늘의 모습과 어느 정도 한데 어우러졌다. (…) 만일 희망이 있다면, 그것은 노동자들에게 있다!(동물, 235) 평등이 있는 곳에 온건한 정신이 존재할 수 있다. 조만간 그런 세계가 올 것이다. 노동자들은 불멸의 존재들이다. 저 마당에 있는 용감한 여자의 모습을 본다면 이 사실을 의심할 수 없다. (…) 새도 노래를 불렀고 노동자도 노래를 불렀다. 그러나 당원은 노래를 부르지 않았다.(동물, 234-235)

그래서 윈스턴과 줄리아는 서로 '죽은 사람'이라고 말한다. 그때 그들 뒤에서 "너희들은 죽은 사람이다"라는 금속성의 음성이 들려오고 그들은 너무나도 놀란다. 다시금 "그 자리에 꼼짝 말고 있어. 명령이 있을 때까지 움직이지 말고 있어"라는 명령이 들리면서(동물, 236) "그 부인의 노랫소리가 갑자기 뚝 그쳤다."(동물, 237)

오웰은 반공주의자인가?

『1984』는 『동물농장』과 마찬가지로 반공 반소 소설로 여겨졌다. 그러나 과연 그럴까? 오웰은 하이에크(Friedrich A. von Hayek, 1899~1992)가 쓴 『노

■ * 제2차 세계대전 이후 오스트리아학파의 부흥에 결정적 공헌을 한 학자이다. 경쟁을 소비자의 수요와 더 나은 생산방법을 발견해나가는 절차로 보고, 경제학에서 지식과 정보, 인식의

예의 길』을 읽고 서평을 쓴 적이 있다. 그는, 하이에크가 "사회주의는 불가피하게 전제주의가 된다"라고 주장하고, 독일에서 집산주의적 사회주의가 자유에 대한 희망을 약화시켰기에 히틀러가 정권을 잡았다고 지적한 것은 당시 그런 주장이 없는 처지에서 매우 귀중한 분석이었다고 평가했다. 하지만 다음과 같은 비판도 잊지 않고 덧붙인다.

> 그러나 '자유로운' 경쟁에로 복귀함은 국민 대다수에게 국가에 의한 전제보다도—무책임한 만큼—필경 더욱 나쁜 악정을 뜻함을 보지 않고, 또한 인정하고자 하지 않는다.

즉, 오웰은 의회민주정치를 무력화하고 독점을 정당화하여 대중을 더욱 나쁜 전제주의로 몰아가는 시장자본주의에 대해서 더욱 철저하게 비판한 것이다. 하이에크의 『노예의 길』은 우리나라에서도 일찍부터 소개되었고, 1970년대에는 영국에서 대처주의의 성경으로 환영받았으나, 오웰은 이미 1940년대에 하이에크의 본질을 꿰뚫어보았다.

하이에크와 함께 오웰에게 영향을 끼친 사람은 미국의 버넘(James Burnham, 1905~1987)이었다. 버넘은 한때 마르크스주의자였으나 1940년에 우익으로 돌아 CIA를 위해 일했고, 소련에 대항하기 위한 핵개발을 지지했으며, 최근의 레이건과 부시에 이르는 미국 우익의 지도자로 추앙되었다. 그는 『경영자 혁명The Managerial Revolution』(1941)에서 새로운 사회의 지배

문제에 천착하여 자유시장경제의 작동원리를 부각시켰다.

자는 경영자이고, 경영자 혁명은 미국은 물론 독일, 소련에서도 일어났다고 보았다. 노동자와 자본가의 배제 순서가 바뀌었다는 차이에도 불구하고 어느 사회에서나 과두제가 지배했다는 것이다.

버넘은 경영자 사회가 미국, 독일, 일본과 같은 초강대국에서 성립되고, 그 세 지역에서 전쟁이 벌어진다고 보았다. 이를 오웰도 그대로 빌어와 『1984』에서 그 하나인 오세아니아의 지배원리를 INGSOC(English Socialism)라고 부른 것이다. 그러나 세 강대국이 원자폭탄을 투하하며 싸운다는 것은 오웰의 독창적인 생각이었다. 또한 오웰은 근본적으로 위대한 인간과 권력이 세계를 좌우한다는 버넘의 생각에 반대했다. 즉, 버넘은 보통 사람들이 권력에 저항하는 것을 고려하지 않았다고 오웰은 비판했는데, 그는 소련 권력도 히틀러와 같이 스스로 민주화되거나 아니면 멸망하여 결국은 보통 사람들이 승리할 것으로 보았다.

독일이 패배한 직접적인 원인은 영국이 아직 건재하며 미국도 전쟁 준비를 완료한 상태에 있는데 소련을 공격했다는, 있을 수 없는 어리석음 때문이었다. 이런 중대한 실수는 대중의 의견이 아무런 힘이 없는 나라에서나 일어날 수 있는 일이다. 평범한 사람이 발언할 기회가 있었으면, 모든 적들과 동시에 전쟁을 벌이는 그런 바보 같은 짓이 생기지 않았을 것이다.

그 밖에도 오웰은 잭 런던(Jack London, 1876~1916)의 『강철 군화*The Iron Heel*』(1909), 자미야틴(Yevgeny Zamyatin, 1884~1937)의 판타지 소설인 『우리 *We*』(1923), 헉슬리의 『용감한 신세계*Brave New World*』(1930), 제스티턴의 『노팅

힐의 나폴레옹*The Napoleon of Notting Hill*』 등의 영향도 받았다. 그래서 어떤 비평가는 오웰의 독창성을 부정하지만, 오웰의 소설은 그 어떤 작품과도 다르다. 향락주의적이고 물질주의적인 세속 문명의 위험을 말한 헉슬리에 대해서도 오웰은 그런 시대는 이미 지나갔고 중앙집중식 노예국가가 새로운 위기라고 진단했다. 체스터턴이 그린 반자본주의적인 농업적 중세로의 회귀도 오웰에게는 불가능했다.

그러나 자미야틴의 영향은 무시할 수 없다. 그의 소설은 26세기를 배경으로 하지만 그곳 사람들은 개성이 없이 제복을 입고 오직 숫자로만 불리고 기억되며 경찰이 언제나 감시 감독하는 유리집에서 살아간다. 그곳에는 자유 없는 행복과 지도자에 대한 극단적인 우상 숭배만이 있을 뿐이다. 사생활은 전면 부정되고, 검열 삭제조차 당국의 감시 아래 놓이며, 애초에 자유로운 연애의 개념 자체가 소멸해 모든 성적 행위는 법적으로 할당제에 묶여 있다. 주인공은 이러한 사회에서 아무런 생각 없이 살던 중, 체제 전복을 꾀하는 여성을 만나 그녀에게 동조하게 된다. 그러나 그들의 계획은 밀고자에 의해 발각되어 실패로 끝나고 여성은 처형당하며 주인공은 '상상력 적출 수술'을 받아 예전의 생활로 되돌아간다.

또한 런던의 『강철 군화』도 상당한 영향을 끼쳤다. 런던은 노동자 정권이 자본가의 무력에 의해 붕괴되는 과정을 묘사했는데, 이는 실제로 유럽의 파시즘이라는 형태로 실현되어 후세 사람들을 놀라게 했다. 심지어 그 책에서는 1차 대전까지도 예상되었다. 니체의 초인사상과 사회주의라는 것이 그다지 성공적이지 않게 혼합된 이 소설을 레닌과 트로츠키도 열심히 읽었다.

이러한 전체주의 체제의 성립 가능성에 대비해 오웰은 여러 나라의 사회주의 연대를 주장했다. 이는 『1984』를 집필 중이던 1947년 여름에 쓴 다음 글에서 알 수 있다.

> 오늘의 사회주의자는 거의 희망 없는 환자를 치료하고 있는 의사 같은 입장에 있다. 의사로서는 환자를 살리는 것이 그의 의무이고, 따라서 환자에게는 적어도 회복 가능성이 있다는 것을 전제할 필요가 있다. 그러나 과학자로서 사실을 직시하고 환자는 필경 죽을 것이라는 것을 인정하는 것이 그의 의무다.

따라서 『1984』를 반사회주의적인 것이라고 말할 수는 없다. 도리어 1984라는 전체주의는 사회주의에 의해 초래되는 것이 아니라, 사회주의에 의해서만 저지될 수 있다고 보아야 한다. 나아가 '권력 자체를 목적으로 하는 권력'을 수립하기 위한 수단인 뉴스피크는 본래부터 실현 가능한 것이 아니었다. 소설에서는 그런 실현 불가능한 목적을 추구하는 체제를 풍자한 것이다.

『1984』의 출판

『1984』는 영국과 미국에서 1948년 6월에 거의 동시에 간행되었다. 그리고 1년간 영국에서 약 5만 부, 미국에서 약 36만 부가 팔렸다. 그 후 『동물농장』과 함께 지금까지 끝없이 팔리고 있다.

정확하면서도 호의적인 서평도 많았다. 《타임스 문학 부록》은 오웰이 헉슬리나 웰스에 이어 유토피아 내지 반유토피아에 대한 공상을 쓴 것이 아니라, 지금 존재하는 어떤 경향을 『1984』에 연장한 것에 불과하다고 정확하게 비평했다. 미국의 《뉴요커》에서도 트릴링이 이 책은 공산주의나 사회주의에 대한 비판이 아니라 현대사회의 인간성 상실에 대한 비판이라고 지적했다. 그러나 그 책이 『동물농장』과 마찬가지로 미국에서는 반공 선전용으로 사용되었음은 독일의 골로 만이 지적한 그대로다. 동시에 사회주의 측은 이 책이 소련을 증오하기 위한 책이라고 비판했고, 동유럽에서는 자신들이 경험한 진실을 표현한 것이라 평가했다.

오웰에게 가장 충격적인 서평은 미국의 《타임》, 《라이프》에서 쓴 것이었다. 그들은 INGSOC가 영국 노동당이고, 『1984』의 세계는 자유기업이 없어진 것이라고 보았다. 이에 대해 오웰은 다음과 같이 해명한다.

나의 최근 소설은 사회주의 내지 영국 노동당(나는 그 지지자이다)에 대한 공격을 의도한 것이 '아니다'. 중앙집권화된 경제에서 생길 수 있는 타락을 보여주고자 의도한 것으로, 그러한 타락은 이미 공산주의와 파시즘 체제 속에서 일부 실현되었다. 내가 그린 사회가 필연적으로 도달'하리라'고 나는 믿지 않으나(물론 책이 풍자라고 하는 점도 염두에 두고), 그 유사한 것에 이를 수 '있다'고는 믿는다. 또 나는 전체주의 사상이 어느 나라에서도 지식인 사이에 뿌리를 내리고 있다고 믿고 있다. 나는 그런 생각을 논리적 귀결까지 확장하고자 한 것이다. 책의 배경은 영국이나, 그것은 여러 영어 사용 민족이 다른 민족보다 본래부터 우수한 탓이 아니고, 또한 전체주의는 우리가 그것에 대항해 '싸우지 않으면' 어느 나라에서도 승리하리라는 것을 강조하기 위해서다.

그동안 오웰은 히틀러나 스탈린 같은 독재자들이 그 권력 남용을 은폐하기 위해 이데올로기를 사용했다고 보았다. 따라서 히틀러를 파시스트, 스탈린을 공산주의자라고 하는 것은 순진한 생각이라는 것이다. 그들은 오직 전체주의 국가를 설립하고자 했을 뿐이다. 또한 문제는 개인에 그치지 않는다. 권력 숭배를 위한 권력 숭배는 매우 일반적인 현상이잖은가?

오웰은 17세기 홉스가 『리바이어던』에서 전제주의를 설명한 것처럼 『1984』에서 전체주의를 묘사했다. 홉스가 절대군주자였는지 그 반대자였는지에 대해서는 아직까지 논쟁이 있으나, 근대국민국가에 주권적 권력이 불가결하다는 명백한 명제를 논증한 최초의 정치사상가임에는 틀림없다.

오웰은 문학, 쉬운 사상과 명석한 말, 보통 사람들 머릿속에 있는 도덕적인 위엄, 자연, 인간의 이상함, 애국심 등 인간적 품위를 옹호하고자 노력했다. 그는 정치를 중시했으나, 그것은 어디까지나 인간적 품위라고 하는 지극히 비정치적인 가치를 지키기 위한 수단일 뿐이었다. 나아가 그는 정치와 문학 사이에는 언제나 모순이 있다고 보았다. 즉, 좋은 것에도 나쁜 것이 있고, 나쁜 것에도 좋은 것이 있다는 뜻이다. 이를 그는 「작가와 리바이어던*Writers and Leviathan*」(1948)에서 다음과 같이 설명한다.

우리는 이 딜레마를 고통으로 느낀다. 한편으로는 정치에 관련될 필요성을 알면서, 다른 한편으로는 정치가 뭔가 더럽고 열등한 것임을 알기 때문이다. 그리고 우리는 대부분 모든 선택, 모든 정치적 선택조차 선과 악 사이의 선택이고, 어떤 것이 필요하다면 그것은 옳다고 하는 굳은 신념을 지금도 갖고 있다. 이러한 신념은 아이 방과 같은 것으로서, 그것을 버려야 한다고 나는 생각한다. 정치에 있어 두 가지 악의 어느 쪽이 작은가를 결정할 수밖에 없고, 악마나 광인처럼 행동함에 의해서만 도피할 수 없는 상황도 때로는 있을 수 있다. 가령 전쟁은 설령 필요하다고 해도 옳지 않고 좋은 사태가 아니다. 총선조차 유쾌한 것이 아니다. 그러나 만일 그런 것에 참가하지 않으면 안 된다면—그리고 나는 노령인가, 백치인가, 위선인가로 불리지 않는다면 참가해야 한다고 생각한다. 그 경우 자신의 일부가 침해되지 않도록 해야 한다.

『1984』에 대한 최근의 평가

소련을 지지하든 반대하든 오랫동안 사람들은 소련은 사회주의 국가이고, 소련이나 공산당에 대한 반대는 사회주의를 반대하는 것이라고 생각했다. 그러나 오웰은 소련을 사회주의라고 보지 않았다. 아니, 실패한 사회주의, 배반한 사회주의라고 보았다. 이러한 주장에 대해 소련을 지지하는 사회주의자들이 반발하는 것은 그 책이 출판된 당시만이 아니라 지금도 마찬가지다. 그중 우리나라에도 널리 알려진 뉴레프트인 윌리엄스의 평가를 잠시 소개하겠다.

윌리엄스는 『1984』가 "구체적인 사회와 그에 알맞은 구체적인 인물을 결여하고 있다"라고 비판한다. 그러나 이는 하우가 비판한 대로 반유토피아 소설은 바로 구체적인 사회와 인물이란 범주들이 진부한 것으로 간주된 세계를 보여주는 것이라는 점을 무시한 주장에 불과하다. 윌리엄스는 오웰이 자신의 출신계급을 혐오하여 사회주의자가 되려고 노력했지만 결국은 노동계급이 될 수 없어서 이튼 출신의 편견으로 되돌아갔다고 비판했다.

윌리엄스는 1979년 《뉴레프트 리뷰》의 인터뷰에서 오웰이 『동물농장』과 『1984』를 쓸 당시는 이미 사회주의자가 아니라 사회주의를 배반했다고 하면서, 당시의 사회주의 정권인 폴 포트(Pol Pot, 1925~1998)와 크메르 루주(Khmer Rouge)*에 대해 사과하면서도 자신은 정작 중국의 사회주의 정권인 마오쩌둥을 지지한다고 밝혔다. 그러나 오웰이라면 그런 실수는 하지 않았을 터다.

최근에 제기된 평가 중에서 주목할 만한 것은 『1984』를 남성주의로 비판하는 페미니즘의 시각이다. 그러나 소설의 주인공들은 섹스를 가장 확실한 해방으로 인식하고 있고, 특히 여주인공은 그런 해방의 선구자로 볼 수 있다.

■　* '크메르 루주'는 캄푸치아 공산당의 무장 군사조직으로, 당 자체를 지칭하는 데 사용되기도 한다. 공산당 정권의 멸망 이후까지 반군 조직으로 활동했다. 1968년 북베트남의 베트남인민군에서 떨어져 나와 조직되었는데, 1975년에서 1979년까지 캄보디아(민주 캄푸치아)의 여당이었으며, 지도부는 폴 포트, 누온 찌어, 이엥 사리, 손 센, 키우 삼판이었다. 자신들의 이념을 인민 전체에게 강요하면서 일으킨 집단학살(일명 킬링필드)의 주동세력으로 악명이 매우 높다.

「작가와 리바이어던」

『1984』를 완성하기 위해 고투하던 1948년 3월, 오웰은 짧은 에세이 「작가와 리바이어던Writers and Leviathan」을 썼다. 리바이어던은 성서에 나오는 바다 괴물로 홉스가 1651년에 쓴 『리바이어던』처럼 정치나 이념이라는 괴물을 뜻한다. 오웰은 작가가 그것과 무관할 수는 없어도 작가로서의 본분은 지켜야 한다고 주장한다.

오웰은 영국 문단의 지식인들이 전체주의로 가는 유력한 경향이 분명히 나타나고 있다고(Essays, 453) 경고하는데, 당시를 그렇게 보았다면 21세기에는 더욱 그렇다고 할 수 있지 않을까? 특히 한국의 경우가 그렇다. 오웰은 당파적인 문학평론을 사기라고까지 칭했다. 그는 또한 좌파 이데올로기는 당장 권력을 잡는다고 기대하지 않았던 사람들이 발전시킨 것이지만 1945년부터는 노동당이 집권하고 있으므로 책임을 져야 함에도 그렇지 못한 현실을 비판한다.

> 해외투자 이익과 식민지의 안정적인 시장과 값싼 원자재에 크게 의존하던 영국의 국민소득은 19세기 이후 대단히 불확실해졌다. (…) 그러나 반제국주의자임을 요란스럽게 자랑하던 좌파 정당은 그 점을 절대로 분명하게 밝히지 않는다. 그들은 영국의 노동자들이 아시아와 아프리카를 착취하여 상당한 이익을 보았다는 사실을 이따금 인정하기는 했지만, 그 착취를 그만둔다고 해도 어떤 식으로든 번영은 계속 누릴 수 있다고 했다. 사실 세계적 차원에서는 노동자들이 착취자라는 야만적인 진실에도 불구하고, 대부분의 노동자들은 자신들이 피착취자라는 사회주의의 말에

속아 넘어가 사회주의를 지지하게 되었다. 그런데 이제는 어느 모로 보아
도 노동자의 생활수준이 향상되기커녕 유지할 수도 '없는' 지경에 이르렀
다.(Essays, 456)

그러나 좌파는 그러한 현실을 인정하기커녕 아예 논의조차 하지 않
고 기존의 국민소득을 재분배하면 문제는 충분히 해결될 수 있다고 주
장하여 국민을 계속 속인다는 것이다. 그는 작가의 경우도 다르지 않다
고 본다. 작가가 어떤 정치이념을 받아들이면 문학적 성실성을 지킬 수
없다는 것이다. 그러나 정치와 거리를 두는 것만으로는 문제가 해결될
수 없으니 정치와 문학의 사이에서 충성에 대한 분명한 선을 긋자는 것
이다.(Essays, 457) 가령 오웰 자신처럼 내란에 참여하는 것이 정당하다고
판단하여 참전할 수도 있지만 전쟁 선전물을 쓰는 건 안 된다는 뜻이
다.(Essays, 458)

「간디에 대한 성찰」

오웰이 마지막으로 쓴 에세이는 1948년 가을, 《파르티잔 리뷰》에 기고한
「간디에 대한 성찰Reflection on Gandhi」이다. 이 글은 인도가 독립하고 간디가
암살당한 뒤에 쓴 것이다. 여기서 오웰은 "성자라고 하는 것은 그 결백
이 증명될 때까지는 언제나 유죄다"(Essays, 459)라고 글을 시작하면서 성
자라는 것의 비인간성을 주장한다. 인간적이고자 하면 완전을 바라서는
안 되고, 성실하기 위해서는 죄를 지을 수도 있으며, 사랑하는 사람을 위

해서는 자신의 파멸도 각오해야 한다고 하면서, 체제에 반대하기만 하면 다시는 소식을 들을 수 없는 곳에서 간디의 방법을 적용하기란 불가능하다고 주장했다.

따라서 오웰은 간디가 진보적이었다던가, 그의 사티야그라하(Satyagraha), 즉 '일종의 비폭력적 전쟁'이 소극적 저항이나 평화주의로 이해되는 것을 부정하면서, 나치하의 유태인의 경우를 거론한다. 간디는 유태인 문제에 대해 비폭력 저항의 방법으로서 집단자살에 의한 국제 여론의 환기를 권유한 적이 있는데(Essays, 464), 이러한 간디에 대해 오웰은 간디가 현대의 전체주의에 대해 이해하지 못했고, 그것을 기껏 인도에서의 영국 통치로만 판단했다고 비판했다. 간디의 방법은 독일이나 소련에서는 도저히 적용될 수 없다는 것이다. 또한 인도에서조차 만일 1945년 영국 총선에서 처칠이 집권했다면 인도의 독립은 불가능했으리라고 보았다.(Essays, 465)

그러면서도 오웰은 간디의 위대함을 의심하지 않았다. 이는 다음과 같은 결론에서 분명하게 드러난다.

> 만일 인도와 영국이 최후에 참으로 우호적인 관계가 되었다면, 그것은 간디가 완강하고 증오 없이 싸움을 계속하여 정치적인 분위기를 오염시키지 않은 것에 의한 것일까? 이러한 의문을 갖는 것 자체가 그의 위대함을 암시하고 있다. 나도 느끼지만, 간디에 대하여 일종의 미적 혐오감을 느끼는 사람도 있으리라. 그가 성자라고 운운함에 반대하는 사람도 있으리라(사실 그 자신은 결코 성자라고 말하지 않았다). 또한 이상으로서 성자의 존재를

거부하고, 따라서 간디의 기본적 목적은 반인간적이고 반동적이라고 느끼는 사람도 있으리라. 그러나 단순히 정치가라고 보고, 현대의 다른 지도적인 정치가와 비교한다면 그는 얼마나 청결한 냄새를 뒤에 남기는 데 성공했는가!(Essays, 466)

우리는 오웰이 평생을 고뇌한 반제국주의에 대한 태도를 여기서 다시 확인할 수 있다. 그가 인도는 물론 미얀마를 비롯한 모든 식민지의 독립을 지지했음은 앞에서도 보았지만, 간디에 대해서는 그다지 우호적이지 않았다. 이는 오웰이 간디는 영국의 통치에 대해 항상 우호적이었고, 따라서 영국도 그에 대해 우호적이었다고 보았기 때문이다. 간디가 언제나 영국 정부에 의해 우호적으로 취급된 이유는 그가 죽거나 힘을 잃어 다른 전투적인 지도자(사회주의자나 공산주의자)로 바꾸어지는 것을 영국이 두려워했기 때문이라고 오웰은 판단했다. 영국이 간디와 같은 평화적인 방법에 의해 인도를 포기하는 일도 결코 없으리라고 생각했다.(Essays, 460) 마찬가지로 오웰은 인도 독립 당시 영국 정부가 노동당이 아닌 보수당, 특히 처칠이 집권했더라면 인도의 독립 역시 불가능했을 것이라고 판단했다.(Essays, 466)

오웰은 간디의 철학 자체를 의심했다. 이미 1941년의 편지에서 그는 만약 간디의 철학을 영국에서 받아들인다면 그것은 독일의 침략을 고스란히 수용하고, 모든 저항을 수포로 돌리는 결과가 되리라고 보았다. 위 글은 그런 의문을 다시 제기하면서도 간디의 위대함과 그 철학의 소중함을 확인한 것이었다.

재혼과 죽음

1949년 9월, 오웰은 런던의 대학병원으로 옮겨졌다. 그 몇 달 전 3월에 오웰이 외무부의 정보연구국(IRD;Information Research Department)이 공산당 비밀당원과 동조자들의 이름을 알려달라고 하여 그 명단을 작성했음이 1996년 처음으로 알려져 큰 파문이 일었다. 그러나 이는 미국의 매카시즘처럼 진보적인 지식인을 추방하거나 구속하기 위해 작성한 명단이 아니라는 점에 주의해야 한다. 혹자는 IRD의 "반공 선전 행위에 부적절하다고 판단되는"(김욱동, 25) 자들의 명단을 만들었다고 하지만, IRD는 '반공 선전' 기관이 아니라 도리어 노동당 정부가 스탈린 선전에 맞서기 위해 만든 조직이다. 오웰로서는 영국과 사회주의를 수호하기 위해 그 기관이 자체적으로 선전자를 선정하기 위한 명단 작성에 참고 자료로 작성한 것에 불과했다. 그 대상은 가령 카(Edward Hallett Carr, 1892~1982) 같은 사람들이었는데, 그들이 공산당원이었음은 지금까지도 분명한 사실로 밝혀졌다.

여하튼 1949년 10월 13일, 병상에서 오웰은 소냐 브라우넬(Sonia Brownell)과 결혼한다. 신랑은 46세, 신부는 31세였다. 두 사람은 1945년 말에 만났는데, 오웰은 곧 그녀에게 구혼했으나 그녀는 이를 거절했다. 그 후 2년여 동안 만나지 못하다가 1949년 봄에 다시 만난 터였다. 생명력에 가득 찬 그녀의 모습은 『1984』의 여주인공 줄리아로 표현되었다.

그로부터 두 달 뒤인 1월 21일 밤, 오웰은 세상을 떠난다. 그의 유언대로 장례는 성공회식으로 아주 간소하게 치러졌고, 옥스퍼드셔 시골 교회에 묻혔다.

'여기 묻힌 에릭 아서 블레어1903년 6월 25일 태어나 1950년 1월 25일 죽다'

오웰은 1950년에 죽었다. 그 후 반세기 이상 그에 대해 끝없는 논쟁이 제기되었으나, 그런 논쟁에 무관하게 그의 작품은 여전히 세계적으로 읽히고 있다. 우리에게는 비록 미국 정부에 의해 읽기를 강요당한 최초의 쓰라린 역사가 있지만, 그것에 아랑곳없이 여전히 읽히고 있다.

우리가 지금까지 보아왔듯이 오웰은 사회주의자이고, 그의 모든 책은 사회주의를 위한 것이다. 그러나 여기서 사회주의라고 함은 소련이나 중국 또는 북한 등 이미 존재했거나 아직도 존재하고 있는 사회주의가 아니다. 그는 그 어떤 실존 사회주의에 대해서도 명백히 반대했다. 그것들은 사회주의가 아니라고 하면서 말이다. 그러나 사회주의가 망하기를 바라지는 않았다. 도리어 참된 사회주의로 갱생하기를 바랐다. 그리고 그 이상으로 자본주의 세상이 사회주의로 바뀌기를 바랐다.

따라서 그의 작품, 특히 『동물농장』이나 『1984』는 그런 관점에서 읽혀져야 한다. 그러나 더욱 중요한 점은 그가 결코 자본주의에 찬성하지 않았다고 하는 것이다. 그는 단 한 번도 자본주의를 찬양한 적이 없다. 도리어 소련 등 현실에서 볼 수 있는 사회주의 이상으로 비판했다. 물론 그의 사회주의는 마르크스주의에 대응될 만큼 체계적인 것이 아니다. 그러나 인간의 인권이 중시되는 반독재, 반계급, 반차별의 사회를 그가 추구했음은 분명한 사실이다. 또한 그는 악에 대항해서 싸우는 것이 인간의 의무라고 생각했고, 완전한 이상 사회가 아니라 보다 나은 사회를 위해 싸울 필요가 있다고 생각했다.

오웰이 여전히 읽히고 있고, 앞으로도 많은 사람들이 오웰을 읽을 것이라고 확신하는 이유다.